Jiangsu Sheng Gaosu Gonglu Xiangmu Guanli Biaozhunhua Zhinan

江苏省高速公路项目管理标准化指南

江苏省交通工程建设局
南京大学 组织编写

何　平　主　编

赵　偲　刘世同　李　迁　薛　岭　副主编

人民交通出版社股份有限公司
China Communications Press Co.,Ltd.

内 容 提 要

本指南在总结江苏省高速公路建设多年成功实践经验的基础上，结合江苏省交通工程建设局和现场管理机构的管理文件，融合工程管理理论和ISO 9000族标准体系编制而成。本指南注重从项目现场管理的角度，依据“流程驱动制度、制度规范管理、管理行为标准”原则对工程建设管理组织、核心业务流程和管理程序、管理记录等方面进行规范化和标准化，旨在提升现代工程管理水平，保证工程建设目标实现。本指南共分5篇23章，包括总则、组织机构与工作职责、项目建设管理、项目人员管理、管理标准化考核与改进。

本指南可作为工程建设业主、承包商、监理单位的参考用书，也可作为高校教师和研究生的参考用书。

图书在版编目(CIP)数据

江苏省高速公路项目管理标准化指南 / 何平主编
.—北京：人民交通出版社股份有限公司，2019.10
ISBN 978-7-114-13166-0

Ⅰ.①江… Ⅱ.①何… Ⅲ.①高速公路—公路项目管理—标准化 Ⅳ.①F532.5

中国版本图书馆CIP数据核字(2016)第103524号

书　　名： 江苏省高速公路项目管理标准化指南
著 作 者： 何　平
责任编辑： 袁　方　任雪莲　周　凯
责任校对： 刘　芹
责任印制： 张　凯
出版发行： 人民交通出版社股份有限公司
地　　址： (100011)北京市朝阳区安定门外外馆斜街3号
网　　址： http://www.ccpress.com.cn
销售电话： (010)59757973
总 经 销： 人民交通出版社股份有限公司发行部
经　　销： 各地新华书店
印　　刷： 北京市密东印刷有限公司
开　　本： 880×1230　1/16
印　　张： 12.5
字　　数： 360千
版　　次： 2019年10月　第1版
印　　次： 2019年10月　第1次印刷
书　　号： ISBN 978-7-114-13166-0
定　　价： 68.00元
(有印刷、装订质量问题的图书由本公司负责调换)

《江苏省高速公路项目管理标准化指南》
编审委员会

主　　编：何　平

副 主 编：赵　偲　刘世同　李　迁　薛　岭

参编人员：黄　健　缪玉玲　周建林　杨　军　潘卫育
唐蓓华　张　军　陈　功　孙家杰　夏文俊
赵　阳　刘祥勇　岳红宇　刘　发　朱菊辉
朱　辰　谢培宁　余雪娟　时茜茜　朱建波
左名浩　徐永磊　廖　创

编写单位：江苏省交通工程建设局　南京大学

前　　言

交通运输部明确提出“十二五”全国交通工程建设的现代工程管理的“五化”要求，即在项目管理上实现理念人本化、项目管理专业化、工程施工标准化、管理手段信息化、日常管理精细化。为了贯彻交通运输部对工程管理的要求，保证江苏省高速公路建设实现“六个一流”工程建设目标，江苏省交通工程建设局、南京大学根据中华人民共和国交通运输部《关于开展高速公路施工标准化活动的通知》(交公路发〔2011〕70 号)和江苏省交通运输厅《江苏省高速公路开展施工标准化(推行现代工程管理)活动实施方案》(苏交建〔2011〕17 号)的要求，组织编制《江苏省高速公路标准化指南系列》的《江苏省高速公路项目管理标准化指南》分册，旨在更有效地提升工程管理的专业化、规范化水平，实现项目管理目标。

本指南在总结江苏省高速公路建设多年成功实践经验的基础上，结合江苏省交通工程建设局和现场管理机构的管理文件，融合工程管理理论和 ISO 9000 族标准体系编制而成。本指南共分 5 篇 23 章，包括总则、组织机构与工作职责、项目建设管理、项目人员管理、管理标准化的考核与改进。其中，项目建设管理包括：设计管理、招标与采购管理、材料管理、征地拆迁管理、计划与进度管理、质量管理、安全管理、环保管理、财务与审计管理、合同管理、材差管理、计量支付管理、设计变更管理、科研管理、档案管理、现场党建统管、纪检监察工作、党风廉政建设。

本指南注重从项目现场管理的角度，依据“流程驱动制度、制度规范管理、管理行为标准”原则对工程建设管理目标、管理组织、核心业务流程和管理程序、管理记录等方面进行规范化、统一化和标准化，旨在进一步强化建设人员的标准化管理意识，提升现代工程管理水平，保证工程建设质量。

本指南编审委员会
2016 年 5 月

前言

目　　录

第1篇　总　　则

第2篇　组织机构与工作职责

第3篇　项目建设管理

第4篇　项目人员管理

第5篇　管理标准化的考核与改进

第 1 篇　总　　则

第1章　总　　则

为贯彻落实交通运输部和江苏省交通运输厅推行现代工程管理要求和开展高速公路施工标准化管理的具体指导意见,江苏省交通工程建设局组织编制《江苏省高速公路项目管理标准化指南》,旨在进一步将现代工程管理的"人本化、专业化、标准化、信息化、精细化"等要求深入贯彻到江苏省高速公路建设过程中,以此来提高工程建设管理水平和工程建设质量。

1.1　目的

1.1.1　系统地总结江苏省高速公路建设管理经验,加快推行现代工程管理。

1.1.2　进一步明确江苏省高速公路建设管理的目标和要求。

1.1.3　建立责权明确、科学、严格、高效的工程建设项目管理监督和激励机制,完善工程项目建设管理流程,保证工程建设管理工作规范、高效运作。

1.1.4　形成一套有效的、具有持续改进的动态性品质的高速公路项目管理标准化指南。

1.1.5　本指南适用于江苏省交通工程建设局承担的高速公路工程建设项目,其他项目可参照执行。

1.2　指导思想

1.2.1　高速公路建设开展施工项目管理标准化活动的总体指导思想是以科学发展观为指导,围绕加快转变公路发展方式、发展现代交通运输业的总体要求,将标准化要求贯穿工程施工各个环节,促进规章制度更加完善、现场管理更加规范,从业单位和从业人员的标准化意识更加强烈,工程质量、安全水平进一步提高,实现从业人员一流、管理水平一流、材料装备一流、施工工艺一流、作业环境一流、建设成果一流。

1.2.2　本指南编写的指导思想是以工程建设过程为对象,以实现"人本化、专业化、标准化、信息化和精细化"为目标,以"系统性、指导性和包容性"为原则,以ISO 9000族标准体系为编制原则,建立包含江苏省高速公路建设管理模式与组织、业务流程、管理程序和管理记录等的施工项目管理标准化指南。

1.3　组织领导

1.3.1　江苏省交通工程建设局成立"江苏省高速公路开展施工标准化(推行现代工程管理)活动领导小组"。

1.4　实施原则

1.4.1　统筹兼顾、突出重点。推行项目管理标准化既要延伸到高速公路建设过程的各个环节,又要结合江苏省特点来重点解决管理的薄弱和不规范环节。

1.4.2　以点带面、稳步推进。以项目为载体,有针对性地选择一些示范工程,先行一步,稳步推进。

1.4.3　上下联动、全省推广。省市共同开展,形成全省较为统一的标准体系。

第 2 篇　组织机构与工作职责

第 2 章　建设单位组织机构与工作职责

江苏省交通工程建设局(简称“省交建局”)作为高速公路建设期法人,负责高速公路工程项目建设的领导、组织、决策、监督工作。项目现场管理机构按照省交建局的要求,具体实施工程项目建设管理等工作。

2.1　机构设置原则

2.1.1　遵照国家计委《关于实行建设项目法人责任制的暂行规定》(计建设〔1996〕673 号文),实行项目法人责任制。

2.1.2　遵循管理机构设置服务于管理任务和目标原则。

2.1.3　遵循部门和岗位的职能设置既无重叠,又无空白的原则。

2.1.4　遵循有利于建立监督与受监督的管理机制、权力制衡的原则。

2.2　江苏省交通工程建设局管理机构与工作职责

2.2.1　江苏省交通工程建设局是经省政府批准、在江苏省高速公路建设指挥部基础上组建、由江苏省交通运输厅管理的副厅级事业单位,具体承担国家、省重点和大中型交通工程项目的建设管理工作。

2.2.2　省交建局工作以邓小平理论、“三个代表”重要思想、科学发展观、习近平新时代中国特色社会主义思想为指导,贯彻执行党的路线、方针、政策,落实省委、省政府、交通运输部以及省交通运输厅的决策部署,全面履行国家、省重点和大中型交通工程建设管理职能,实行科学民主决策,形成科学规范、运转协调、公正透明、廉洁高效的建设管理体制。

2.2.3　省交建局在高速公路建设过程中,主要具有开展重大决策、组织协调和实施监督职能。

2.2.4　根据建设管理需要成立相应的组织机构,按照分工明确、权力制衡、保证效率的指导思想,以业务流程为导向、综合性工作相对集中为原则,省交建局主要设立综合、计划、财务、质量安全技术监督、招标、工程以及驻局纪检监察等部门。

2.2.4.1　综合部门职责

(1)负责办理局党委、行政日常事务。

(2)负责文书、档案、机要、信访、宣传工作。

(3)负责组织人事、机构、劳动工资、职称、外事、群团工会和老干部工作。

(4)负责政策研究、督查、教育培训、内部安保、会议组织等工作。

(5)负责作风和党风廉政建设、文明创建和职工思想政治工作。

(6)负责固定资产管理和后勤保障工作。

(7)负责局本级行政经费使用管理工作。

(8)综合处下设政工科、秘书科(内设收发机要室、档案室)和管理科(内设车队)。

2.2.4.2　计划部门工作职责

(1)负责配合厅有关部门开展项目前期工作。

(2)负责初步设计和概算管理。

(3)负责前期工作阶段与发改、国土、环保、铁路、电力、水利等部、省有关部门的相关协调工作。

(4)负责各级建设单位管理费年度预算管理工作。

(5)负责房建工程方案设计管理工作。

(6)负责机电工程设计管理工作和配合实施管理。

(7)负责合同与投资控制管理和后评估。

(8)负责计划和统计工作。

(9)计划处下设综合计划科、合同科、设计科(内设图纸文件审核室)和交通工程科。

2.2.4.3　财务部门工作职责

(1)负责工程建设资金筹集、调度。

(2)负责财务管理。

(3)负责建设管理费年度决算和工程财务决算工作。

(4)负责建设项目内部审计组织工作和外部审计配合工作。

(5)财务处下设财务科、项目核算科和审计科。

2.2.4.4　质量安全技术监督部门

(1)负责工程建设综合管理和技术管理。

(2)负责工程质量和安全监督管理。

(3)负责工程技术标准要求和综合性管理制度的制定、发布和监督检查。

(4)负责科研管理。

(5)负责信息化管理。

(6)质量安全技术监督处下设建设管理科、技术管理科、安全监督科、质量监督科和信息中心。

2.2.4.5　招标部门职责

(1)负责工程项目招投标管理。

(2)负责物资招标、供应和调度管理。

(3)招标处下设管理科、招标科和物资科。

2.2.4.6　工程部门工作职责

(1)负责施工图设计管理。

(2)负责工程建设管理。

(3)组织工程实施和工程档案管理。

(4)负责项目工程决算工作。

(5)工程部门下设综合管理科、工程管理科或工程监督管理科(根据工程项目和建设管理模式设置)。

2.2.4.7　驻局纪检监察部门工作职责

(1)负责协助局党委制定党风廉政建设责任制,落实党风廉政建设责任和有关规定。

(2)负责做好局全体人员的法纪法规教育、职业道德教育、家庭美德教育和廉政思想教育。

(3)制定各级各类参建人员的廉政行为准则和职业道德规范。

(4)对局招标投标工作、物资资格审查管理等工作进行监督。

(5)处理纪检监察信访事务,按照分级归口管理原则抓好信访件的承办、转办和督办,及时做好结果反馈工作。

(6)负责会同局有关部门处理工程建设中的违纪违规问题。

(7)负责对派驻人员进行日常管理,配合上级派出机构做好新项目派驻机构的设置和派驻人员的选配等工作。

(8)负责指导派驻纪检监察机构做好工程项目的招投标、征地拆迁基金、质量管理、物资采供、资金使用、设计变更和工程分包等关键环节的监督检查。

(9)负责指导派驻纪检监察机构做好工程项目中纪检监察日常工作。

(10)完成上级纪检监察机关和局党委交办的其他工作。

2.3　项目现场管理组织机构与工作职责

2.3.1　省交建局组建“工程项目管理办公室”“工程建设现场指挥部”负责高速公路建设现场管理工

作,具体包括“省市共建,以省为主”“省市共建,以市为主”两类管理模式。

2.3.2　“省市共建,以省为主”的现场管理机构职能

(1)制定相关的管理办法。负责建立项目现场组织机构和现场质量管理保证体系、安全生产保障体系和廉政管理体系,负责制定工程项目实施大纲、项目办内部工作制度,完善现场工程建设各项管理办法。

(2)征地拆迁工作。负责按政策标准对征地拆迁各项费用进行初审;协助开展用地材料上报工作;组织协调并及时上报一事一议等特殊问题的初审意见;督促各市服务机构及时统计、汇总和上报征地拆迁有关各类资料,按计划完成征地拆迁工作。

(3)科研检测工作。负责依托本工程所开展的科研和因本项目建设需要提出的专项试验检测项目现场组织实施工作;负责对本项目提供技术服务、质量检测单位的现场管理;积极推广应用新技术、新工艺、新材料、新设备。

(4)设计管理。参加初步设计管理工作;负责施工图设计、咨询管理工作(三大系统等计划部门管理职责除外);负责施工图设计文件审查和报批工作(三大系统等计划部门管理职责除外);负责设计代表现场管理工作;负责组织施工图设计文件技术交底。

(5)合同管理。协助开展施工、监理等项目招标和合同签订工作,负责省交建局授权范围内其他合同的签订工作;负责日常合同管理工作,负责审查、审批和检查工程项目的分包;负责对总监办工作质量的考核,组织优监优酬费用和履约考核等级评定;负责对承包商工程质量、进度等施工情况的考核,确定优质优价和履约考核等级评定。

(6)投资控制。负责动态分析投资控制情况并及时上报;负责一类、二类设计变更的初审和上报,负责三类设计变更的立项和审批;负责工程索赔费用的初审和上报;负责工程量清单调整并报备省交建局;负责工程计量支付的审核和上报。

(7)质量控制。组织参加各类专业培训和技术指导工作;负责对现场工程质量的管理和监督,监督和指导总监办的质量管理工作;负责重大技术方案的审查,研究、解决施工中出现的工程技术问题;负责检查指导项目办中心试验室,承包商、总监办试验室运行;负责组织对实体工程质量、原材料质量、配合比设计验证的检测工作,定期发布质量检查通报和工程质量简报;负责对现场工程项目的质保体系以及运转情况进行检查;负责指导、监督总监办开展质量创优单元的划分和创优的评定工作;负责组织工程质量问题的调查、分析,审批质量问题的处理方案;根据项目发生的质量事故等级,按有关规定结合相关责权做好相关配合调查、分析处理、上报,并监督处理方案的落实;配合省交通运输厅、省交建局做好质量检查、监督工作。

(8)进度控制。负责编制工程总体建设实施计划;负责对省交建局下达的年度计划和季度计划进行分解,编制具体实施计划;督促承包商落实工程进度,对计划执行情况进行检查,分析进度滞后原因,制定加快工程进度的有效措施。

(9)安全生产监管。负责本项目工程建设的安全生产监督管理工作;建立、健全自身的安全生产监管体系,督促、检查工程项目承包商、总监办建立、健全安全保障体系和安全生产责任制;负责安全生产的宣传、教育和培训工作;组织对施工现场安全生产进行检查,对施工单位安全生产情况进行考核;根据项目发生的安全事故等级,按有关规定结合相关责权配合做好相关事故调查、善后处理,并及时上报工作;监督安全事故处理措施的落实,按时填报安全月报;配合省交通运输厅、省交建局做好安全检查、监督工作。

(10)文明生产和环境保护。制定文明生产管理办法和考核制度,全面监督、指导施工现场的文明生产工作;贯彻国家环境保护的法律法规,落实项目环境影响报告书和环评批复的要求,制订项目环境保护实施手册;制订项目环境保护工作计划,指导和监督施工、监理单位执行各项环保制度;负责检查、督促建设过程中环境保护措施的落实。

(11)财务物资。按时报送财务报表,上报用款计划,按规定的支付程序并报省交建局批准后支付征地拆迁、计量支付等工程费用;执行省交建局制定的内部审计办法,对项目建设资金进行监管。配合各级

审计部门审计;执行省交建局制定的有关物资管理办法,协调甲供材料的供应工作,对于准入物资监督承包商在准入范围采购;配合省交建局财务部门编制财务决算报表和竣工决算报告。

(12)廉政建设。落实党风廉政建设责任和有关规定;加强对参建人员的法纪法规教育,制定廉政行为准则,协助签订廉政合同;加强对工程项目建设过程中易出廉政问题关键环节的监督检查;会同有关部门调查处理工程项目建设中的违纪违法问题。

(13)综合管理。负责项目办会议及活动的组织、接待和后勤保障等工作;负责项目信访接待工作;负责编发项目建设简报和政务信息。

(14)交竣工验收。根据《江苏省高速公路建设项目档案管理规范》,加强档案管理工作,并负责竣工档案资料的收集、整理组卷;做好交、竣工验收的配合工作。

2.3.3 “省市共建,以市为主”的项目现场管理机构职能

(1)制度建设。根据本市段高速公路建设的特点,负责制定各项实施细则和各部门工作职责,并报备省交建局。

(2)征地拆迁。负责项目的征(用)地、拆迁、安置、协调等具体实施组织工作,相关费用审核以及用地报批各项手续的地方协调工作。

(3)科研管理。根据市段的具体情况和科研经费总量确定30万元以下的科研项目,并报省交建局批准。市高指(项目办)负责所确定科研项目的立项和日常的管理工作,并组织验收。

(4)招标管理。负责外部供水供电设计招标或委托工作,省交建局负责监督。

(5)设计与审查。按省交建局相关设计要求,负责外部供水供电工程设计管理工作,其重大设计、技术方案应报省交建局,省交建局具有最终否决权;初步设计和施工图设计审查工作由省交建局组织,现场管理机构应积极参与,认真组织相关施工、监理单位提出书面审查意见。

(6)合同管理。负责合同的日常管理工作,定期对合同的履行情况进行检查,动态掌握合同的履行情况并及时上报省交建局。

(7)设计变更。设计变更按立项、审批权限分为三类:省交建局负责一类设计变更的上报和二类设计变更的审批管理工作;现场管理机构负责三类设计变更审批管理工作。

(8)工程计划与进度控制。依据省交建局下达的计划,编制年、季度实施计划,并负责分解至各总监办,同时报备省交建局;每旬统计、检查一次各承包人的施工进度,至少每月对工程进度进行一次检查。每月向省交建局上报计划执行情况。

(9)计量支付。按照《江苏省高速公路施工项目计量管理办法》等有关规定,制定具体的计量支付实施细则,报备省交建局;每月向省交建局上报资金使用情况及次月的用款计划。

(10)质量、安全管理。负责对现场工程质量、安全的管理和监督,负责对总监办的质量、安全管理工作的监督和指导,组织重大技术方案的审查,审查意见报省交建局备案。

(11)监理管理。负责对总监办工作进行监督和指导。

(12)财务、物资管理。设定项目建设资金专户、专款专用,并加强对工程计量款和征地拆迁资金的监管。按月填报“工程资金用款申请表”,每月报送财务报表,负责编制财务决算报表和竣工决算报告,接受审计监督。对拨付后的项目建设资金使用情况进行定期、不定期跟踪监督检查,确保不挪用。执行省交建局制定的有关物资管理办法,协助省交建局协调甲供材料的供应工作,同时负责监督承包人自采购物资在准入范围内招标采购。

(13)例会制度。负责制定工程例会制度,定期组织召开工程建设质量分析会、计划进度会、专题会等,并报备省交建局。

(14)竣工档案编制及交、竣工验收。省交建局负责组织做好交、竣工验收工作,现场管理机构做好配合工作。

(15)考评与奖惩。定期组织对施工、监理合同进行履约考核,实行优质优价和优监优酬考核;对工程进度、质量和管理出现问题的施工单位和监理单位,现场管理机构可根据问题的严重性进行专题通报,并按有关办法进行处罚。对于问题严重的,应上报省交建局,由省交建局进行专题通报。

2.3.4　项目现场管理机构(以省为主、以市为主)主要下设以下职能部门:征地拆迁部门、综合部门、计划部门、工程部门、财务部门、派驻纪检部门,如图 2-1 所示。

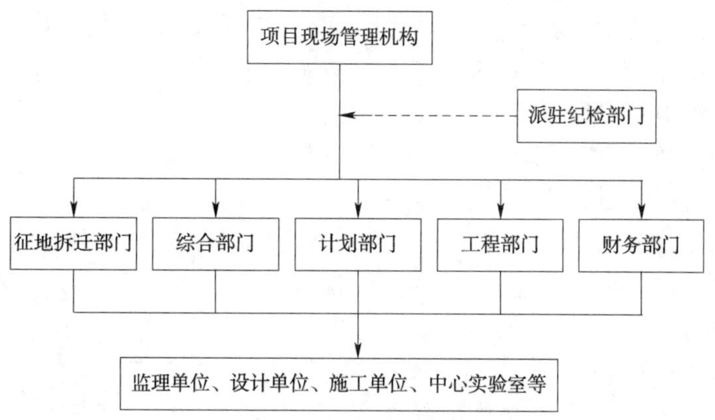

图 2-1　项目现场管理机构组织结构图

2.3.4.1　征地拆迁部门工作职责

(1)负责项目的征(用)地、拆迁、安置、协调等具体实施组织工作。

(2)负责相关费用审核以及用地报批各项手续的地方协调工作。

2.3.4.2　综合部门工作职责

(1)负责内部管理工作,组织协调日常工作,组织汇编管理制度。

(2)负责印章管理、公文运作处理,承办上级机关的文件、电话、通知、指示的催办、督办工作;保管文档及有关资料。

(3)负责工作总结、报告、汇报、请示和有关会议材料的拟稿工作,整理办公会议记录及专题性会议纪要。

(4)负责宣传工作,编写信息动态和工程建设大事记,组织工程建设过程中的摄影、摄像工作。

(5)负责工程建设建功立业劳动竞赛、安全保卫、法律咨询、信访工作,协助做好工程建设中的地方矛盾协调工作。

(6)负责文明创建、文化建设、政治思想教育、廉政建设和党团组织、工会的日常工作。

(7)负责人事、劳资、培训、职称晋升、计划生育等工作。

(8)负责收集、整理、保管文书档案及技术资料归档管理工作。

(9)负责现场管理机构局域网和工程项目信息化管理系统建设、管理和维护工作。

(10)负责编制行政经费计划,负责采购办公用品、管理固定资产、办公点等工作。

(11)负责现场管理机构员工集体福利、生活后勤管理和医务保健工作。

(12)负责对外联络、交流以及会务、接待工作。

(13)负责车辆的使用、维修、管理和驾驶员的管理。

2.3.4.3　计划部门工作职责

(1)负责工程建设项目前期、计划、招标和合同管理工作。

(2)负责交通工程及沿线设施的设计管理工作,负责三大系统的实施管理。

(3)负责编制项目总体实施计划和年度建设计划,编制并上报统计资料,同时对计划执行情况进行跟踪和调整。

(4)负责工程的招投标工作,负责合同执行过程中对中标人的履约情况进行动态跟踪,建立投标人履约情况数据库。

(5)负责所有非招标项目的合同编号、格式统一、支付复核等工作,并建立合同签订台账和支付台账。

(6)负责工程概算的拆分、调整,负责工程变更单价的审核,以及组织工程造价咨询等工作。

2.3.4.4　工程部门职责

(1)负责制定有关质量标准,对工程施工质量、进度、安全、环保的现场检查、监督。

(2)负责项目投资的控制,做好现场设计变更、工程计量、工程进度款审核,参与工程索赔的谈判。

(3)负责总监办的管理,组织监理计划、监理细则的审查,参与设计文件审查、重大设计变更论证和科研攻关,组织新技术、新工艺、新材料的推广应用,负责建设期驻地设计代表管理工作。

(4)组织施工组织设计、施工技术方案、安全生产方案的审查。

(5)负责对质量检测中心、测量中心的日常管理。

(6)负责征地拆迁管理和地方矛盾协调。

(7)负责现场管理机构交通船只的使用和管理。

(8)负责工程档案的管理,做好工程施工资料和技术文件的收集、整理、归档工作。

(9)组织工程质量评定和交、竣工验收文件编制,配合交、竣工验收和优质工程申报工作。

(10)做好工程缺陷责任期管理工作。

2.3.4.5 财务部门工作职责

(1)负责项目财务管理工作,制定并落实财务、审计工作的制度、规定与办法,健全内部控制与约束机制。

(2)负责编制资金的年度、季度使用计划和财务预算,落实资金按计划、使资金按期到位。

(3)负责对合同支付结算与各项费用进行财务审核,按照资金拨付程序和审批手续拨款。

(4)负责编制会计凭证、财务报表及竣工决算报告,管理会计档案。

(5)负责对承包人、地方服务指挥部资金使用情况进行财务监管。

(6)负责内部审计,配合上级部门的审计检查。

(7)负责办理工程保险、理赔及涉及税务的相关事宜。

2.3.4.6 驻项目纪检监察机构

(1)协助现场建设管理机构制定党风廉政建设制度,落实党风廉政建设责任和有关规定。

(2)指导并协助工程参建单位加强对参建人员的法纪法规教育、职业道德教育、家庭美德教育和廉政思想教育,制定各级各类参建人员的廉政行为准则和职业道德规范。

(3)督促工程参建单位及时签订廉政合同。

(4)加强对工程项目的征地拆迁专项资金、招投标、工程质量管理、物资采供、资金使用、设计变更和工程分包等关键环节的监督检查。

(5)处理来信来访,会同、协助有关部门调查处理工程项目建设中的违纪违规问题。

2.4 管理制度

(1)《关于省交通工程建设局内设机构工作职责、科室设置的报告》(苏交建综〔2009〕10 号)。

(2)《江苏省交通工程建设局工程项目建设管理实施办法(省市共建、以市为主)》(苏交建工二〔2010〕35 号)。

第 3 篇　项目建设管理

第3章　设计管理

3.1　目的

统一和规范高速公路工程建设设计管理工作，实现对工程建设管理中的初步设计阶段、施工图设计阶段、后期服务阶段的主要管理流程和程序以及设计过程中的咨询管理、考核管理等方面的规范化、程序化、制度化。

3.2　范围

适用于高速公路建设项目的设计管理，包括初步设计、施工图设计等设计过程。

3.3　定义

3.3.1　初步设计

初步设计是指根据批准的可行性研究报告和测设合同的要求，对建设项目进行概略的计算和初步的设计。初步设计要求拟定修建原则，选定设计方案、拟定施工方案，计算工程数量及主要材料数量，编制设计概算，提供文字说明及图表资料。

3.3.2　施工图设计

施工图设计是根据批准的初步设计（或技术设计）和测设合同进行设计和绘制作为施工直接依据的图纸和报表。施工图设计要求进一步对所审定的修建原则、设计方案、技术决定加以具体和深化，最终确定各项工程数量，提出文字说明和适应施工需要的图表资料、施工图清单以及施工组织计划，并编制施工图预算。

3.3.3　设计管理

设计管理包括初步设计管理、施工图设计管理、后期服务管理以及质量考核管理。

3.4　职责

3.4.1　省交建局

（1）计划部门负责省交建局勘察设计管理规定、办法的统一制定和修订工作，负责项目初步设计，交通工程及沿线设施中监控、通信、收费系统、照明工程施工图设计的技术管理、合同管理和质量考核工作，并配合省交通运输厅开展项目前期工作。

（2）工程部门负责项目施工图设计（除交通工程及沿线设施中监控、通信、收费系统、照明工程）的技术管理、合同管理和质量考核工作。

3.5　业务流程

3.5.1　初步设计管理业务流程

设计单位编写工作大纲后，省交建局对初步设计大纲进行审查，审查通过后，设计单位进行初测、初勘和外业调查。省交建局进行外业验收后，设计单位完成初步设计方案，省交建局进行技术方案研究，设计单位根据研究结果完成各专业初步设计初稿。省交建局对各专项进行分项审查后，设计单位完成初步设计初稿，省交建局再进行初步设计内部审查，设计单位根据审查结果完成初步设计报审稿，省交建局完成初步设计报批，如图3-1所示。

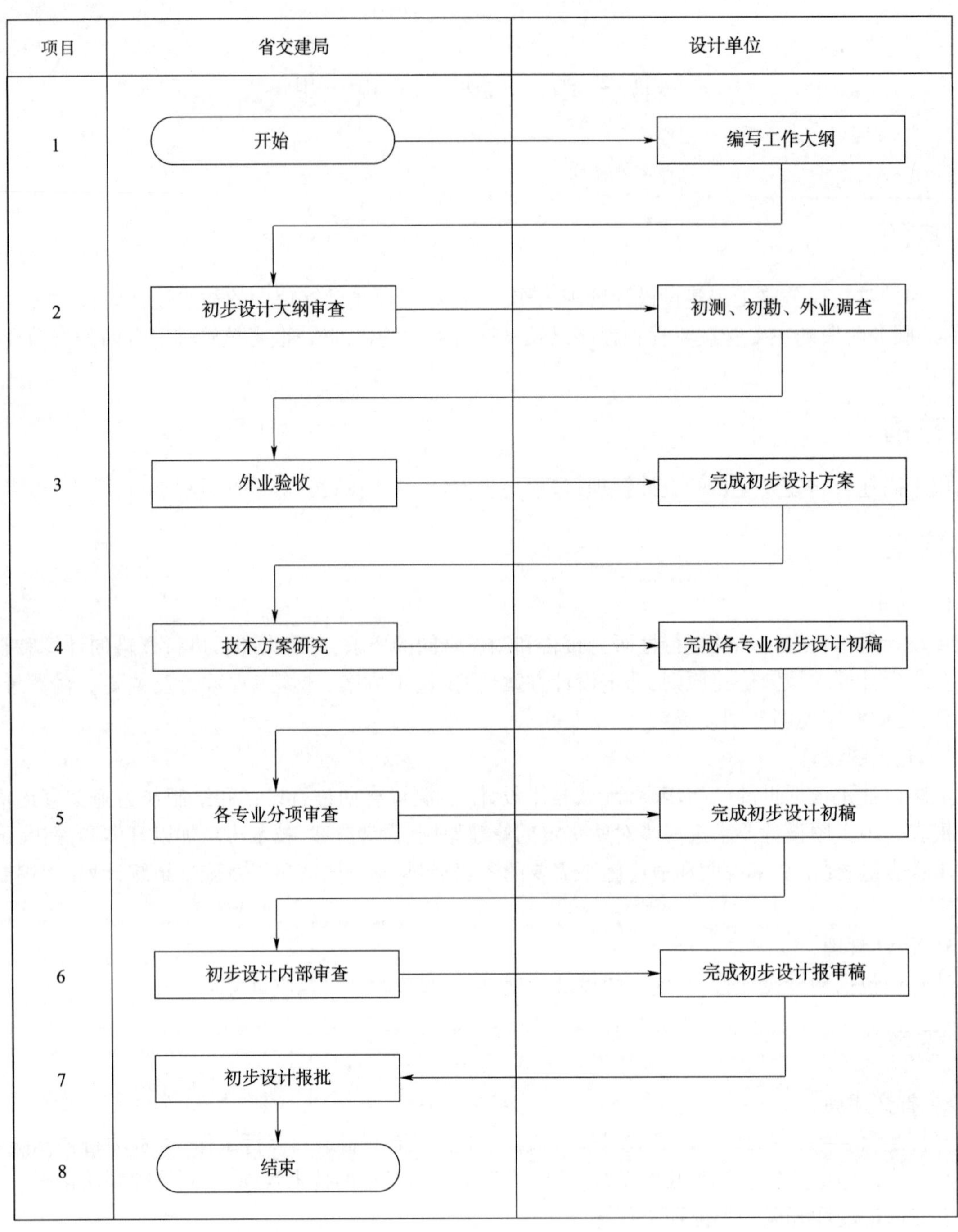

图 3-1　初步设计管理业务流程图

3.5.2　施工图设计管理业务流程

流程说明：

施工图设计阶段管理流程为：省交建局招标确定勘察设计单位并签订合同后，设计单位编写施工图设计工作大纲，省交建局对勘察设计大纲进行审查后，设计单位进行定测、详勘、外业调查，而后省交建局进行外业验收。设计单位提交关键技术方案后，省交建局组织施工图设计专题审查，设计单位再根据审查结果修改并提交施工图设计文件报审稿，省交建局组织施工图设计文件审查，设计单位提交施工图设计文件报批稿后，省交建局组织报批，如图 3-2 所示。

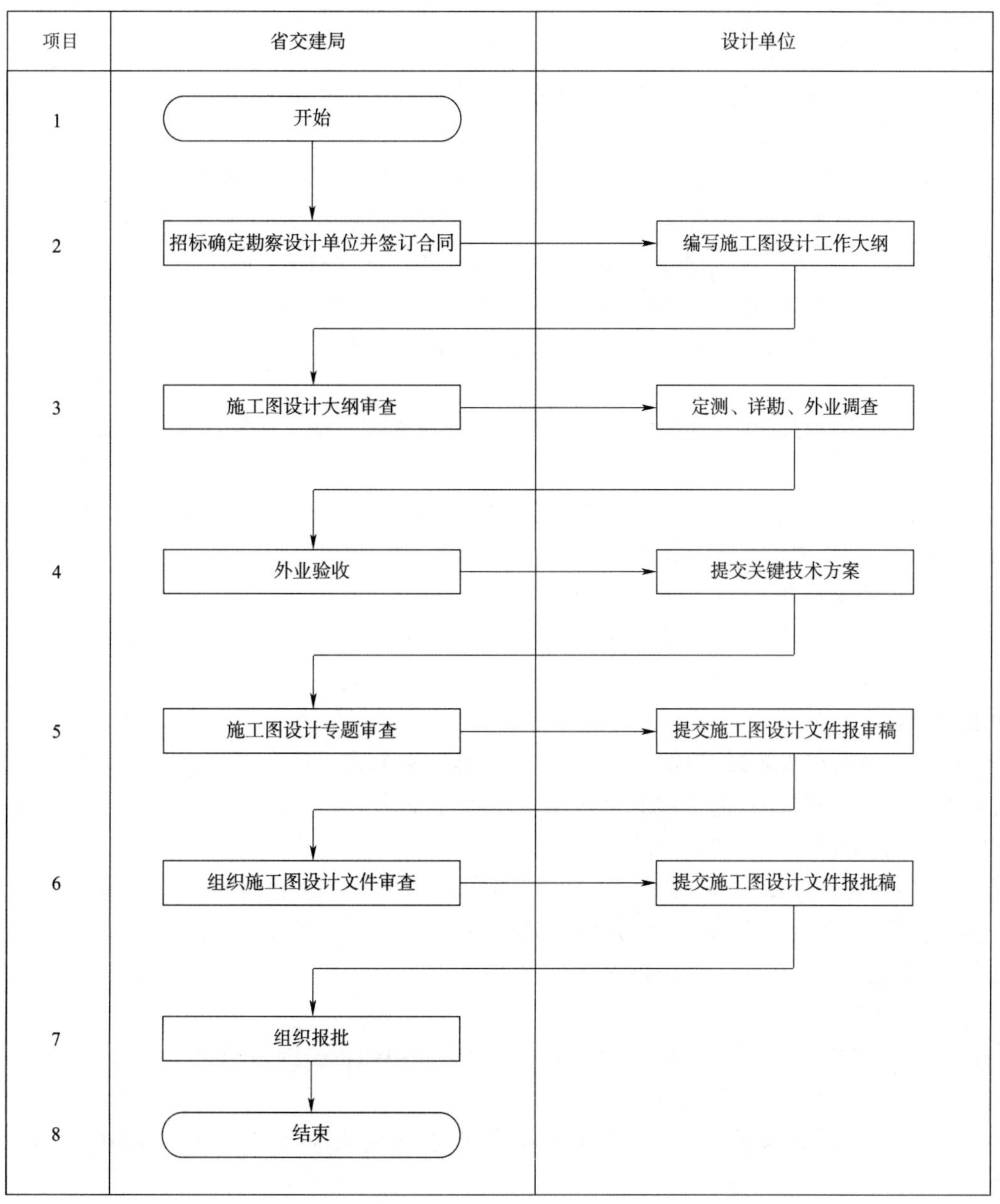

图3-2　施工图设计管理业务流程图

3.6　管理程序

3.6.1　勘察设计管理

(1)勘察设计管理的规定

勘察设计管理遵循分工负责的原则。省交建局计划部门、工程部门为勘察设计管理的职能部门。

高速公路工程项目勘察设计应当依法进行,执行国家、部、省公路工程技术标准、规范、规程。

各阶段设计必须按照审批权限报相应行政主管部门批准,未经批准的设计文件,不得作为下一阶段设计的依据。施工图设计未经审查批准的,不得交付使用。

(2)初步设计阶段

①初步设计阶段管理流程:勘察设计大纲审查—外业验收—技术方案研究—各专业分项审查—初步设计内部审查—初步设计报批。

②勘察设计大纲审查阶段中,设计人应根据项目特点、投标承诺编制勘察设计工作大纲,重点审查项目负责人、各分项负责人及相应的人员、设备投入,以及勘察设计计划和质量保证措施。

③外业验收阶段重点验收初测、初勘是否达到有关规范、规程的要求,规划、路网、水系、征地拆迁等外业调查资料是否齐全、准确,路线总体布局是否合理。

④技术方案研究阶段,设计人完成初步方案设计、咨询单位完成初步咨询意见后,由省交建局组织研讨主要技术方案和需要协调的问题。

⑤各专业分项审查阶段,应邀请有关专家,对项目初步设计各专业进行专项审查。

⑥初步设计内部审查阶段,由省交建局组织,相关行政主管部门、投资主体、项目沿线交通主管部门以及设计人、咨询人等参加,并邀请有关专家,对初步设计文件进行内部审查。

⑦初步设计报批阶段,设计人根据内部审查意见调整完善初步设计文件,由省交建局组织上报项目初步设计,并配合国家、省有关部门组织对项目初步设计审查、审批。

(3)施工图设计阶段

①施工图设计阶段管理流程:勘察设计大纲审查—外业验收—施工图设计专题审查—施工图设计审查及报批。

②施工图勘察设计大纲审查阶段中,设计人应根据项目特点、投标承诺编制施工图勘察设计大纲,重点审查项目负责人、各分项负责人及相应的人员、设备投入,以及标段划分、施工图设计计划、设计创新、质量保证措施以及后续服务。

③外业验收阶段重点验收详测、详勘内容、深度及工作量是否满足规范和项目勘察大纲的要求;特殊地基、取土坑(场)、水系水文、征地拆迁等调查资料是否完整;航道、公路、铁路、水利、电力、林地、城镇等的现状和规划调查。

④施工图设计专题审查阶段,根据需要,对部分关键技术方案进行专题审查。施工图设计方案较初步设计批复方案有重大调整的(需上报原审批单位审批的设计变更),设计人应提供充分的变更说明及调查论证资料,由省交建局组织施工图设计专题审查。

⑤施工图审查及报批组织对施工图设计文件(报审稿)进行审查,设计单位根据审查情况优化完整设计文件,提交设计文件报批稿,省交建局负责按照江苏省交通运输厅《江苏省公路建设项目施工图设计文件审批办法》规定办理施工图设计报批手续。

3.6.2 设计咨询管理

(1)省交建局各职能部门按照设计管理职责分工负责相应职责范围内的设计咨询管理工作。

(2)咨询人应对设计全过程开展咨询。

(3)对于咨询人与设计人意见不一致的重大技术问题,咨询人应及时与设计人和省交建局沟通,共同研究处理。

(4)设计咨询管理包括初步设计阶段咨询和施工图设计咨询两个阶段。

3.6.3 设计质量考核管理

(1)设计人应具有完善的质量管理体系,并获 GB/T 19000—ISO 9000 国际系列标准认证证书,保证勘察设计工作和成果的质量,并对建设工程在合理使用年限内的勘察设计质量负终身责任。

(2)设计人应建立项目勘察设计全过程的技术、质量档案。对设计文件,应执行校审制度。

(3)省交建局对项目勘察设计质量实行分阶段考核。主要考核项目初步设计、主体工程施工图设计。初步设计考核在初步设计审查结束后两个月内进行,施工图设计考核分两个阶段进行。

(4)省交建局依据项目勘察设计考核等级,对设计人予以奖惩。

(5)省交建局建立工程项目勘察设计质量考核档案,考核结果作为省交建局勘察设计招标、年度评比及表彰活动的重要依据。

3.6.4 设计后期服务管理办法

(1)设计后期服务工作包括现场设计代表、招标配合、技术交底、设计回访、设计工作总结及审计、交竣工验收配合等。

(2)现场设计代表要有高度的责任心、严谨的科学态度和良好的职业道德,坚持技术标准,执行行业规范、规程;熟悉设计的全过程,充分了解各专业的设计原则、设计方案、设计意图,具有独立处理技术问题的能力。

(3)设计单位按照设计合同规定和招标计划安排,及时提供招标图纸等文件。

(4)设计单位按照业主要求,派员准时参加标前会和进行现场考察,并负责介绍设计意图、解释设计文件有关内容。

(5)设计单位按照合同要求,派员准时参加项目现场管理机构技术交底和设计回访。参加技术交底和设计回访专业人员组成应满足项目现场管理机构的要求。

(6)技术交底和设计回访由计财部负责组织,现场设计代表由工程部归口管理。

(7)设计单位将本单位设计后期服务的组织体系及各层次职责报知项目现场管理机构。

(8)项目现场管理机构每季度组织对设计后期服务进行考核,考核结果作为施工图设计考核的依据之一。

(9)设计单位应做好设计后期服务工作,按业主要求及时派驻现场设计代表,并随工程进展情况,以工程需要为宗旨,调整现场设计代表的人员和专业。

(10)设计单位应负责现场设计代表思想素质、工作责任心等教育工作,配合项目现场管理机构对现场设计代表的日常工作进行管理。

(11)针对设计成果的审查意见和实施过程中的变更设计要求,设计单位应及时反馈意见,并组织力量开展变更或修改设计。

(12)组织设计人员参加招标前会、技术交底会等有关会议,根据需要组织各专业设计人员进行设计回访。

(13)设计单位应做好后期的设计工作总结。

(14)对不能正常履行职责的设计代表,项目现场管理机构有权要求设计单位更换。

(15)现场设计代表要求与项目现场管理机构的现场指挥部同点办公,项目现场管理机构负责向现场设计代表提供必要的办公和生活条件。

3.7　规章制度

(1)《江苏省交通工程建设局高速公路工程项目勘察设计管理办法》(2010)。

(2)《江苏省公路建设项目施工图设计文件审批办法》(苏交计〔2007〕85号)。

(3)《公路工程基本建设项目设计文件编制办法》(交公路发〔2007〕358号)。

3.8　管理记录

(1)初步设计考核表(表3-1)。

(2)施工图设计考核表(第一阶段考核)(表3-2)。

(3)施工图设计考核表(第二阶段考核)(表3-3)。

(4)设计考核报告(表3-4)。

表 3-1　初步设计考核表

项目名称：　　　　　　　　　　设计单位名称：

<table>
<tr><th>分　类</th><th>考核项目</th><th>内容及标准</th><th>满分值</th><th>评分</th></tr>
<tr><td rowspan="6">一、前期准备和初测初勘(25 分)</td><td rowspan="2">勘察设计大纲</td><td>▲根据项目负责人、分项负责人符合合同承诺情况评分。
1. 经业主书面同意，更换投标承诺的项目负责人，扣 2 分；更换投标承诺的各分项负责人，每人次扣 0.5 分；
2. 未经业主书面同意，更换投标承诺的各分项以上负责人，一经发现，扣 3 分；
3. 因不可抗力造成项目负责人或分项负责人无法继续履行职责而进行调整的，不作为扣分因素</td><td>3</td><td></td></tr>
<tr><td>▲根据勘察设计计划、总体设计思路与设计理念、关键性技术问题的对策措施，以及质量保证措施 4 项内容进行评分。
1. 符合合同要求，或内容有少量欠缺，但能及时调整，不影响进度和质量的，扣 0 ~ 1 分；
2. 内容缺失较多，或不符合合同规定，或影响进度和质量，扣 1 ~ 3 分</td><td>3</td><td></td></tr>
<tr><td>初测初勘</td><td>▲根据初测初勘资料完备程度、工作深度和满足设计需要情况进行评分。
1. 符合合同要求，或有少量缺漏，但经补充调整不影响设计方案、质量和投资的，扣 0 ~ 3 分；
2. 有较大的缺漏和错误，或对设计方案、质量和投资产生较大影响的，扣 3 ~ 7 分</td><td>7</td><td></td></tr>
<tr><td>外业调查与协调</td><td>▲根据水利、航道、铁路、公路、电力、通信、土地、拆迁、筑路材料、城乡等的现状及规划的调查结果准确、完备情况，以及有关部门协调意见明确程度、满足设计需要情况进行评分。
1. 符合合同要求，或有少量缺漏，但经补充调整不影响设计方案、质量和投资的，扣 0 ~ 3 分；
2. 实地情况调查有较大缺漏和错误，有关部门意见协调不明确，书面意见缺失较多，不能满足设计需要的，扣 3 ~ 8 分</td><td>8</td><td></td></tr>
<tr><td>落实外业验收意见</td><td>▲根据设计单位落实外业验收意见情况进行评分。
每有一条意见不落实，扣 0.5 ~ 1 分</td><td>4</td><td></td></tr>
<tr style="display:none"></tr>
<tr><td rowspan="2">二、设计(65 分)</td><td>设计进度</td><td>▲根据初步设计文件提交时间满足建设进度需要情况进行评分。
1. 初步设计阶段成果未按要求及时提交，每晚 10 天，扣 0.5 ~ 1 分；
2. 初步设计文件未按要求及时提交，每晚 10 天，扣 0.5 ~ 1 分；如对建设进度影响较大的，扣 5 分</td><td>5</td><td></td></tr>
<tr><td>设计文件内容</td><td>▲根据设计文件内容齐全、完整，图表清晰情况进行评分。
1. 设计文件内容齐全、完整，图表清晰，或有少量缺失，但不影响整体质量的，扣 0 ~ 2 分；
2. 设计文件完整性较差，有较多漏项的，扣 2 ~ 7 分</td><td>7</td><td></td></tr>
</table>

续上表

分　类	考核项目	内容及标准	满分值	评分
二、设计(65分)	执行可行性研究批复及相关规定	▲根据规模、标准等方面符合相关规范、规程,执行可行性研究批复意见等情况进行评分。 1. 符合合同要求,或有少量缺陷和不足,扣0~2分; 2. 有较多缺陷和不足,对设计方案、规模影响较大,扣2~5分	5	
	设计方案	▲根据总体设计、路线、路基路面、桥梁涵洞、隧道、路线交叉、交通工程及沿线设施、环保与景观工程共八项设计方案的技术可靠性、合理性进行评分。每项满分5分。 1. 设计方案比选充分,方案合理可行的,或有少量缺陷和不足,但经调整不影响整体规模的,每项扣0~2分; 2. 设计方案比选不充分,方案不合理,有较多缺陷和不足的,每项扣2~5分	40	
	概算编制	▲根据概算编制质量进行评分。 1. 材料单价调查充分,定额、费率取用正确,概算控制合理的,或有少许不足但经调整不影响投资控制的,扣0~3分; 2. 材料单价调查不充分,或定额、费率取用不正确,有重大缺失的,扣3~8分	8	
三、后续工作(10分)	审查配合	▲根据初步设计审查准备工作、会议汇报材料及汇报质量等情况进行评分。 1. 准备工作细致、充分,汇报材料及汇报质量高,或有少许不足但经调整不影响审查工作,扣0~2分; 2. 准备工作不细致、不充分,汇报材料缺项和错误较多,汇报质量差,影响审查工作,扣2~6分	6	
	审查意见落实	▲根据设计单位落实初步设计审查意见,完善技术方案情况进行评分。 1. 严格落实审查意见,完善技术方案,或有少许不足但经调整不影响项目审批,扣0~1分; 2. 落实审查意见不充分,完善技术方案,调整工作拖拉,影响项目审批,扣1~4分	4	

评分人(签名):

表3-2　施工图设计考核表(第一阶段考核)

项目名称：　　　　　　　　　　　设计单位名称：

分　类	考核项目	内容及标准	满分值	评分
一、前期准备和初测初勘(30分)	勘察设计大纲	▲根据项目负责人、分项负责人符合合同承诺情况评分。 1. 经业主书面同意,更换投标承诺的项目负责人,扣2分;更换投标承诺的各分项负责人,每人次扣0.5分; 2. 未经业主书面同意,更换投标承诺的各分项以上负责人,一经发现,扣3分; 3. 因不可抗力造成项目负责人或分项负责人无法继续履行职责而进行调整的,不作为扣分因素	3	
		▲根据勘察设计计划、总体设计思路与设计理念、关键性技术问题的对策措施,以及质量保证措施4项内容进行评分。 1. 符合考核要求,或内容有少量欠缺,但能及时调整,不影响进度和质量,每项扣0~0.25分(不含0.25分); 2. 内容缺失较多,不符合合同规定,影响进度和质量,每项扣0.25~0.75分	3	
	详勘详测	▲根据详勘详测资料完备程度、工作深度符合合同规定和满足设计需要情况进行评分。 1. 符合考核要求,或有少量缺漏,但经补充调整不影响设计质量、进度和投资的,扣0~4分(不含4分); 2. 有较大的缺漏和错误,对设计质量、进度和投资产生较大影响的,扣4~9分	9	
	外业调查及相关协议落实	▲根据水利、航道、铁路、公路、电力、通信、土地、拆迁、筑路材料、城乡等的现状及规划的调查结果准确、完备情况,以及与有关部门协调意见明确程度、满足设计需要情况进行评分。 1. 符合合同要求,或有少量缺漏,但经补充调整不影响设计方案、质量和投资的,扣0~4分; 2. 实地情况调查有较大缺漏和错误,有关部门意见协调不明确,书面意见缺失较多,不能满足设计需要的,扣4~10分	10	
	落实外业验收意见	▲根据设计单位落实外业验收意见情况进行评分。 每一条意见不落实,扣1分	5	
二、设计(60分)	设计进度	▲根据施工图设计文件提交时间满足建设进度需要情况进行评分。 施工图设计文件未按要求及时提交,每晚10天,扣0.5~1分;对建设进度影响较大的,扣6分	6	
	设计文件内容	▲根据设计文件内容齐全、完整,图表清晰情况进行评分。 1. 设计文件内容齐全、完整,图表清晰,或有少量缺失,但不影响整体质量的,扣0~2分(不含2分); 2. 设计文件完整性较差,有较多漏项,扣2~6分	6	

续上表

分　类	考核项目	内容及标准	满分值	评分
二、设计(60分)	执行可行性研究批复及相关规定	▲根据规模、标准等方面符合相关规范、规程,执行初步设计批复意见等情况进行评分。 1. 符合合同要求,或有少量缺陷和不足,扣0~2分; 2. 有较多缺陷和不足,对设计方案、规模影响较大,扣2~6分	6	
	施工图设计	▲根据总体设计、路线、路基路面、桥梁涵洞、隧道、路线交叉工程共六项设计方案的技术可靠性、合理性进行评分。每项满分6分。 1. 符合合同要求,或有少量缺陷和不足,但经调整不影响建设质量、进度和投资的,每项扣0~2分; 2. 施工图设计有较多缺陷和不足,对建设质量、进度和投资影响较大的,每项扣2~6分	36	
	概算编制	▲根据预算编制工作情况进行评分。 1. 材料单价调查较充分,定额、费率取用正确,施工组织设计合理,预算准确,静态投资控制合理,或有少许不足但经调整不影响投资控制的,扣0~2分; 2. 材料单价调查不充分,或定额、费率取用不正确,施工组织设计不合理,静态投资控制较差的,扣2~6分	6	
三、后续工作(10分)	审查配合	▲根据施工图设计审查准备工作、会议汇报材料及汇报质量等情况进行评分。 1. 准备工作细致、充分,汇报材料及汇报质量高,或有少许不足但经调整不影响审查工作,扣0~2分; 2. 准备工作不细致、不充分,汇报材料缺项和错误较多,汇报质量差,影响审查工作,扣2~6分	6	
	落实审查意见	▲根据设计单位落实施工图设计审查意见和咨询单位意见情况进行评分。 1. 严格落实审查意见,或有少许不足但经调整不影响后继工作,扣0~1分; 2. 落实审查意见不充分,调整工作拖拉,对后继工作影响较大,扣1~4分	4	

评分人(签名):

表 3-3　施工图设计考核表(第二阶段考核)

项目名称：　　　　　　　　　　设计单位名称：

分　类	考核项目	内容及标准	满分值	评分
一、后期设计服务(80 分)	工程量清单编制	▲根据工程量清单编制质量和由于编制错误引起的设计变更金额累计占项目施工中标合同清单小计百分率进行评分。 1. 累计达 0 ~ 5% 的,扣 0 ~ 5 分； 2. 累计达 5% ~ 10% 的,扣 5 ~ 10 分； 3. 累计达超过 10% 的,扣 20 分	20	
	技术交底	▲根据技术交底认真程度、答复情况进行评分。 1. 技术交底充分、认真,答复及时,或有少量不足,经调整不影响工程建设的,扣 0 ~ 5 分； 2. 技术交底不充分,答复不及时,对工程建设影响较大的,扣 5 ~ 20 分	20	
	设计代表	▲根据设计代表工作能力、服务态度等符合合同情况进行评分。 1. 不符合合同要求,或设计代表不能胜任工作,被退回(以业主书面意见为准),每发生 1 人次,扣 5 分； 2. 处理设计变更不及时,每发生一次不能按规定及时处理的,扣 2 分;发生 5 次以上,扣 20 分	20	
	施工配合	▲根据设计单位配合处理工程现场施工技术问题、有关地方矛盾、相关关系协调问题的质量和及时性情况进行评分。 1. 符合合同要求,或有少许不足,但经整改后不影响工程建设的,扣 0 ~ 5 分； 2. 施工配合质量差,处理现场问题推诿拖拉,对工程建设影响较大的,扣 5 ~ 20 分	20	
二、设计质量(20 分)	设计质量	▲按因设计原因(除工程量清单编制错误,并以设计变更立项批复中明确的书面意见为准)导致设计变更金额累计占项目施工合同清单小计百分率进行评分。 1. 累计达 0% ~ 5% ,扣 0 ~ 1 分； 2. 累计达 5% ~ 10% ,扣 1 ~ 5 分； 3. 累计达 10% ~ 20% ,扣 5 ~ 10 分； 4. 累计超过 20% ,扣 20 分	20	

表 3-4　设 计 考 核 报 告

考核项目	___________高速公路___________阶段设计
被考核人	
考核时间	
考核地点	
考核过程	
考核得分与评定等级	考核得分:___________ 评定等级:___________
参加考核人员	考核小组组长: 考核小组成员:

第 4 章　招标与采购管理

4.1　目的

统一和规范高速公路工程建设项目招标管理，招投标工作流程，保证招投标工作的公开、公平、公正，规范省交建局咨询服务采购行为。

4.2　范围

适用于省交建局负责的高速公路建设的设计、施工、监理、咨询等项目的招标和采购。

4.3　定义

4.3.1　招投标

在市场经济条件下，进行大宗货物的买卖、工程建设项目的发包与承包以及服务项目的采购与提供时，所采取的一种交易方式。

4.4　职责

4.4.1　省交建局

(1)成立招标工作领导小组，组织实施招标工作。也可以授权省交建局项目现场管理机构或委托招标代理机构实施招标。

(2)具体负责自行招标项目的组织实施，负责委外招标项目的委托、业务指导和监督管理。

(3)负责领导招标工作，决定招标活动中的重大事项。

(4)负责招标文件(含资格预审文件)费用的收取；投标保证金、图纸押金的收取与退还和招标文件发售管理。

(5)提供招标文件编制所需的项目资料、特殊合同和技术要求；负责组织编制图纸和特殊项目的技术规范。

4.5　业务流程

招投标管理要坚持“公开、公正、公平”的原则，按照交通工程建设招标文件、《招标管理办法》与评标办法的规定，对投标人以及递交的投标书的符合性、响应性、资格、技术、标价进行评审。

4.5.1　招投标管理业务流程

招投标管理业务流程图，如图 4-1 所示。

4.6　管理程序

4.6.1　招标原则

(1)招标范围

①勘察、设计、监理等服务项目的采购，单项合同估算价在 30 万元以上的；

②施工单项合同估算价在 100 万元以上或者建筑面积在 2000 平方米以上的；

③重要设备和材料等货物的采购，单项合同估算价在 50 万元以上的；

④单项合同估算价低于①、②、③三项规定的规模标准，但项目总投资额在 2000 万元以上的。

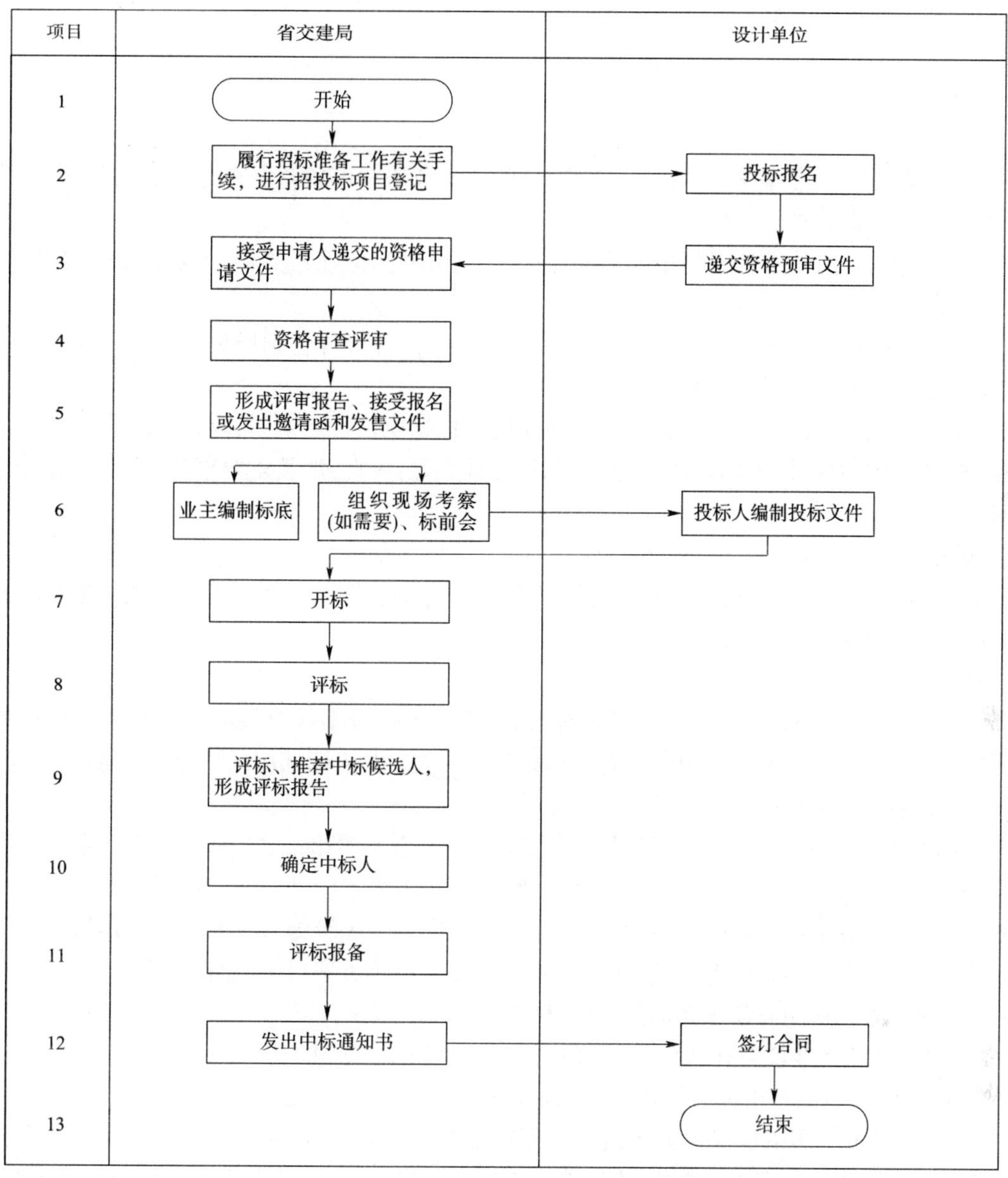

图 4-1　招投标管理业务流程图

(2)招标条件

①对勘察设计项目招标,工程可行性须获得批复;对其他项目招标,初步设计须获得批复;

②建设资金已落实;

③总体实施计划已制订;

④招标需求已明确。

遇特殊情况需提前招标的,须报经局招标领导小组批准。

(3)不进行招标部分

①涉及国家安全、国家秘密或者抢险救灾而不宜招标的;

②施工所需的主要技术、材料、设备属专利性质,并且在专利保护期内的;

③在建工程追加的附属小型工程(追加投资低于原投资总额的 10%)或者主体加层工程,且承包人未发生变更的;

④建筑工程的设计采用特定专利技术、专有技术或者其建筑艺术造型有特殊要求的。

上述①~④项拟不招标项目,应由项目实施管理部门填写“不招标申请表”,由招标部门审查通过并提请局领导批准后报省交通运输厅审批。

咨询服务项目通过单一来源采购或竞争性谈判方式采购管理的，见4.6.7咨询服务项目委托与采购管理。

4.6.2 招标准备

(1)需求编制

①招标标段划分需综合考虑项目特点、方便管理、成本节约和市场竞争充分等因素，由项目管理部门会同招标部门商定后报分管局领导确定。

②招标需求由项目实施管理部门根据工程建设计划，编制招标计划要求，按附表格式提出(咨询服务项目以《采购申请表》代替)，交招标部门。

③招标方案由招标部门根据招标需求编制，会签相关部门并经分管副局长和局长批准。

(2)招标文件(资格审查文件)编制

①招标文件应在符合国家、部、省有关规定的前提下根据项目特点编制，内容系统全面。

②在招标过程中，对投标人印发的招标修改书由招标部门负责，涉及重要事项的，须会有关部门并报局领导批准。

4.6.3 报名

采取公开招标方式的，应通过中国招投标网或其他规定的媒介公开发布招标公告，并在江苏省交通运输厅网站上进入招标信息系统进行报名。

4.6.4 资格审查

(1)资格审查分为资格预审和资格后审两种方式，报名单位较多或对投标人资格要求较高的项目一般采用资格预审方式。申请单位近两年来有下列情况之一的，由招标部门向资格审查委员会通报，由资格审查委员会限制或拒绝有关单位投标：

在投标活动中有违法、违规行为；因工程质量、安全等方面发生事故，或因工程建设项目中有严重违约情节，被省、直辖市级以上交通等行政主管部门通报；按照上级主管部门或纪检监察部门有关规定处于禁止进入江苏交通建设市场期间的；在省交通运输厅信用档案中等级为B-级以下(含B-级)，或一年内在省交建局管理项目中有合同履约考核结果较差的；在省交建局建设项目中，存在重大失信和违约行为的；处于行政处罚和司法处罚期而禁止参加投标活动的。

(2)在资格审查评审会议召开之前，招标部门应成立清标小组进行清标工作。清标文件应公正、客观、全面和准确反映资格预审申请文件符合性和最低资格条件检查情况。

(3)资格审查评审工作由资审委员会负责。资审委员会的成员由招标人代表和从江苏省交通项目招标评标专家库中抽取的专家成员组成，人数为7人或7人以上单数，其中招标人代表不超过1/3。招标人代表由招标部门、项目管理部门和项目管理现场机构分别派员组成。资审委员会主任委员由全体成员推选产生。

(4)实行资格后审项目，在评标阶段按照招标文件规定的条件进行资格审查。

4.6.5 投标、开标

(1)投标现场考察工作由招标部门负责，项目管理部门配合。

(2)标前会由招标部门组织，项目管理部门和设计单位派员参加，并按职责和分工介绍情况、回答问题。

(3)投标开标仪式由招标部门组织，并邀请省交通行政主管部门、驻局纪检办派代表参加，同时委托公证机构对投标、开标全过程进行现场公证。

(4)招标项目根据需要，一般设最高限价或最低限价，采用开标前公布或开标现场公布两种方式。采用开标现场公布限价方式的，应在开标前对限价严格保密。

4.6.6 评标、定标

(1)评标工作由评标委员会负责。

(2)在评标会议前，招标部门应成立清标小组进行清标工作。清标文件应公正、客观、全面和准确反映投标文件符合性审查等情况。

(3)评标一般采用综合评估法或合理低价评标法，由招标部门根据招标方案中确定的方法在招标文件中载明。

(4)招标项目在定标前一般应将中标候选人、后备中标候选人、预期中标价格及废标情况上网公示不少于7天。

(5)根据招标部门提议,招标领导小组不定期召开定标会议,在评标委员会的评标推荐意见基础上依法确定中标结果,并对合同签订和项目实施管理工作提出要求。

(6)确定中标人后,招标部门应在15天内将评标报告及有关资料上报省交通运输厅备案。

(7)对确定的中标人放弃中标、因不可抗拒力提出不能履行合同,或未按招标文件之规定按期提交有效履约担保的,或经调查发现存在违反招标文件规定不得中标的,经招标领导小组审议同意,可依次确定后备中标候选人为中标人,或重新组织招标。对无正当理由放弃中标的,应没收其投标担保,并书面报请省交通运输厅降低其信用等级。

4.6.7　合同签订

(1)合同由招标部门按照招标文件规定及中标人投标文件拟订,签约前澄清、谈判达成的意见需要进入合同条款的,应交由招标部门汇总报经局领导同意后纳入。

(2)签订合同的同时,应签订廉政合同和安全生产合同、保证不拖欠农民工工资合同。

(3)合同经中标人签字盖章后,由招标部门办理合同审签单,会签相关部门后,报分管副局长、局长审签、盖章,经公证机构公证后生效。

(4)招标部门在合同生效后应编印合同文件,分发有关部门。

(5)招标部门适时组织进行合同交底,向项目实施管理部门移交与合同管理相关的招投标文件,交代注意事项。招标部门负责将招标文件、投标文件和合同文件进行归档。

(7)项目主要人员证书(如要求押证)的原件由招标部门统一收取、保管,凭项目实施管理部门出具的相关合同义务(职责)已履行完毕的书面证明到招标部门办理退还手续。

4.6.8　咨询服务项目委托与采购管理

采购方式分为招标、竞争性谈判和单一来源三种。竞争性谈判适用于合同金额少于30万元、招标失败、由于技术复杂或者性质特殊而不能确定详细规格或者具体要求的项目。单一来源适用于只能从唯一或不足3家服务单位处采购的项目。

(1)采用竞争性谈判方式采购的程序

①成立谈判小组;

②制定谈判文件;

③确定邀请参加谈判的单位名单;

④谈判;

⑤确定成交单位。谈判小组编制采购报告,提出成交候选人。

(2)采用单一来源方式采购的程序

①成立谈判小组;

②制定谈判文件;

③谈判;

④确定成交单位。谈判小组编制采购报告,提出成交方案。

(3)非招标项目成交标准

采用竞争性谈判方式采购的,成交单位应是:符合采购需求、质量和服务相等且报价相对较低的单位,或在指定价格的情况下服务水平评价相对较优的单位。

采用单一来源方式采购的,成交单位应符合采购需求的服务内容与质量要求,报价合理。

同等条件下,此前承担过同类项目且业绩、信誉较好的单位优先成交。

(4)采购报告包括的内容

①咨询服务项目基本情况;

②谈判小组成员名单;

③市场调研情况；

④谈判过程描述；

⑤谈判结果与建议。

采购结果确定后，由采购经办部门起草合同，办理合同审签手续。

4.7 规章制度

(1)《中华人民共和国招标投标法实施条例》。

(2)《关于印发〈江苏省交通工程建设局工程建设项目招投标管理办法〉的通知》(苏交建计〔2010〕52号)。

(3)《关于印发〈江苏省交通工程建设局咨询服务项目委托与采购管理办法〉的通知》(苏交建招〔2010〕64号)。

4.8 管理记录

(1)不招标申请表(表4-1)。

(2)招标需求表(表4-2)。

(3)咨询服务项目委托与采购立项申请表(适用于新采购项目)(表4-3)。

(4)咨询服务项目委托与采购立项申请表(适用于续签项目)(表4-4)。

表 4-1　不 招 标 申 请 表

建设项目名称：

<table>
<tr><td>申请事项</td><td colspan="2">项目不进行招标</td></tr>
<tr><td rowspan="3">申请事项情况</td><td>地点</td><td></td></tr>
<tr><td>合同主要内容</td><td></td></tr>
<tr><td>预估合同金额</td><td>万元</td></tr>
<tr><td>申请理由</td><td colspan="2"></td></tr>
<tr><td>法律法规依据</td><td colspan="2">(　　)涉及国家安全、国家秘密或者抢险救灾而不宜招标的
(　　)建设工程的设计,采用特定专利技术、专有技术,或者其建筑艺术造型有特殊要求的
(　　)施工所需的主要技术、材料、设备属专利性质,并且在专利保护期内的
(　　)停建或者缓建后恢复建设的工程,且承包人未发生变更的
(　　)在建工程追加的附属小型工程(追加投资低于原投资总额的 10%)或者主体加层工程,且承包人未发生变更的
(　　)法律、法规、规章规定可以不招标的</td></tr>
<tr><td>申请部门负责人</td><td colspan="2">(签名)　　　　　日期：</td></tr>
<tr><td>有关部门会签</td><td colspan="2"></td></tr>
<tr><td>分管局长</td><td colspan="2"></td></tr>
<tr><td>局长</td><td colspan="2"></td></tr>
</table>

表 4-2　招 标 需 求 表

一、招标项目基本情况	
1. 所属路名	
2. 招标条件具备情况	初设(工程可行性)批复情况：<u>(批复日期及文号)</u> 建设资金落实情况：<u>(是否落实)</u> 总体实施计划制订情况：<u>(是否落实)</u> 设计图纸(如有)提供时间：<u>(具体出图日期)</u>
二、招标需求	
1. 招标内容与规模	
2. 工期要求	总工期：________ 分阶段工期：________
3. 关于项目实施管理的特殊要求	
4. 建议招标方式	

项目实施管理部门负责人：(签名)　　　　　　　　　　　日期：

注：表中空格不够填写的，可另附页。

表4-3　咨询服务项目委托与采购立项申请表

(适用于新采购项目)

申请部门：　　　　　　　　　　　　　填报日期：

服务内容			
标的数量			
服务时间		费用预算	万元
对外委托理由	存在技术难度　(　) 时间紧迫,力量不足　(　) 项目审批、工作协调需要　(　)		
市场调研结果	潜在服务单位数:3家以上(　)　不足3家(　)　只有一家(　) 收费标准:		
委托与采购建议	采购方式:招标(　)　竞争性谈判(　)　单一来源(　) 采购完成时间:		
项目提出部门意见	经办科室负责人:(签名)　　处领导:(签名)		
会签部门意见			
分管副局长意见			
局长意见			

注:1. 表中部分内容为可选择项,填表人在相应选项后的(　)打"√"进行选择。

2. 本表后需附市场调研报告。

3. 会签部门和局领导应就是否同意对外委托、委托与采购方式发表意见。

4. 招标部门对是否办理行政许可手续发表意见。

表 4-4　咨询服务项目委托与采购立项申请表

(适用于续签项目)

项目提出部门：　　　　　　　　　填报日期：

服务内容			
标的数量			
服务时间		费用预算	万元
对外委托理由	存在技术难度　(　) 时间紧迫，力量不足　(　) 项目审批、工作协调需要　(　)		
最近一期合同执行情况总结	签约单位名称：________ 收费标准：________ 合同结算价：________ 履约表现：________		
委托与采购建议	续签合同(　)推荐续签单位：________ 价格标准是否调整：是(　)　否(　) 建议价格和理由： 价格________ 理由________		
项目提出部门意见	经办科室负责人：(签名)　　处领导：(签名)		
会签部门意见			
分管副局长意见			
局长意见			

年　月　日

注：1. 表中部分内容为可选择项，填表人在相应选项后的(　)打"√"进行选择。

2. 本表后需附以往合同(如有)执行情况总结。

第5章　材料管理

5.1　目的

统一和规范高速公路工程建设中工程材料管理工作的程序，及时解决重要物资材料采购和资格审查中的问题，实现工程项目建设工作的有序进行和工程物资供应的标准化管理。

5.2　范围

适用于江苏省交通工程建设局负责建设的高速公路建设项目材料直接供应、材料供应资格审查的管理，具体包括沥青、路面集料、木质纤维素、抗剥落剂、锚具和橡胶支座、桥梁伸缩缝、防眩板、反光膜、标线漆、隔离栅等工程建设重要物资材料的供应管理。

5.3　定义

5.3.1　直接供应管理

由省交建局通过招标方法采购物资，供应给承包人使用的物资供应管理方式。

5.3.2　资格审查管理

由省交建局设置资格审查最低要求，对申请单位进行审查，确定准予使用物资产品或供应单位的管理方式。

5.4　职责

5.4.1　省交建局

(1)汇总编制年度沥青用量总体计划，组织沥青招标采购、供应及质量检测，结算沥青货款，并进行履约考核。

(2)负责开展高速公路物资资格审查管理工作，在媒体上发布资格审查通告，成立审核小组，并通过现场考察编制考察报告，组织评审委员会进行资格评审，负责资格审查工作成果的应用。

5.4.2　现场管理机构

(1)负责汇总、审核所辖路段沥青的总体需求计划和阶段需求计划。

(2)监管沥青的质量、调配和使用，协助省交建局协调处理供应过程中的问题。

(3)协助省交建局开展物资资格审查管理工作及考核工作。

5.4.3　监理单位

(1)按照监理职责对施工单位使用的沥青的质量进行现场监管和数量确认。

(2)协助业主开展物资考核工作。

5.4.4　施工单位

(1)编报本段物资材料总需求计划。

(2)负责物资材料质量验收、计量和签收工作。

5.4.5　供应单位

(1)严格履行合同，按调拨计划及时组织物资材料的供货。

(2)确保供应物资材料的质量，负责解决供应中出现的问题。

5.5 业务流程

5.5.1 直接供应材料管理业务流程

直接供应材料管理业务流程,如图5-1所示。

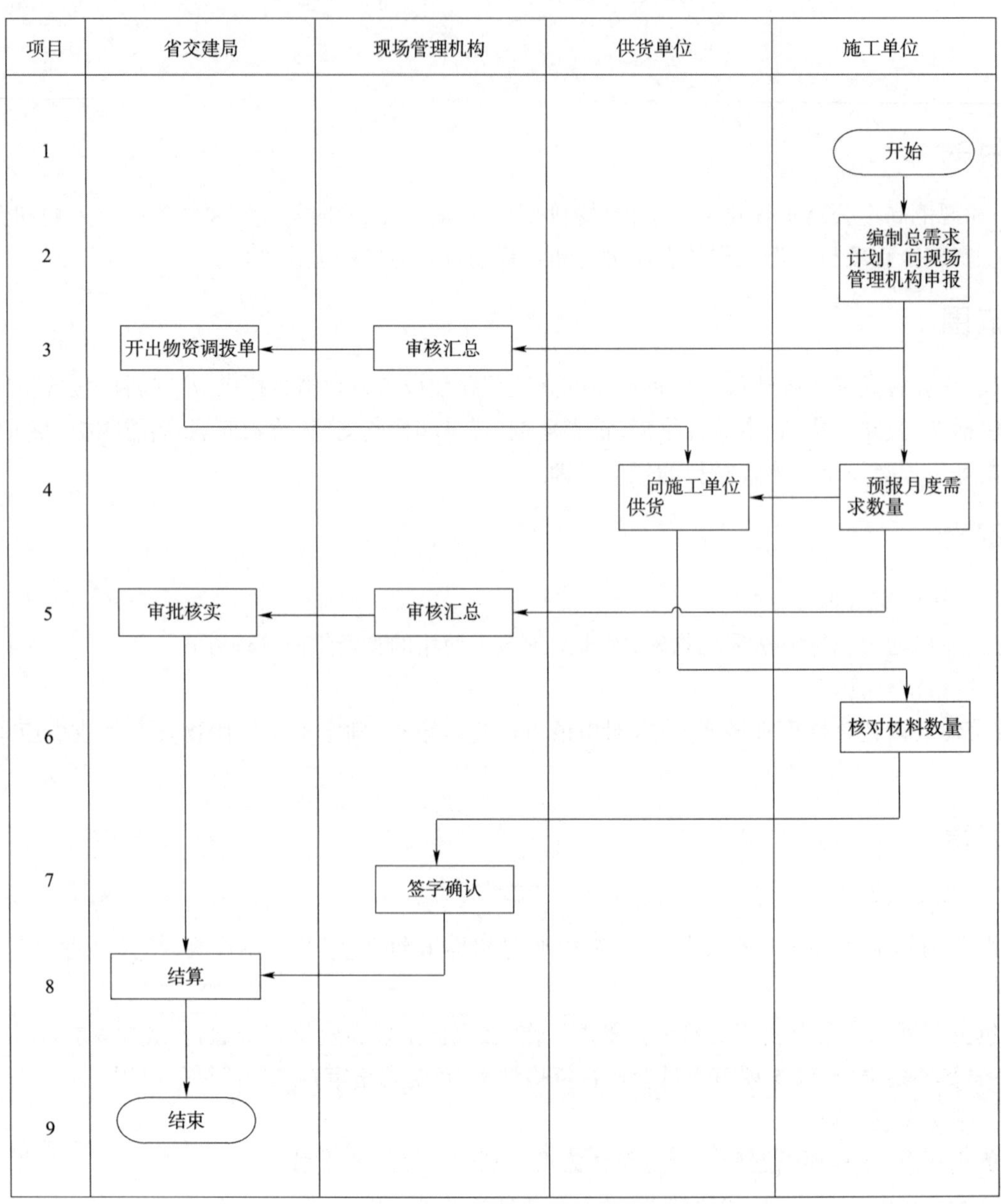

图5-1 直接供应材料管理业务流程图

流程说明:

施工单位在供应材料前编制直接供应材料总需求计划,并向现场管理机构申报。现场管理机构审核汇总后,上报省交建局。省交建局将根据现场管理机构审核后的施工单位直接供应材料总需求计划,开出直接供应材料调拨单,供应单位根据调拨单向施工单位供货。

在供应过程中,施工单位与供货单位及时衔接供应计划。施工单位每月向供应单位书面预报直接供应材料月需求数量,并同时报现场管理机构。现场管理机构对施工单位申报的月度直接供应材料使用计划审核汇总后,转报省交建局。

供应单位应按合同规定及时发出直接供应材料,并与施工单位核对,双方签字盖章后,报监理、现场管理机构工程部门签字确认,作为结算凭证。

5.5.2 资格审查工作业务流程

资格审查工作业务流程,如图5-2所示。

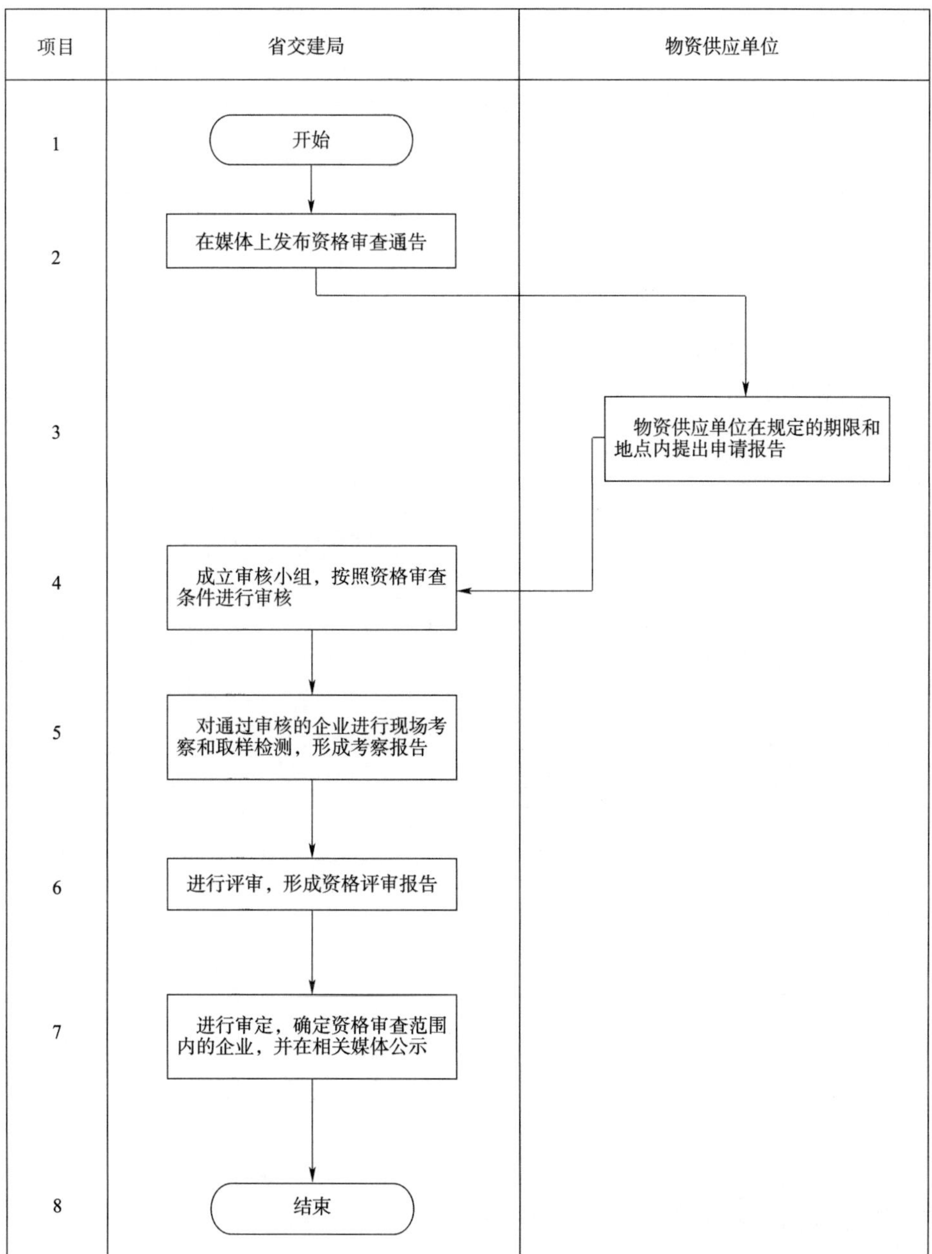

图5-2　资格审查工作业务流程图

流程说明:

由省交建局在《中国交通报》、中国招投标网等媒体上发布资格审查通告。公告发布后,物资供应商在规定的期限和地点内提出申请报告。省交建局成立审核小组,由评审小组按照资格审查条件进行审核,对通过审核的企业进行现场考察和取样检测,形成考察报告。在此基础上,由省交建局组织相关专业专家、用户等组成评审委员会进行评审,形成资格评审报告。省交建局招标工作领导小组根据专家委员会形成的推荐名单进行审定,确定资格审查范围内的企业或品牌,并在相关媒体公示。

5.5.3 物资供应考核管理业务流程

物资供应考核管理业务流程,如图5-3所示。

流程说明:

考核工作由省交建局组织的考核小组承担,考核小组由省交建局招标处、质量安全技术监督处、工程处、现场管理机构、监理单位组成。监理单位负责组织所辖施工单位对锚具、支座、面层集料、抗剥落剂、木质纤维素、隔离栅、标线漆、防眩板、反光膜等物资单位进行考核，并汇总考核结果上报考核小组。考核评审采用会议形式进行并撰写考核报告。考核评审结果由省交建局书面通知现场管理机构，考核对象对考核评定结果有异议的，可在接到考核评定结果7日内，向省交建局提出书面复议申请，省交建局汇总复议材料后，提交原考核小组复议，复议结果为最终结果。沥青的考核结果上报省交通运输厅，作为资信档案考评依据，其余物资的考核结果作为省交建局物资资格审查的考评依据。

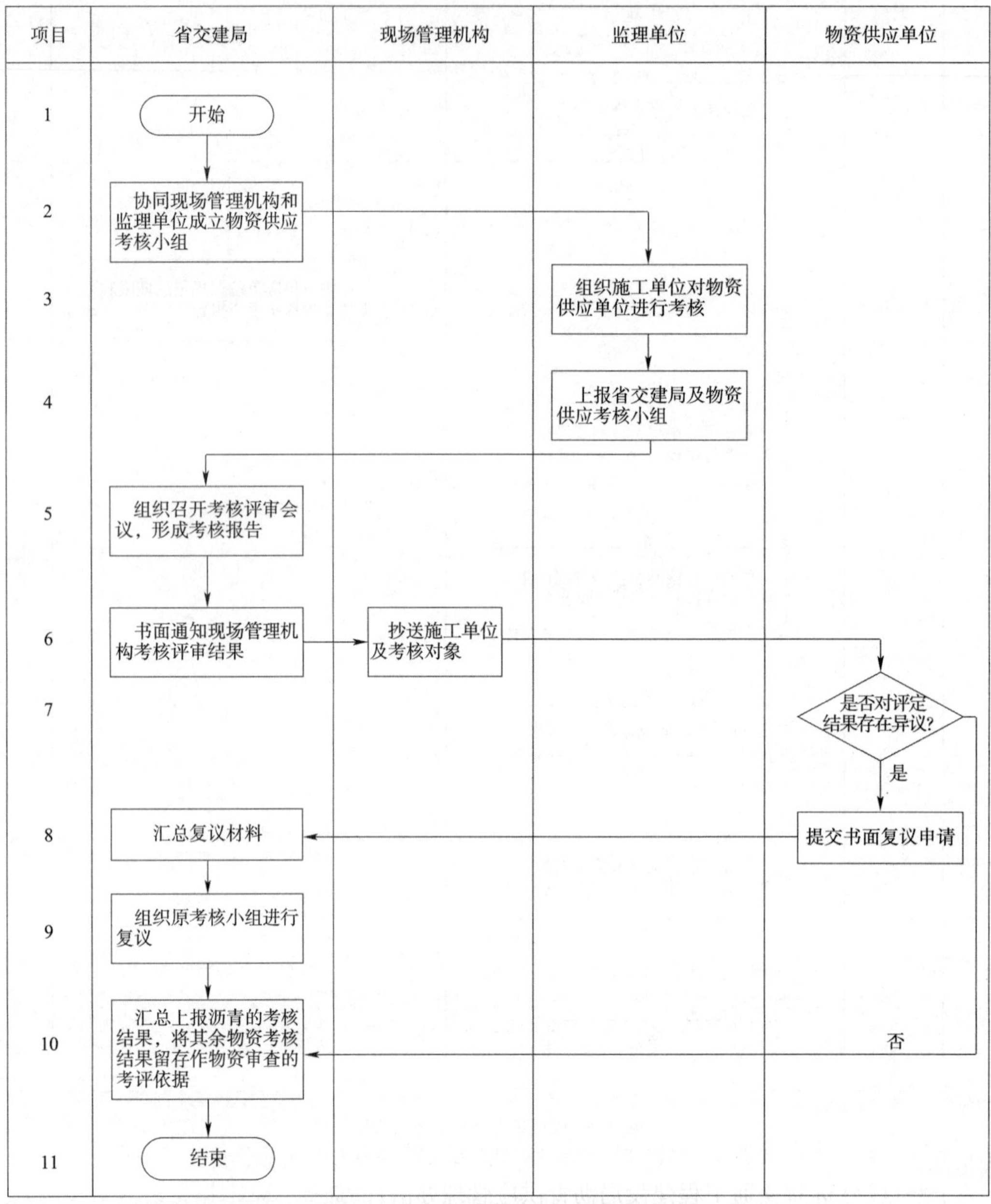

图5-3　物资供应考核管理业务流程图

5.6 管理程序

5.6.1 供应管理方式选择

省交建局对道路石油沥青、改性沥青、乳化沥青等工程建设重要物资采用直接供应管理方式。

对路面集料、木质纤维素、抗剥落剂、锚具和橡胶支座、桥梁伸缩缝、防眩板、反光膜、标线漆、隔离栅等工程建设重要物资采用物资资格审查管理方式。

5.6.2 直接供应管理

(1)沥青供货、运输管理

为保证施工现场连续施工，一般情况下，供应单位必须保证能够按施工单位要求24小时连续发货。

对于重交沥青和改性沥青,在接到施工单位的书面供货通知后,须确保在12小时内将沥青送达交货地点。对于改性乳化沥青,在接到施工单位的书面供货通知后,须确保在24小时内将沥青送达交货现场。

供应给省交建局项目的沥青应专罐储存,不得与供给其他工程的沥青同罐,做到专罐专用。

为保证到场沥青质量,供应单位应使用固定沥青运输车辆。

(2)沥青质量管理

省交建局对道路石油沥青、改性沥青、乳化沥青等沥青进行检测试验。

对进口重交沥青进行商检平行检测试验,对国产重交沥青进行取样检测试验。进口重交沥青出库时须随车提供本批次沥青的商检报告复印件,国产重交沥青出库时应随车提供厂方检测报告,并加盖业务印章,供应单位对重交沥青到工地前的质量负责,施工单位对卸车后沥青材料的质量负责。

省交建局将派驻检测人员,对改性沥青厂家进行定期取样检测,对改性乳化沥青生产质量进行随机检测,改性乳化沥青、改性沥青出厂时须随车提供厂方检测报告,并加盖业务印章,供应单位对沥青材料到工地前的质量负责,施工单位对卸车后沥青材料的质量安全负责。

施工单位、监理单位、中心试验室应按规定对到达项目现场的沥青材料进行质量检验,如发现质量不符合技术规范要求,应立即向现场管理机构和省交建局报告。

(3)直接供应物资的结算

供应单位应按合同规定及时将所发出的沥青数量与施工单位核对,双方签字盖章后,报监理、现场管理机构签字确认,作为结算凭证,施工、监理单位应在3天内确认完毕。

施工单位在工程结束后,将所有沥青材料的详细收货清单交监理审核、签字,作为工程档案留存。供应单位在供货结束后,在调拨单上填实发数量,返还至省交建局或执行合同的现场管理机构。

沥青供应结束后,施工单位、监理单位、现场管理机构、省交建局将填写沥青使用数量决算表,省交建局或执行合同的现场管理机构根据理论用量分析沥青的使用数量。

5.6.3　物资资格审查管理

(1)省交建局招标处负责物资资格审查组织工作,质量安全技术监督处负责制定相关物资合格标准,工程处负责对施工单位物资采购工作及质量进行监督和管理。

(2)资格审查工作开展周期为每年一次。

(3)成果应用:省交建局将列入资格审查范围的物资生产企业或品牌名录印发各市高指(项目办)并在招标文件修改补遗书中列出名录,施工单位应在资格审查范围内采购物资。

5.6.4　物资供应考核

物资供应考核按工程项目进行,按过程考核和后评估两部分进行。其中过程考核每年两次,分别为每年7月和次年1月。质量后评估时间以工程竣工验收期前后为宜,结合竣工验收的检测、维修进行,或结合上级检测机关的检测结果,或结合现场实际使用效果。

5.7　规章制度

(1)关于印发《江苏省交通工程建设局物资管理办法》的通知(苏交建招〔2010〕61号);

(2)关于修订《江苏省交通工程建设局沥青供应管理办法》的通知(苏交建招〔2011〕31号);

(3)关于印发《江苏省高速公路物资供应考核管理办法(试行稿)》的通知(苏交建招〔2011〕37号)。

5.8　管理记录

(1)沥青需求计划表(总计划)(表5-1);

(2)沥青需求计划表(月度计划)(表5-2);

(3)甲供沥青数量变更审批表(表5-3);

(4)重交沥青供应旬报表(表5-4);

(5)改性沥青供应旬报表(表5-5);

(6)________高速公路________标段________沥青使用数量决算表(表5-6)。

表 5-1　沥青需求计划表(总计划)

单位(盖章)　　　　　　　　　　　　年　　月　　日　　　　　　　　　　　单位:吨

沥青品种	使用部位	使用时间	计划数	项目办审核数
改性乳化沥青				
重交沥青				
改性沥青				

总监办:　　　　　　　　　　　　项目经理:　　　　　　　　　　　　填报人:

表 5-2　沥青需求计划表(月度计划)

单位(盖章)　　　　　　　　　　　　年　　月　　日　　　　　　　　　　　单位:吨

沥青品种	使用部位	计划数	截至上月累计供应数	本月需要数量	仍需数量
改性乳化沥青					
重交沥青					
改性沥青					

总监办:　　　　　　　　　　　　项目经理:　　　　　　　　　　　　填报人:

表 5-3　甲供沥青数量变更审批表

路名、标段		施工单位	
沥青品种		所用部位	
理论用量		实际用量	
增加(减少)数量			
变更原因	须提供相应证明材料		
总监办意见			
项目办意见			
工程处意见			
招标处意见			
分管副局长			
局长			

项目经理:　　　　　　　　　　　　　　　　　　　　　　　　填报人:

表 5-4　重交沥青供应旬报表

品　牌	已进货数	已 出 库 数			现库存数	备　注
		标段	计划数	累计发送数		

说明:进货数量填写商检数。

负责人:　　　　　　　　　　　　　　　　填报人:

表 5-5　改性沥青供应旬报表

单位(盖章)　　　　　　　　　　　　年　　月　　日　　　　　　　　　　　　单位:吨

项　目	施 工 标 段	数　量
已进基质沥青数		
改性沥青供应数		

说明:基质沥青进货数量填写商检数。

负责人:　　　　　　　　　　　　　　　　填报人:

表 5-6　________高速公路________标段________沥青使用数量决算表

填报单位:

项　目		数量(吨)	责任部门	负责人签字
合同数量			招标处	
理论控制数量	原始设计数量		工程处	
	变更数量			
实际使用数量			施工单位	
			总监办	
			项目办	
			工程处	
决算数量			招标处	

注:此表按改性乳化沥青、重交沥青、改性沥青分别填写。

第6章 征地拆迁管理

6.1 目的

统一和规范高速公路工程建设征地拆迁管理工作,实现对工程建设管理中征地拆迁任务的分解,制定征地拆迁计划,征地拆迁进度的规范化、程序化、制度化管理。

6.2 范围

适用于高速公路建设项目的征地拆迁管理。

6.3 定义

6.3.1 征地补偿费

征地补偿费是指国家建设征用土地时,按照被征用土地的原用途给予被征地单位补偿的各项费用。

6.3.2 拆迁补偿费

拆迁补偿费是指拆建单位依照规定标准向被拆迁房屋的所有权人或使用人支付的各种补偿金。

6.4 职责

6.4.1 省交建局

(1)负责项目征地拆迁政策研究。

(2)负责用地报批各项手续的上报协调。

(3)负责征地拆迁包干协议的拟定及费用的审批。

(4)负责与省和国家有关部门的协调工作。

(5)根据征拆进度拨付资金,直至征地拆迁工作结束,最后结算尾款。

(6)负责监督检查工作。

6.4.2 现场管理机构

(1)负责征地拆迁工作协调、费用审核以及用地报批各项手续的地方协调工作。

(2)结合省交建局提供的施工图纸制定征拆量依据,组织相关部门到现场进行征拆核查。

6.4.3 地方政府部门

(1)负责高速公路的征(用)地、拆迁、安置、协调等具体实施组织工作,以及用地报批各项手续的地方协调工作。

(2)征地拆迁完成后,继续做好地方矛盾协调工作,保证工程建设的顺利进行。

6.5 业务流程

6.5.1 征地业务流程

征地业务流程,如图6-1所示。

流程说明:

根据设计文件,省交建局委托国土部门主线勘测定界,现场管理机构主线用地放样,地方政府现场确认征地数量,分类统计出用地数量并测算征地补偿费上报现场管理机构,现场管理机构核算上报省交建局,省交建局根据省政府文件规定分批拨付征地补偿费;现场管理机构分批次拨付征地补偿款,地方政府开展实施征地工作,结束后,地方政府统计最终用地数量并测算征地补偿费用,上报现场管理机构核算,现场管理机构核算后上报省交建局批复。在整个过程中,省交建局定期对征地工作进行监督检查。

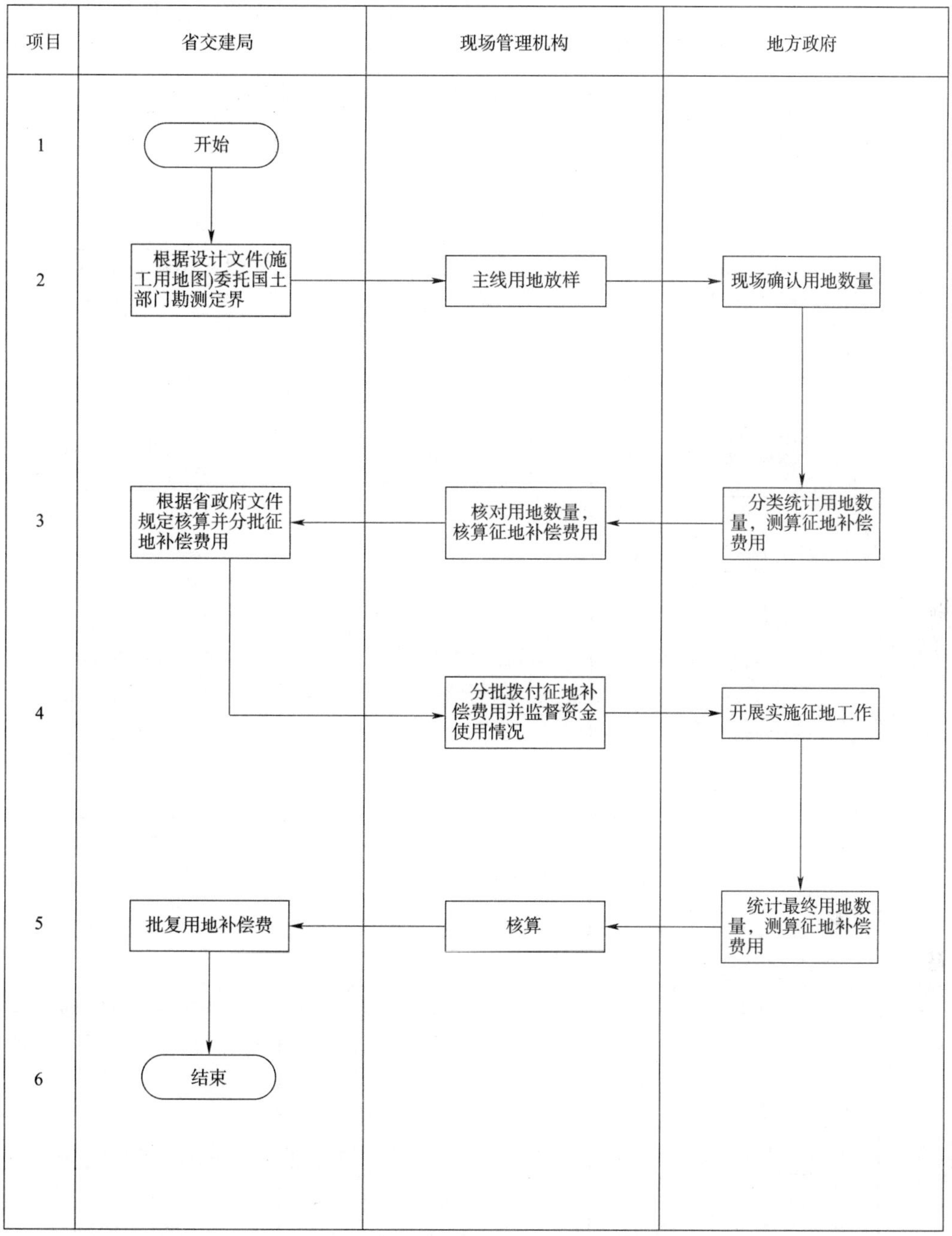

项目	省交建局	现场管理机构	地方政府
1	开始		
2	根据设计文件(施工用地图)委托国土部门勘测定界	主线用地放样	现场确认用地数量
3	根据省政府文件规定核算并分批征地补偿费用	核对用地数量,核算征地补偿费用	分类统计用地数量,测算征地补偿费用
4		分批拨付征地补偿费用并监督资金使用情况	开展实施征地工作
5	批复用地补偿费	核算	统计最终用地数量,测算征地补偿费用
6	结束		

图6-1　征地业务流程图

6.5.2　拆迁业务流程

拆迁业务流程,如图6-2所示。

流程说明:

拆迁业务流程由省交建局开始,省交建局划定拆迁范围,地方政府负责现场调查丈量工作并测算拆迁费用,汇总上报现场管理机构,现场管理机构审核后上报省交建局,省交建局根据省政府文件规定分批次拨付拆迁费用,现场管理机构根据工程进度分批次发放拆迁费用,地方政府负责制定拆迁细则文件和管理制度并召开拆迁会议,开展实施拆迁工作。拆迁工作结束后,地方政府统计总拆迁补偿费用并上报现场管理机构,现场管理机构审核后上报省交建局批复拆迁补偿费用,整个拆迁业务流程结束。在整个过程中,省交建局定期对拆迁工作进行监督检查。

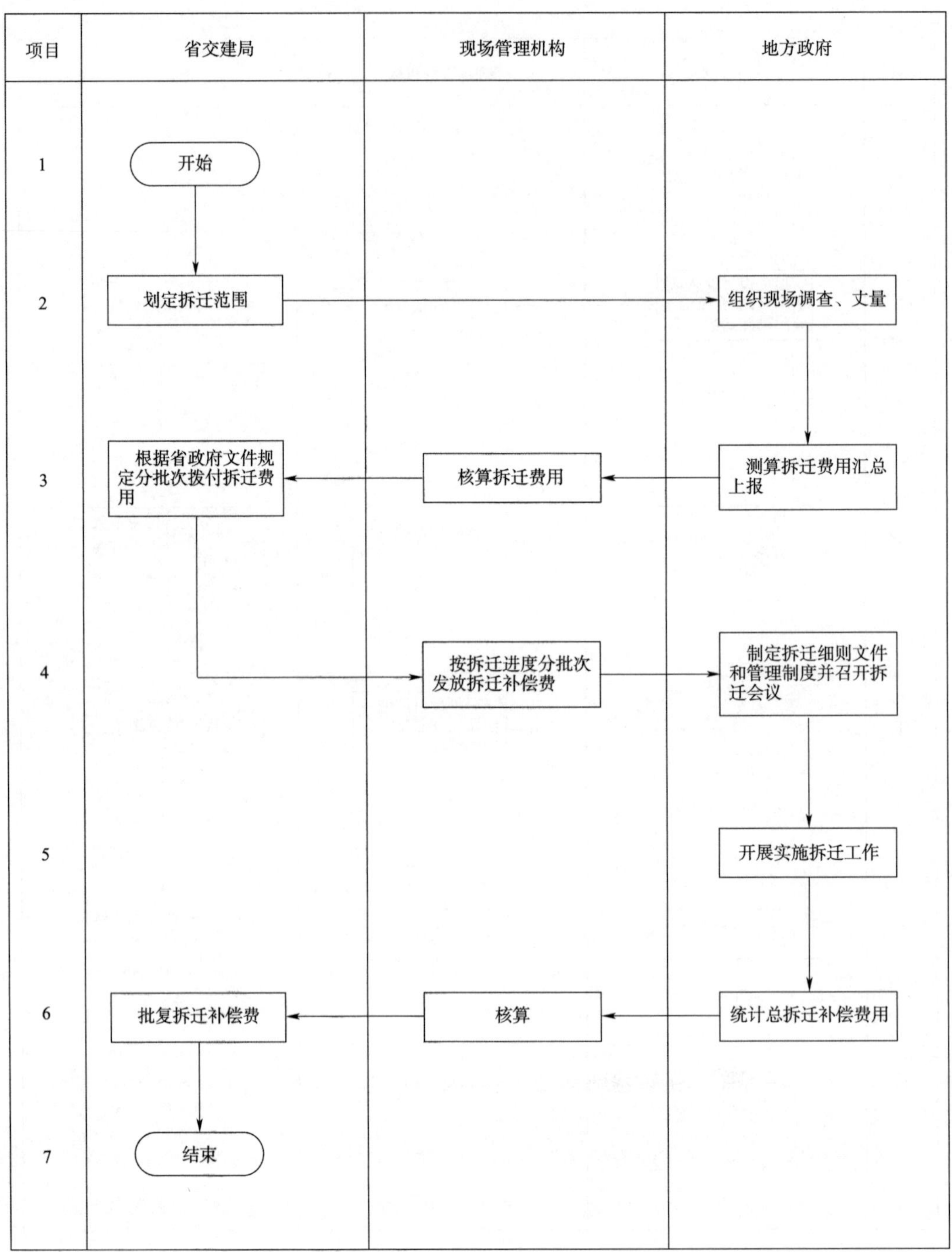

图 6-2 拆迁业务流程图

6.5.3 拆迁个案管理程序业务流程

拆迁个案管理程序业务流程,如图 6-3 所示。

流程说明:

拆迁个案管理程序由地方政府开始,将个案上报现场管理机构初审,现场管理机构上报省交建局,省交建局研究后启动拆迁个案程序,下达管理指令给现场管理机构,由地方政府开展拆迁个案评估工作,并制定评估结果上报现场管理机构审核,现场管理机构审核后上报省交建局,省交建局研究确定补偿金额,下达管理指令给现场管理机构,再由地方政府负责签订补偿协议并开展实施拆迁工作。

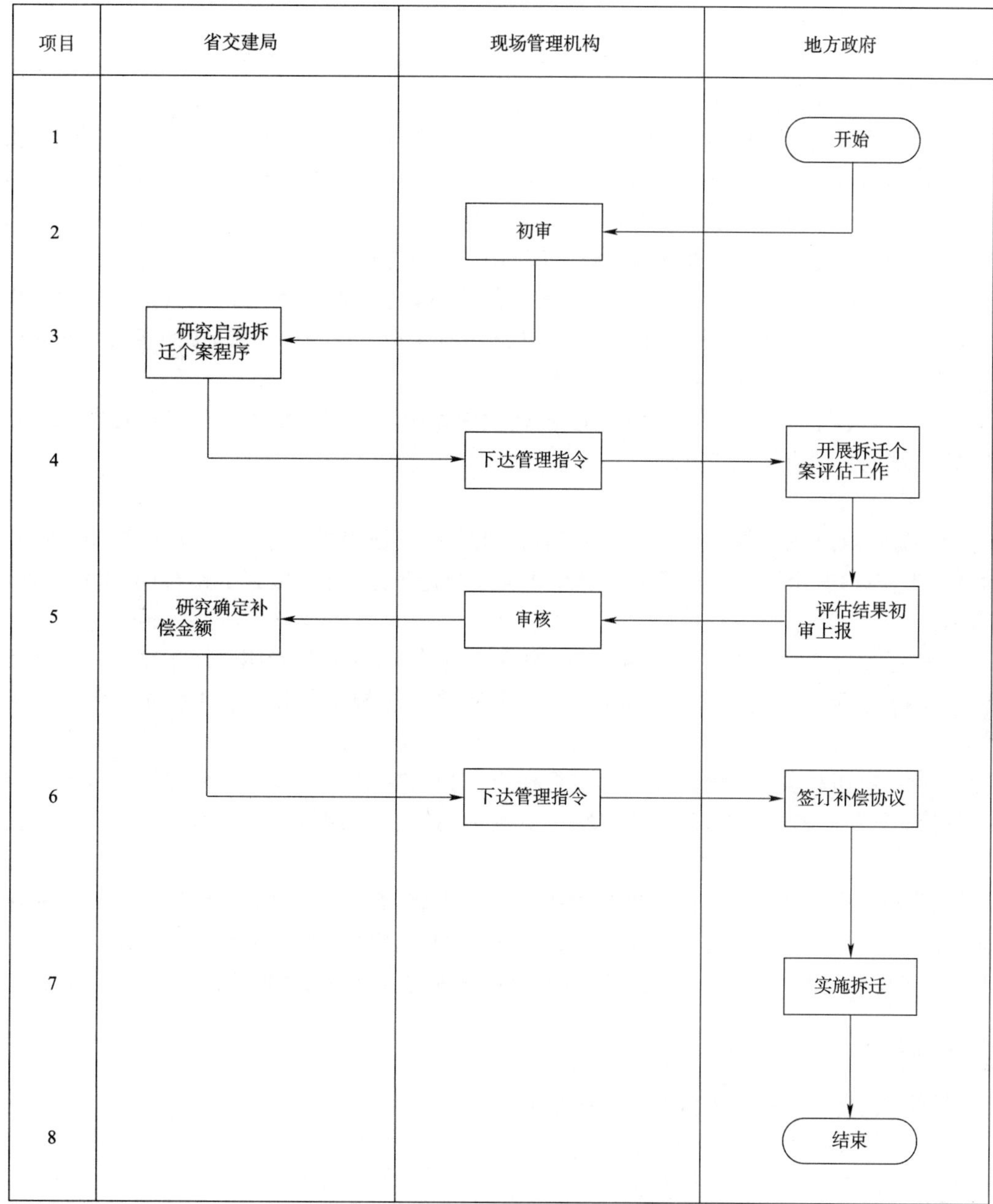

图 6-3　拆迁个案管理程序业务流程图

6.6　管理程序

6.6.1　工程设计和用地预审

设计单位在项目(预)可行性研究及两阶段设计中应认真做好高速公路建设项目征用土地及拆迁调查工作，密切与市交通主管部门、现场管理机构、地方各级土地行政主管部门沟通、咨询、协调，做到调查资料翔实、准确、及时。

(1)项目用地预审阶段所需的沿线乡镇土地利用总体规划修改、土地保护专题报告等工作由省交建局委托有相应资质的单位组织完成。其中涉及的占用基本农田补划工作，由现场管理机构配合地方土地部门落实。

(2)高速公路建设项目用地预审工作由省交建局按规定申报，现场管理机构配合地方土地部门完成市、县(市、区)初审涉及的相关工作。

(3)项目地质灾害危险性评估、压覆矿产调查鉴定材料由省交建局委托有相应资质的单位完成，统一上报审批。

6.6.2 用地报批

(1)项目主线用地的勘测定界工作由省交建局相关处室委托江苏省土地勘测规划院统一开展,现场管理机构负责勘测定界过程中的地方协调工作。

(2)勘测定界完成后,由省交建局相关处室负责向相应的土地部门申请农用地转用计划指标。

(3)现场管理机构配合地方各级土地部门做好征地材料组织上报工作,省交建局协调省土地部门对地方各级土地部门进行技术性、业务性指导。省交建局委托江苏省土地征用开发事务所完成各市征地报批材料的汇总整理工作,并向有审批权限的政府部门上报审批。

(4)高速公路用地涉及耕地的,其耕地占补平衡任务原则上由项目所在市负责落实解决。现场管理机构应积极协调市政府及当地土地部门尽快落实耕地占补平衡工作,省交建局按照省政府颁布的耕地开垦费标准与市签订易地开垦耕地协议,及时支付有关费用。

(5)征地报批材料中涉及的建设用地申请表、建设项目用地审查表由省交建局负责办理,《使用林地审核同意书》由现场管理机构负责办理。

6.6.3 征地拆迁实施

(1) 省交通运输厅(或授权省交建局)与工程所在市签订征地拆迁总包干协议,组织现场管理机构制订征地拆迁工作计划,由现场管理机构组织开展各项征地拆迁工作,做到工作有序,责任落实,部署明确,贯彻及时。

(2)应严格征地拆迁经费的管理,各项补偿、复垦费用等,必须专款专用。属于个人的一定要足额结算给个人,不得截留;不属于个人的,由被征地、被用地单位按规定使用,任何单位和个人不得挪用和占用。

(3)省交建局定期对项目征地拆迁工作进行检查,对严格执行有关规定、征地拆迁补偿资金管理使用较好的单位和个人将酌情予以表彰和奖励。对截流、挪用、占用资金的单位或个人,将按规定严肃查处。

(4)现场管理机构协助施工单位办理临时手续。取土坑、弃土(石)场用地使用完毕后,由施工单位及时整理后交地方使用,由沿线地方政府组织复垦;便道便桥、料场、施工场地等临时用地,由施工单位按合同文件要求恢复后交地方使用。以上工作由现场管理机构会同地方各级土地部门负责监督实施。

6.7 规章制度

《江苏省高速公路征地拆迁工作实施管理办法》。

第7章　计划与进度管理

7.1　目的

统一和规范高速公路工程建设计划管理工作,实现对工程建设计划编制、下达、执行以及工程进度与投资统计的规范化、程序化、制度化管理。

7.2　范围

适用于江苏省高速公路建设项目的计划管理,包括总体计划、年度计划和各季度计划。

7.3　定义

7.3.1　计划分类

主要包括总体计划、年度计划、年度计划调整、季度计划、月度计划等。

7.3.2　总体计划

总体计划是工程开工的前期工作,是对工程实施总体的规划,主要内容包括计划期的总任务计划与进度计划。

7.4　职责

7.4.1　省交建局

(1)负责制订总体实施计划。

(2)负责将年度计划(年度调整计划)会投资主体后上报省交通运输厅。

(3)负责向高速公路工程项目现场管理机构下达项目总体实施计划、年度计划(年度调整计划)及各季度计划。

7.4.2　省交建局计划部门

(1)负责汇总、平衡各项目计划并征求相关部门意见,修改后报局务会议审定。

(2)负责汇总各项目年度调整计划建议,报局务会议审定。

(3)负责编写局季度、年度工程建设分析报告。

7.4.3　项目现场管理机构

(1)负责编制并上报项目总体实施建议计划、年度建议计划(年度调整建议计划)及各季度建议计划。

(2)负责将计划综合平衡后,再分解落实到各监理单位。

(3)负责检查阶段计划执行情况,发布计划执行情况通报。

(4)负责编写并上报项目季度、年度工程建设分析报告。

7.5　业务流程

7.5.1　总体计划编制业务流程

总体计划编制业务流程,如图7-1所示。

流程说明:

省交建局计划部门根据现场管理机构上报的总体实施计划建议编制项目总体实施计划,会工程部门与现场管理机构后，报局务会审定通过之后，下发给现场管理机构并抄送投资主体。

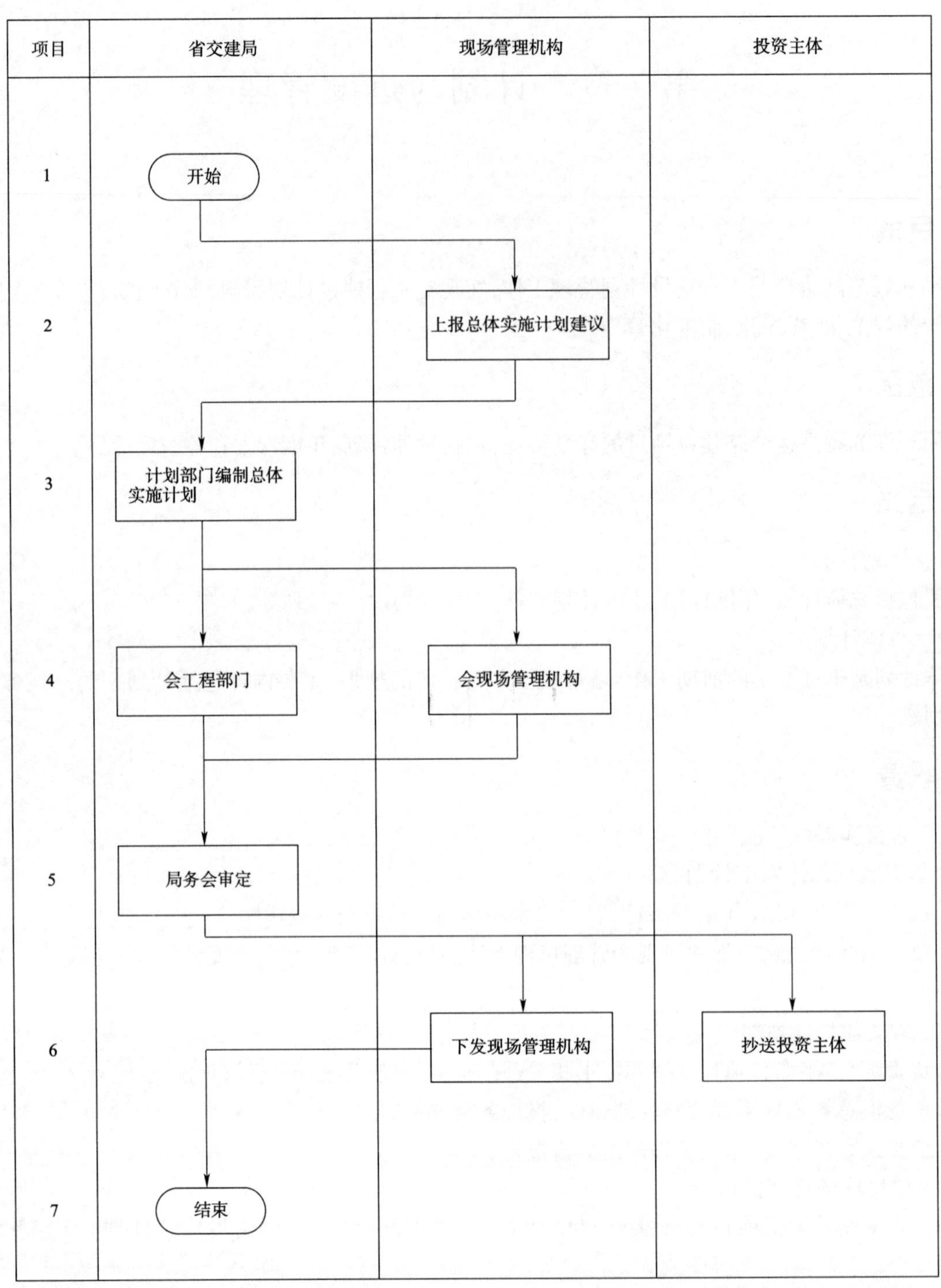

图 7-1　总体实施计划编制业务流程图

7.5.2　年度计划编制业务流程

年度计划编制业务流程，如图 7-2 所示。

流程说明：

年度计划的编制由省交建局下发编制计划通知，现场管理机构编制年度建议计划，然后经过省交建局的汇总、审批，最后经过局务会审定后再下达到现场管理机构。

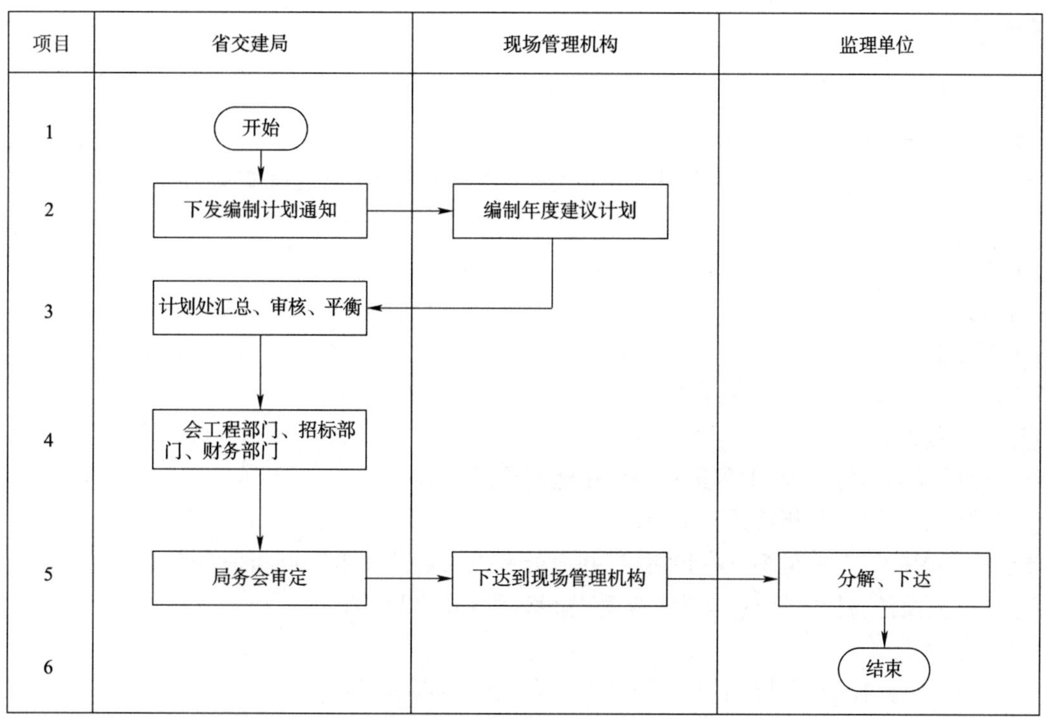

图7-2　年度计划编制业务流程图

7.5.3　年度计划调整业务流程

年度计划调整业务流程,如图7-3所示。

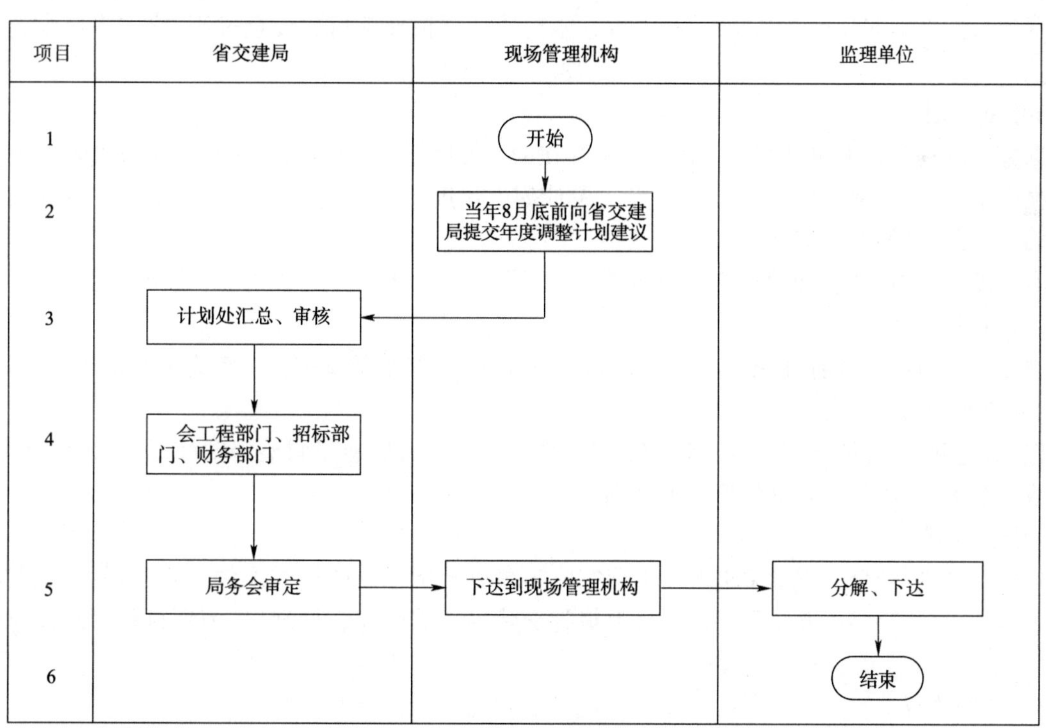

图7-3　年度计划调整业务流程图

流程说明:

各高速公路工程项目现场管理机构根据工程实际进展情况,在不影响总体通车目标的前提下,如确需调整年度计划(工作量计划、财务计划),可在当年8月31日前向省交建局提交年度调整计划建议。局计划部门汇总各项目年度调整计划建议报局务会议审定后,分解下达到现场管理机构和监理单位。

7.6 管理程序

7.6.1 计划编制

7.6.1.1 计划编制原则

(1)计划编制需依据项目初步设计批复的建设工期和省政府、省交通运输厅下达的年度工作目标计划。

(2)适当超前。

(3)统筹兼顾。

(4)动态控制。

7.6.1.2 计划编制要求与编报说明

(1)计划编制的要求

①以工程量现清单为基础,工程量和工作量相对应。

②总体进度与合同工期相符。

③形象进度指标与施工组织方案相衔接,并充分考虑项目的技术特点和季节特点。

④人员、机械设备、材料供应计划应与工程建设计划相匹配。

(2)计划编报说明

①上期计划执行情况及分析,目前工程建设中存在的难点和问题。

②本期工程建设计划(包括工程形象进度计划、投资计划、财务计划)。

③实施本期计划拟采取的主要措施。

7.6.1.3 计划分类

(1)总体实施计划

根据项目批复工期和通车目标编制,项目总体实施计划指导项目建设全过程,并作为年度计划的编制依据。

(2)年度计划

根据施工现场工程形象进度及工程建设中存在的主要问题,在预计当年工程形象进度及实物工作量完成情况的基础上,编制项目下一年度工程建设计划。年度建设计划作为项目年度建设目标的考核依据,并作为季度计划的编制依据。

①本年度7月10日前,根据上半年工作完成情况,预测全年工作完成情况,编制并上报下年度工程建设建议计划初稿。

②本年度12月10日前,根据当年工程实际完成情况,在初稿的基础上调整完善并正式上报。

(3)年度调整计划

根据工程实际进展情况,在不影响总体通车目标的前提下,如确需调整年度计划(工作量计划、财务计划),在当年8月31日前提交年度调整计划建议。

(4)季度计划

根据年度计划,结合工程形象进度和本期完成实绩以及下季度的气候条件和施工特点,编制项目下一季度工程建设建议计划,并于季末前5日上报省交建局。季度建设计划,作为项目季度建设目标的控制依据。

7.6.2 计划执行

(1)各高速公路工程项目现场管理机构应以计划为龙头,明确目标任务,分解落实,优化控制,科学组织实施,以确保阶段计划及年度目标的顺利实现。

①优化施工组织设计,落实实施计划的各种保障措施。

②超前研究重大技术问题,突破制约工程建设的关键环节。

③强化现场调度和各种地方矛盾的协调力度,为工程建设创造良好的施工外部环境。

④定期检查阶段计划执行情况,了解工程建设中存在的问题,发布计划执行情况通报;编写并上报项

目季度、年度工程建设分析报告。

(2)省交建局计划管理人员应深入施工现场，监督、检查计划执行情况，了解工程进展及计划执行中存在的问题，编写局季度、年度工程建设分析报告。

7.6.3　工程进度与投资统计

(1)统计数据应准确、及时并反映完成实绩，不得瞒报、虚报、弄虚作假。

(2) 工程进度及投资统计按《江苏省交通工程建设局工程进度与投资统计报表制度》执行。

7.7　规章制度

《江苏省交通工程建设局高速公路工程项目计划管理实施办法》(含《江苏省交通工程建设局工程进度与投资统计报表制度》)(苏交建计〔2010〕38号)。

7.8　管理记录

(1)________高速公路________年工程建设工作量计划表(年度计划表一)(表7-1)；

(2)________高速公路________年工程建设实物工作量计划表(年度计划表二)(表7-2)；

(3)________高速公路________年工程建设工程量计划表(年度计划表三)(表7-3)；

(4)________高速公路________年________季度工程建设工作量计划表(季度计划表一)(表7-4)；

(5)________高速公路________年________季度工程建设实物工程量计划表(季度计划表二)(表7-5)；

(6)________高速公路________年________季度工程建设工程量计划表(季度计划表三)(表7-6)。

表7-1　____高速公路____年工程建设工作量计划表(年度计划表一)

单位：万元

序号	项目名称	批复概算	至上年底累计完成(省统计扎口)	本年预计完成	____年计划	预计至____年末累计完成占概算百分比(%)
合计(工作量)						
一	建筑安装工程费用(实物工作量)					
二	设备、工器具购置费					
三	工程建设其他费用					
1	征地、拆迁费					
2	建设项目管理费					
3	研究试验费					
4	前期工作费					
5	专项评估费					
6	联合试运转费					
7	生产人员培训费					
8	建设期贷款利息					
9	其他					

表 7-2 ________高速公路________年工程建设实物工作量计划表(年度计划表二)

单位:万元

序号	标段名称	中标清单小计	已批费用			工程量现清单	已实施变更未批复费用	至上年底累计完成	本年计划实物工作量	本年预计完成	____年计划实物工作量	预计至____年末累计完成占总量百分比(%)
			变更	批文								
				材差	其他							
	合计											
一	路基标小计											
	路基标1											
	路基标2											
	……											
二	路面标小计											
	路面标1											
	路面标2											
	……											
三	伸缩缝											
四	交通工程小计											
(一)	安全设施											
	标志标线											
	防撞护栏											
	隔离栅											
(二)	照明											
(三)	房建工程											
(四)	收费大棚											
(五)	装饰装修											
(六)	绿化											
(七)	三大系统											
	收费											
	监控、通信											
	电力监控											
(八)	房建附属设施											

中标清单小计:中标合同清单小计,如施工图清单有替换的,填替换后的清单小计。工程量现清单 = 清单小计 + 已批费用。

表 7-3　________高速公路________年工程建设工程量计划表(年度计划表三)

编号	项 目 名 称	单位	现清单工程量	现清单工作量(万元)	至上年底累计完成工程量	预计本年完成工程量	____年计划工程量	预计至____年末累计完成量占总工程量百分比(%)
G-1	一、施工准备	公里						
G-1-1	1. 清场、放样	公里						
G-1-2	2. 便道、便桥	公里						
G-1-3	3. 临时用地	亩						
G-2	二、特殊路基处理	公里						
G-2-1	1. 砂垫层	千立方米						
G-2-2	2. 预压与超载预压	千立方米						
G-2-3	3. 湿喷桩	千延米						
G-2-4	4. 粉喷桩	千延米						
G-2-5	5. 碎石土填塘	千立方米						
G-2-6	6. 其他							
G-3	三、路基土石方	千立方米						
G-3-1	1. 开挖土石方	千立方米						
G-3-2	2. 填筑土石方	千立方米						
G-3-3	3. 其他							
G-4	四、涵洞	延米/道						
G-4-1	1. 管涵	延米/道						
G-4-2	2. 箱涵、盖板涵	延米/道						
G-5	五、通道	延米/道						
G-6	六、桥梁							
G-6-1	1. 钻孔桩	延米						
G-6-2	2. 桥梁混凝土	千立方米						
G-6-2-1	(1)下部结构混凝土	千立方米						
G-6-2-2	(2)上部现浇混凝土	千立方米						
G-6-2-3	(3)上部预制混凝土	千立方米						
G-6-2-4	(4)桥面铺装	千平方米						
G-6-3	3. 钢筋	吨						
G-6-4	4. 毛勒缝	延米						
G-6-5	5. 其他							
G-7	七、底基层、基层	千平方米						
G-7-1	1. 底基层	千平方米						
G-7-2	2. 基层	千平方米						
G-7-3	3. 沥青下封层	千平方米						
G-8	八、面层	千平方米						
G-8-1	1. 沥青混凝土下面层	千平方米						
G-8-2	2. 沥青混凝土中面层	千平方米						

续上表

<table>
<tr><th>编号</th><th>项 目 名 称</th><th>单位</th><th>现清单工程量</th><th>现清单工作量（万元）</th><th>至上年底累计完成工程量</th><th>预计本年完成工程量</th><th>____年计划工程量</th><th>预计至____年末累计完成量占总工程量百分比（%）</th></tr>
<tr><td>G-8-3</td><td>3. 沥青混凝土上面层</td><td>千平方米</td><td></td><td></td><td></td><td></td><td></td><td></td></tr>
<tr><td>G-8-4</td><td>4. 水泥混凝土路面</td><td>千平方米</td><td></td><td></td><td></td><td></td><td></td><td></td></tr>
<tr><td>G-8-5</td><td>5. 其他路面</td><td>千平方米</td><td></td><td></td><td></td><td></td><td></td><td></td></tr>
<tr><td>G-9</td><td>九、路面排水与防护工程</td><td>公里</td><td></td><td></td><td></td><td></td><td></td><td></td></tr>
<tr><td>G-9-1</td><td>1. 路面排水及中分带</td><td>公里</td><td></td><td></td><td></td><td></td><td></td><td></td></tr>
<tr><td>G-9-2</td><td>2. 防护工程</td><td>千立方米</td><td></td><td></td><td></td><td></td><td></td><td></td></tr>
<tr><td>G-10</td><td>十、交通工程</td><td></td><td></td><td></td><td></td><td></td><td></td><td></td></tr>
<tr><td>G-10-1</td><td>1. 交通工程预留、预埋</td><td>公里</td><td></td><td></td><td></td><td></td><td></td><td></td></tr>
<tr><td>G-10-2</td><td>2. 安全设施</td><td></td><td rowspan="10" colspan="6">交通工程及沿线附属设施进度以文字说明</td></tr>
<tr><td>G-10-3</td><td>3. 照明</td><td></td></tr>
<tr><td>G-10-4</td><td>4. 房建工程</td><td></td></tr>
<tr><td>G-10-5</td><td>5. 收费大棚</td><td></td></tr>
<tr><td>G-10-6</td><td>6. 装饰装修</td><td></td></tr>
<tr><td>G-10-7</td><td>7. 绿化</td><td></td></tr>
<tr><td>G-10-8</td><td>8. 三大系统及电力监控</td><td></td></tr>
<tr><td>G-10-9</td><td>9. 房建附属设施</td><td></td></tr>
<tr><td>G-11</td><td>十一、其他</td><td></td></tr>
<tr><td colspan="3">合计</td></tr>
</table>

表 7-4 ________高速公路________年________季度工程建设工作量计划表（季度计划表一）

单位：万元

序号	项 目 名 称	批复概算	至上年底累计完成（省统计汇总）	年度计划工作量	至上季度末累计完成	____季度计划	预计至____季度完成占年度计划百分比（%）	预计至____季度末累计完成占概算百分比（%）
合计（工作量）								
一	建筑安装工程费用（实物工作量）							
二	设备、工器具购置							
三	工程建设其他费用							
1	征地、拆迁费							
2	建设项目管理费							
3	研究试验费							
4	前期工作费							
5	专项评估费							
6	联合试运转费							
7	生产人员培训费							
8	建设期贷款利息							
9	其他							

表 7-5　________高速公路________年________季度工程建设实物工作量计划表(季度计划表二)

单位:万元

序号	标段名称	中标清单小计	已批费用			工程量现清单	已实施变更未批复费用	至上年底累计完成	本年计划	上季度完成	____季度计划	预计至____季度末完成占年计划百分比(%)	预计至____季度末累计完成占总量百分比(%)
			变更	批文									
				材差	其他								
合计													
一	路基标小计												
1	路基标 1												
2	路基标 2												
…	……												
二	路面标小计												
1	路面标 1												
2	路面标 2												
…	……												
三	伸缩缝												
四	交通工程小计												
(一)	安全设施												
1	标志标线												
2	防撞护栏												
3	隔离栅												
(二)	照明												
(三)	房建工程												
(四)	收费大棚												
(五)	装饰装修												
(六)	绿化												
(七)	三大系统												
1	收费												
2	监控、通信												
3	电力监控												
(八)	房建附属设施												

中标清单小计:中标合同清单小计,如施工图清单有替换的,填替换后的清单小计。工程量现清单 = 清单小计 + 已批费用。

表 7-6　________高速公路________年________季度工程建设工程量计划表(季度计划表三)

编号	项 目 名 称	单位	现清单工程量	现清单工作量(万元)	至上年底累计完成工程量	本年计划工程量	上季度完成工程量	____季度计划工程量	预计至____季度末完成量占年计划百分比(%)	预计至____季度末累计完成量占总工程量百分比(%)
G-1	一、施工准备	公里								
G-1-1	1. 清场、放样	公里								
G-1-2	2. 便道、便桥	公里								
G-1-3	3. 临时用地	亩								
G-2	二、特殊路基处理	公里								
G-2-1	1. 砂垫层	千立方米								
G-2-2	2. 预压与超载预压	千立方米								
G-2-3	3. 湿喷桩	千延米								
G-2-4	4. 粉喷桩	千延米								
G-2-5	5. 碎石土填塘	千立方米								

续上表

编号	项 目 名 称	单位	现清单工程量	现清单工作量（万元）	至上年底累计完成工程量	本年计划工程量	上季度完成工程量	____季度计划工程量	预计至____季度末完成量占年计划百分比（%）	预计至____季度末累计完成量占总工程量百分比（%）
G-2-6	6. 其他									
G-3	三、路基土石方	千立方米								
G-3-1	1. 开挖土石方	千立方米								
G-3-2	2. 填筑土石方	千立方米								
G-3-3	3. 其他									
G-4	四、涵洞	延米/道								
G-4-1	1. 管涵	延米/道								
G-4-2	2. 箱涵、盖板涵	延米/道								
G-5	五、通道	延米/道								
G-6	六、桥梁									
G-6-1	1. 钻孔桩	延米								
G-6-2	2. 桥梁混凝土	千立方米								
G-6-2-1	（1）下部结构混凝土	千立方米								
G-6-2-2	（2）上部现浇混凝土	千立方米								
G-6-2-3	（3）上部预制混凝土	千立方米								
G-6-2-4	（4）桥面铺装	千平米								
G-6-3	3. 钢筋	吨								
G-6-4	4. 毛勒缝	延米								
G-6-5	5. 其他	万元								
G-7	七、底基层、基层	千平方米								
G-7-1	1. 底基层	千平方米								
G-7-2	2. 基层	千平方米								
G-7-3	3. 沥青下封层	千平方米								
G-8	八、面层	千平方米								
G-8-1	1. 沥青混凝土下面层	千平方米								
G-8-2	2. 沥青混凝土中面层	千平方米								
G-8-3	3. 沥青混凝土上面层	千平方米								
G-8-4	4. 水泥混凝土路面	千平方米								
G-8-5	5. 其他路面	千平方米								
G-9	九、路面排水与防护工程	公里								
G-9-1	1. 路面排水及中分带	公里								
G-9-2	2. 防护工程	千立方米								
G-10	十、交通工程									
G-10-1	1. 交通工程预留、预埋	公里								
G-10-2	2. 安全设施									
G-10-3	3. 照明									
G-10-4	4. 房建工程									
G-10-5	5. 收费大棚									
G-10-6	6. 装饰装修		交通工程及沿线附属设施进度以文字说明							
G-10-7	7. 绿化									
G-10-8	8. 三大系统及电力监控									
G-10-9	9. 房建附属设施									
G-11	十一、其他									
合计										

第8章　质 量 管 理

8.1　目的

统一和规范江苏省高速公路工程建设质量管理工作,实现对工程建设质量管理标准的控制、下达、执行以及工程质量管理规范化、程序化、制度化。

8.2　范围

适用于高速公路建设工程项目中的质量管理工作。

8.3　定义

8.3.1　首件工程认可制

首件工程认可制度,指在某些分项工程全面开工之前,由施工单位申报监理单位批准后进行首件工程(或者试验段)的施工,施工结束经评定达到要求后方可进行该分项工程的全面施工。通过实施首件工程样板制度,可以建立某些分项工程形象的、直观的必须达到的标准。

8.3.2　质量计划

针对工程建设项目或合同规定专门的质量措施、资源和活动顺序的文件。

8.3.3　质量事故

在施工期间和缺陷责任期间出现的技术规范所不允许的断层、裂缝、倾斜、倒塌、沉降、强度不足等情况,即为质量事故。

8.3.4　质量问题

质量较差、造成直接经济损失(包括修复费用)在20万元以下的事故。

8.3.5　一般质量事故

质量低劣或达不到合格标准,需加固补强,直接经济损失(包括修复费用)在20万~300万元的事故。

8.3.6　重大质量事故

由于责任过失造成工程倒塌、报废或造成人身伤亡或重大经济损失的事故。

8.4　职责

8.4.1　省交建局

(1)贯彻落实国家、省、市有关工程质量的法律、法规和工程技术标准。

(2)制定质量管理制度、标准和要求。

(3)指导构建各个级别质量管理体系,建成完善的质量保证体系。

(4)向下级质量管理部门下达项目质量管理制度标准和要求。

(5)推行首件工程认可制。

(6)对监管工程建设各方质量责任主体及有关机构履行职责情况和工程实物质量情况进行监督检查。

(7)掌握建设工程质量状况,及时总结、推广好的工程质量管理经验。

(8)受理并及时处理工程质量投诉,参与建设工程质量事故的调查处理,组织开展质量问题的技术鉴定工作。

(9)协调处理重大工程质量事故,对有争议的工程质量进行仲裁。

(10)对建设工程实施工程竣工验收备案。

8.4.2 现场管理机构

(1)贯彻执行国家及地方的有关质量法律法规及其政策,开展质量教育工作。

(2)负责全面贯彻现行施工质量验收规范,对施工单位工程施工质量进行计划、组织、协调、检查和监督。

(3)负责工程物资、设备的质量管理和控制工作。

(4)负责核验单位工程质量,抽检分部分项工程质量评定,参与重要隐蔽工程质量检查,对发生的质量问题进行调查分析,并负责检查落实情况。

(5)负责工程竣工交付,负责工程最终检验和试验的控制。

(6)负责工程监视和测量程序、不合格品(项)程序的控制。

(7)负责创高等级优质工程的策划、申报和组织协调工作。

8.4.3 监理单位

(1)贯彻国家及江苏省有关建设工程质量的法律、法规、政策,制定建设工程质量监督的有关规定和实施细则。

(2)对首件工程进行检测、验收和评定。

(3)组织工程质量检查。

(4)在施工现场建立中心试验室,及时向上级行政管理部门备案。

(5)签发工程开工或者复工报审表、工程暂停令、工程款支付证书和工程竣工报验单。

(6)审查施工单位提交的施工组织设计、技术方案和进度计划等。

(7)审核签署施工单位的申请、支付证书和竣工结算。

(8)主持整理工程项目监理资料。

8.4.4 施工单位

(1)负责贯彻执行国家有关质量工作方针政策,接受上级质量管理部门的工作指导。

(2)制定质量规划和企业各级干部的质量责任制度等,建立健全质量保证体系,编制施工方案。

(3)对各级部门领导及施工人员实行质量安全教育工作。

(4)在施工现场建立工地试验室,及时进行自检,并向上级行政管理部门备案。

(5)定期分析研究解决施工过程中存在的质量问题。

(6)对工程物资设备质量进行定期检测,并向上级部门及时汇报。

(7)贯彻执行首件工程认可制。

8.5 业务流程

8.5.1 施工质量控制程序总业务流程

施工质量控制程序总业务流程,如图8-1所示。

流程说明:

施工单位报送实施性组织方案,如果为重大方案则由现场管理机构审核,如果为一般方案则由监理单位审核。审核完成后签发开工申报,判断是否为收件工程或重要分部工程,是则由现场管理机构确认,否则由监理单位审批。审批完成后由施工单位进行施工,工序完成后,施工单位自检并报请检验。由监理单位组织相应的专业监理工程师签认,合格则分项工程完工,不合格则进行返工。合格后,监理单位组织验收,再次不合格者,返工或报废,合格者签发认可文件——工程验收认可书,流程结束。

8.5.2 省交建局首件工程认可制业务流程

省交建局首件工程认可制业务流程,如图8-2所示。

流程说明:

首件工程以施工合同段为单位分别进行,首件工程必须是实体工程,在分项工程开工申请单批复后才可施工。

首件工程评定为优良且评定关键指标检测合格率达 95% 以上(规范或指导意见有明确规定的除外)的首件工程通过评审,可以组织后续施工;评定意见为合格的首件工程,应进一步整改后重新评定;对于不合格首件工程,责令返工处理。

通过首件工程认可后,后续工程必须严格按照首件工程确定的施工工艺组织施工。

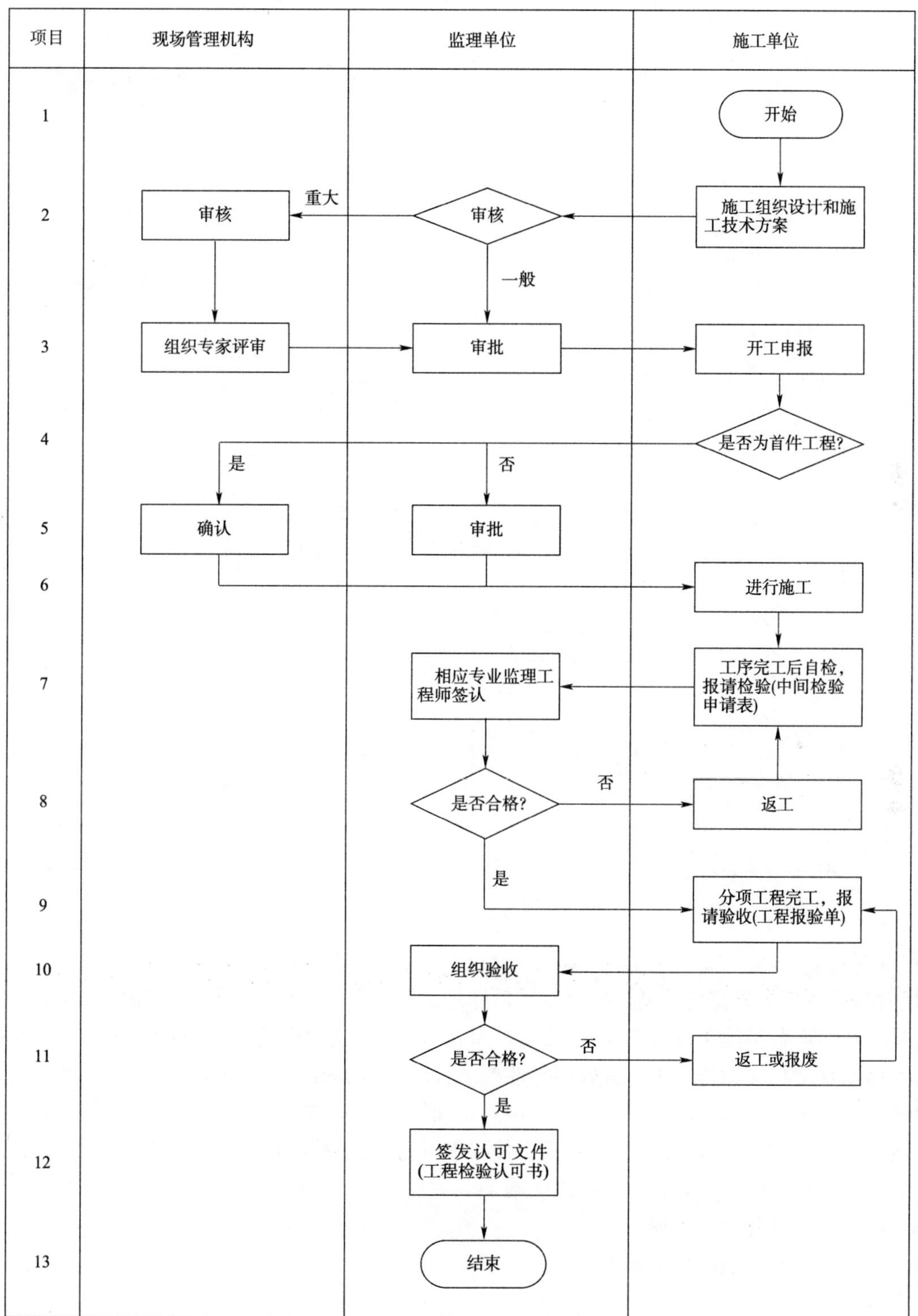

图 8-1　施工质量控制程序总业务流程图

8.5.3　质量检测业务流程

质量检测业务流程,如图 8-3 所示。

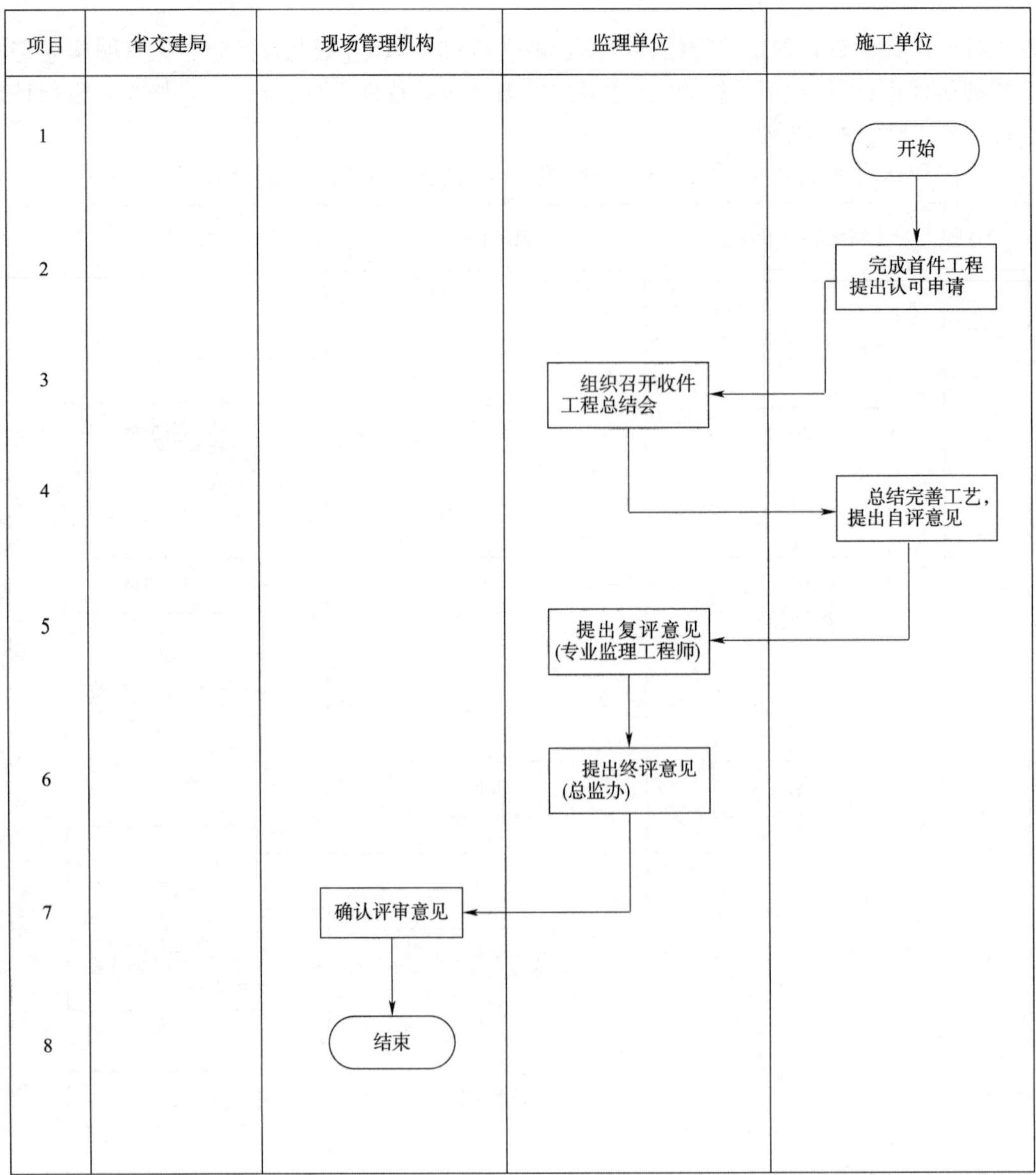

图 8-2 首件工程认可制业务流程图

流程说明：

现场管理机构依据省交建局制订的年度质量计划制订短期质量计划，根据质量计划定期或不定期地开展质量检查工作，包括施工现场的物料、设备质量情况、施工过程中的相关质量状况；如果检查过程中发现质量问题，质量检测监理人员口头发出整改要求，施工队现场进行整改，监理单位对整改过程进行监督，不合格的继续整改，直到整改合格；发现突出质量问题，要求现场停止施工，工程部研究后提出处理意见，上报现场管理机构领导审批，并下发红头文件要求进行整改，整改过程中监理单位进行监督。监理单位对整改结果进行复查，直到合格后才能继续施工。

8.5.4 质量事故处理业务流程

质量事故处理业务流程，如图 8-4 所示。

流程说明：

(1)监理单位收到施工单位翔实反映该项工程名称、部位、事故原因、应急措施、处理方案以及损失费用的“事故报告单”后，应立即指令施工单位暂停该项工程的施工，采取有效的安全措施，及时组织人员进行现场调查，分析原因，查明事故详细情况，审核施工单位的书面处理方案，及时将审核意见报现场管理机构，由现场管理机构上报上级交通主管部门。

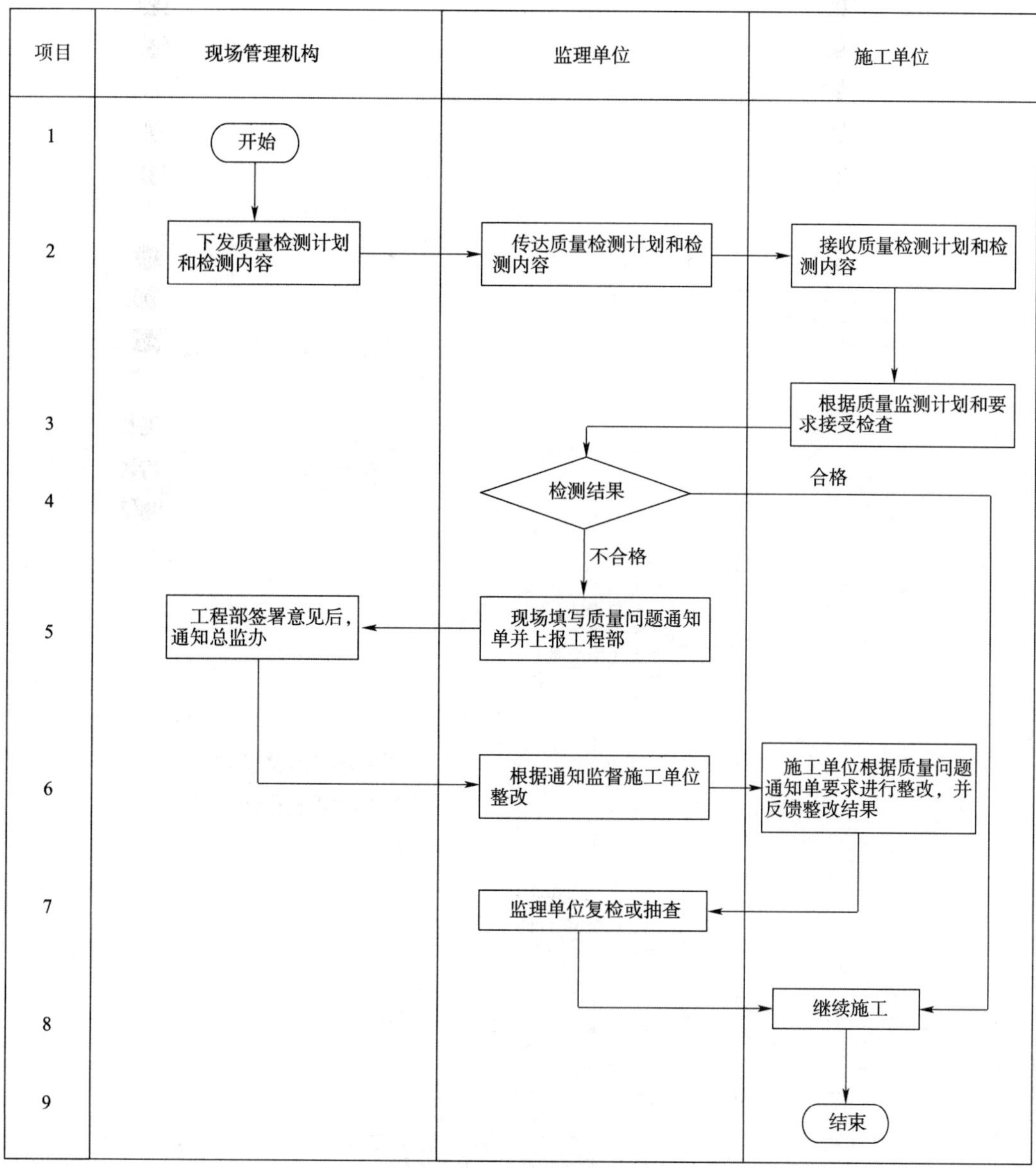

图8-3　质量检测业务流程图

(2)事故发生单位和该工程现场管理机构、施工、监理等单位,应严格保护事故现场,采取有效措施抢救人员和财产,防止事故扩大。

(3)一般质量事故的调查、核实和处理由省交通运输厅负责组织,重大质量事故由省交通主管部门会同交通运输部及有关部门负责。现场管理机构应组织设计、施工、监理等单位有关人员积极配合上级交通主管部门对质量事故现场进行调查,在审查、分析、诊断、测试或验算的基础上,对施工单位提出的处理方案予以审查、修正,并组织实施,处理结果报省交通主管部门、质量监督机构备案。重大质量事故的技术处理方案按国家有关规定办理。

8.6　管理程序

8.6.1　质量管理总则

各参建单位必须建立健全质量保证体系、完善质量管理制度及考核奖惩制度,在建设过程中坚持全面质量管理,认真落实质量岗位责任制,使质量管理工作制度化、规范化、精细化,确保工程质量。建设过程中应实行"政府监督、业主管理、社会监理、企业自检"的质量保证体系。由江苏省交通运输厅工程质量监督局对工程实施质量监督,现场管理机构负责实施质量管理。

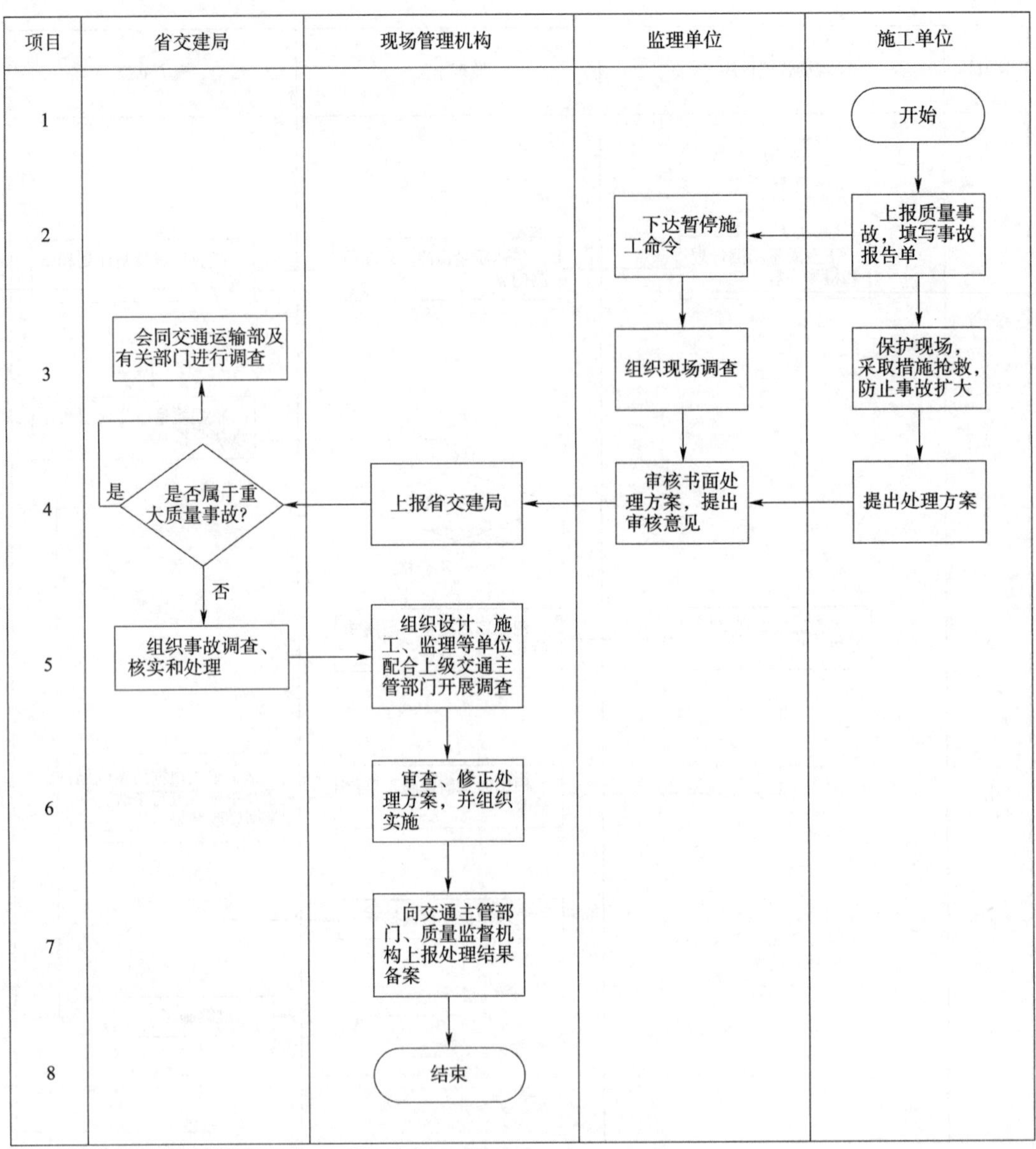

图 8-4　质量事故处理业务流程图

对建设工程应实行工程质量责任人档案制度。现场管理机构、参建单位及其法定代表人按照各自的职责，在工程设计使用年限内对工程质量负终身责任。项目参建单位法定代表人为单位质量责任人，对项目质量工作全面负责；工程项目负责人为项目质量责任人，对工程质量负直接责任。

建设工程应实行项目计分考核管理办法。现场管理机构负责对参建施工、监理单位进行计分考核管理，将其作为现场管理机构对施工现场日常管理的措施之一。现场管理机构负责各监理单位、施工单位计分考核管理，现场管理机构工程现场管理人员为各监理单位、施工单位计分考核的主要责任人。

建设工程应实行工程质量举报制度，任何单位和个人对工程建设中违反国家法律、法规的行为以及工程质量事故和质量缺陷有权向交通主管部门或质量监督机构检举和投诉。

8.6.2　实行首件工程认可制

为加强高速公路工程质量管理，争创精品优质工程，遵循以工序保分项、以分项保分部、以分部保单位、以单位保项目的质量创优保障原则，在高速公路建设中实行首件工程认可制，全面提升工程质量。

首件工程以施工合同段为单位分别进行，首件工程必须是实体工程，在分项工程开工申请单批复后才可施工。在首件工程（分项工程）完成以后，由监理单位组织召开首件工程总结会。施工单位对完成的首件工程项目的施工工艺进行总结和完善，并对质量进行综合评定，提出自评意见；专业监理工程师提出复评意见；总监办提出终评意见，并经现场管理机构确认。首件工程评定为优良且评定关键指标检测合格率达 95% 以上（规范或指导意见有明确规定的除外）的首件工程方可通过评审，组织后续施工。

8.6.3　质量管理

(1)质量检测原则

质量检测工作应遵循科学、公正、独立、准确的原则,做到质量检测项目齐全、内容完整、频率足够、方法正确、结果准确、反馈及时、资料规范。施工单位、监理单位应严格执行国家及行业标准、规范、规程开展质量检测工作。

(2)试验检测

①标准试验

包括标准击实试验、灰土掺配比例试验、水泥混凝土配合比试验、沥青混凝土配合比试验、基层混合料的配合比试验等。

施工单位应按合同要求,在合理的时间内完成标准试验,并将试验报告及试验材料提交监理工程师审查批准。

监理单位工地试验室应在施工单位进行标准试验的同时或完成以后,进行复核试验,以肯定或否定、调整施工单位标准试验的参数或指标,并将试验结果随施工单位的试验结果报现场管理机构中心试验室。

如果承包商、总监办和中心试验室结果有争议,原则上以中心试验室数据为准,或者分析原因后重新取样试验。

②检测试验

包括进场水泥、砂石料、钢筋、石灰、沥青抽样检测,路基填料、水泥混凝土拌和物、无机结合料、沥青混凝土的性能检测,路基路面厚度、压实度、路基弯沉、路面平整度、混凝土结构强度、几何尺寸检测等。

施工单位按工程施工质量检查标准规定频率抽样试验,监理单位按不少于20%的频率独立进行试验,现场管理机构中心试验室按不少于5%的频率独立进行试验。路基弯沉、路面平整度由施工单位、监理单位和中心试验室三方共检,试验成果共享。在对施工单位的施工质量或材料有疑问时,监理工程师可随时抽样进行试验,并可要求施工单位增加抽样频率。

③平行试验

由中心试验室确定项目并牵头组织取样、分发,施工单位、监理单位、中心试验室共同独立试验,相互验证。

④委外试验

施工单位对于委外试验项目,必须提前选择具有相应检测资质的单位,经现场管理机构同意后,签订委外试验合同。

对委外试验检测项目,施工单位应按照规定频率和数量进行委外试验,中心试验室试验人员监督取样、封存、送样过程,监理单位和施工单位共享试验成果,并将试验成果报中心试验室审核备案。

⑤试验结果处理

施工单位、监理单位均须严格按照试验规程规定的方法进行独立的取样和试验,不得相互代为取样或试验;也不得对试件相互代为养护或保存。如果施工单位、监理单位和中心试验室对结果有争议,原则上以中心试验室数据为准,或者分析原因后重新取样试验。必要时可委托有资质的试验检测机构进行鉴定试验。

⑥试验资料管理

试验检测表格应采用省交通质监局规定的试验记录与报告表格进行整理、保存,及时归档。试验检测原始数据必须记录在项目业主统一印制的原始记录本上,原始数据不得随意涂改或涂黑。施工单位、监理单位应对原材料、商品构件、产品等的试验建立完整的试验台账,试验台账应按统一格式装订成册。试验检测结果不合格时,仍应出具并保存试验报告,并注明处理意见,待整改和复检合格后一并归档;同时应专门建立试验检测结果不合格的试验台账。

(3)原材料质量管理

工程原材料质量的好坏是影响工程质量的决定性因素,参建各方应严把好原材料准入关,加大原材料监控力度,以保证工程内在质量。

①现场管理机构:应根据项目本身的实际情况及时对主要材料进行抽检,如对某种材料质量有疑问可加大抽检频率。

②监理单位:依据施工单位的报检资料,按照规范规定的试验频率做好抽检、平行试验等工作,对材料严格把关,并建立相应抽检、试验台账等。凡监理工程师对某种材料的质量有怀疑时,应随时抽检。

③施工单位:要把好各种原材料进场关,按照规范规定的试验频率做好自检工作,建立和完善材料进场、试验检测、报验台账等,外委试验项目须事先报经监理工程师同意。

8.6.4 隐蔽工程检查

(1)隐蔽工程检查制度

①重要隐蔽工程(由各方协商确定)施工,监理人员要进行旁站监理,以消除影响工程质量的不利因素。

②隐蔽工程或某些重要工序完成后,施工单位先进行自检,自检合格后,填写隐蔽工程报验单报驻地监理。同时,施工单位应保证监理工程师有充分的时间,对将覆盖或掩蔽的工程的任何部分进行检查、测量和验收。没有得到监理工程师的批准认可,对工程的任何部分均不得覆盖、掩蔽或修饰,也不得进行下一道工序。

③监理工程师在规定时间内对隐蔽工程做现场质量检查,核实所有质量参数是否符合设计和有关规范要求。

④隐蔽工程施工时,施工单位施工员、技术员不满足施工要求时,监理人员有权不同意现场施工。

⑤对重要的隐蔽工程或重要工序完成后,必要时驻地监理可请项目执行办代表、设计代表参加验收。

⑥对自己没有能力检测的隐蔽工程项目,则需请有相应资质的检测单位进行检测。

⑦对隐蔽工程的施工、监理等有关资料,要及时整理、签认、归档,必须留有照片,必要时应留录像资料。

(2)隐蔽工程影像资料留存

①在工程项目建设中应实行隐蔽工程影像资料管理,凡明确属于隐蔽工程的项目,必须采取摄像、拍照等方式全方位、直观地记录施工现场的真实情况,通过真实、完整、连续的影像资料,反映工程建设的真实过程。

②施工单位、监理单位应安排专人负责整理影像资料,按照分项、分部工程及拍摄时间进行分类整理归档,以月为时间单位及时汇总、更新。

③施工现场拍摄时需有相关监理人员在场。拍摄影像资料时,相关监理人员需佩戴工作证,同时手持标明拍摄部位及拍摄时间的白板位于图片的一角,且为正面影像。

④合同施工单位应配备专门用于隐蔽工程施工现场拍摄的影像器材。

⑤现场管理机构将针对隐蔽工程影像资料进行定期检查和考核。

8.6.5 质量事故处理与调查

(1)施工异常的处理

发生施工异常情况时,按照以下程序处理:

①施工单位必须立即通过电话报告现场管理机构和监理单位,并及时填写"施工质量问题报告单"书面报告。

②施工单位应严格保护现场,采取有效措施,防止事态扩大,并作为第一责任单位及时组织有关专家和专业技术人员赴现场调查分析,提出处理方案,报送现场管理机构和监理单位。

③监理单位应及时对现场情况进行调查研究,审核施工单位提出的处理方案,并按照现场管理机构批准的方案监督施工单位及时处理。

④处理后的施工异常部位,经质量评定与验收合格后,方可投入使用或进入下一道工序。

⑤施工异常情况处理结案后,各相关单位应认真总结经验教训,并将全部资料统一归档,及时上报。

⑥监理单位应切实加强施工异常情况的控制和管理,定期对施工单位报告情况进行检查。

(2)质量缺陷的处理

在各项工程施工过程中或完工后,如发现工程存在着技术规范、标准所不容许的质量缺陷,应根据质量缺陷的性质和严重程度,按如下方式处理:

①当施工引起的质量缺陷处于萌芽状态时,监理单位应及时制止,并要求施工单位立即更换不合格的材料、设备和不称职的施工人员,或要求立即改变不正确的施工方法及操作工艺。施工单位按照施工异常情况处理流程,及时报告监理单位和现场管理机构。

②当施工引起的质量缺陷出现时,监理单位应立即向施工单位发出暂停施工的指令,在施工单位采取了能足以保证施工质量的有效措施,并对质量缺陷进行了正确的补救处理后,再书面通知恢复施工。

③在某道工序或单项工程完工后发现质量缺陷,且质量缺陷的存在将对下道工序或分项工程产生质量影响的,监理单位应及时对质量缺陷产生的原因及责任作出判定并确定补救方案,处理完善后方可进行下道工序或分项工程的施工。

④在交工验收后的缺陷责任期内发现施工质量缺陷时,施工单位应及时进行修补、加固或返工处理。处理完毕后,施工单位应及时填报"存在问题处理情况反馈表"。

⑤对因施工原因而产生的质量缺陷,应先由施工单位提出修补方案及方法,经监理单位批准后方可进行;对因设计原因而产生的质量缺陷,应由现场管理机构与设计单位研究后提出处理方案及方法,由施工单位进行修补。

⑥对质量缺陷进行修补后,施工单位应对缺陷发生的原因及处理结果进行总结,对缺陷部位进行长期跟踪监测,并将观测结果与处理过程中的文件一起建立质量缺陷修补与加固档案。

(3)质量事故的处理

质量事故按轻重程度可分为质量问题、一般质量事故、重大质量事故。

①发生质量事故应按以下规定报告:

a. 质量问题:问题发生单位应在2日内书面报现场管理机构、监理单位。

b. 一般质量事故:事故发生单位应在1日内书面报现场管理机构、监理单位和省厅质监站。

c. 重大质量事故:事故发生单位必须在2小时内速报省交通运输厅和交通运输部,同时报告省厅质监站和部质监总站,并在12小时内报送"公路工程重大质量事故快报"。

②对破坏质量事故现场,隐瞒不报、谎报、拖延报告、提供伪证的单位和个人,按照有关规定进行处理。构成犯罪的,由司法机关依法追究法律责任。

③施工单位负责建立质量事故处理档案,记录质量事故发生的起因、处理过程和处理结果。

④现场管理机构应对施工单位提出的有争议的质量事故责任予以判定。判定时,应全面审查有关施工记录、设计资料及水文地质现状,必要时应进行实际检测。在分清技术责任时,应明确事故处理的费用数额、承担比例及支付方式。

8.7　规章制度

(1)《公路工程质量检验评定标准》及相关施工、监理规范;

(2)《江苏省交通工程建设局"首件工程认可制"实施办法》;

(3)《江苏省交通工程建设局质量监督管理办法》;

(4)《灌河桥工程项目隐蔽工程施工现场影视资料管理办法》。

8.8　管理记录

(1)江苏省________高速公路________市段工程项目首件工程认可申请单(表8-1);

(2)江苏省________高速公路________市段工程项目首件工程监理单位审核意见单(表8-2);

(3)江苏省________高速公路________市段工程项目首件工程质量综合评定表(表8-3)。

表 8-1 江苏省________高速公路________市段工程项目

承包单位________________ 合同号________________

监理单位________________ 编　号________________

首件工程认可申请单

<table>
<tr><td>致(总监理工程师)____________：
根据合同要求,我们已经做好____________________工程的首件的工程,现申请对该项工程的认可,请予批准。
附件:1. 监理单位审核意见单
2. 项目经理部质量综合评定表
3. 施工总结
4. 中间检验资料
5. 施工作业指导书

承包人:　　　　　　　　年　　月　　日</td></tr>
<tr><td>施工单位自评:
优良□　　　　合格□　　　　不合格□</td></tr>
<tr><td>专业监理工程师复评:
优良□　　　　合格□　　　　不合格□</td></tr>
<tr><td>总监理工程师终评:
优良□　　　　合格□　　　　不合格□</td></tr>
<tr><td>现场管理机构、现场指挥部意见:
通过认可□　　　　不通过认可□</td></tr>
</table>

表 8-2 江苏省________高速公路________市段工程项目

承包单位________________ 合同号________________

监理单位________________ 编 号________________

首件工程监理单位审核意见单

施工单位申报内容及自评意见：   项目经理：
专业监理工程师复评意见：   专业监理工程师： 年 月 日
总监理工程师终评意见：   总监理工程师： 年 月 日

表 8-3　江苏省________高速公路________市段工程项目

承包单位________________　　　　合同号________________

监理单位________________　　　　编　号________________

首件工程质量综合评定表

项　目	内　容
分项工程名称	
基本要求	
外观鉴定	
结论	__________项目经理部(盖章)　　年　月　日

第9章　安 全 管 理

9.1　目的

统一和规范高速公路现场安全管理和安全监督检查工作，实现对高速公路建设安全管理、安全教育培训、审查管理等的规范化、程序化、制度化管理。

9.2　范围

适用于高速公路建设项目的安全管理，包括临时用房及临时设施、临时用电、特种设备、安全防护、消防、特殊路段施工、拆除工程、标志标牌、路基工程、路面工程、桥梁工程、隧道工程、房建工程等的现场安全管理、安全监督检查和安全事故防范及处理。

9.3　定义

9.3.1　安全管理

对项目的整体安全生产过程进行有计划的监督与检查，并对安全生产承担监督责任。主要包括安全管理体系、安全计划、安全制度建设、安全预案、安全检查及整改、安全教育等。

9.3.2　安全生产措施费

安全生产措施费指按照国家有关规定和施工安全标准，购置施工安全防护用具、落实安全施工措施、改善安全生产条件、加强安全生产管理等所需的费用。

9.4　职责

9.4.1　省交建局

(1)对高速公路建设工程的安全生产管理工作实施现场监督管理和综合监督管理。

(2)对所辖高速公路等工程项目初步设计阶段所涉及与安全生产有关的工作进行管理。

(3)对所辖高速公路等工程项目招标工作所涉及与安全生产有关的工作进行管理。

(4)及时提供工程建设资金和工程专项安全经费；负责对工程专项安全经费使用情况进行审计管理。

(5)负责指导和检查各工程建设现场管理机构的内部安全管理工作；负责对工程项目安全生产档案的完整性和规范性进行检查、验收。

9.4.2　现场管理机构

(1)负责对管辖内的高速公路等建设工程安全生产工作实施监督和管理。

(2)制定安全生产监督工作管理制度，明确安全生产管理部门及人员。

(3)建立项目安全生产网络，检查、指导参建单位建立、健全安全生产保障体系和安全生产责任制、完善现场安全保障措施等。

(4)负责所辖项目的安全生产教育培训工作。

(5)组织日常检查、重大节假日、重大活动期间及季节性应对自然灾害等安全检查，并每季度组织不少于一次的施工现场安全生产全面检查，对施工、监理单位安全生产情况进行考核，并进行通报。

(6)审核、拨付安全生产专项费用。

(7)处理一般安全生产投诉，上报影响较大安全生产投诉。按时向省交建局上报安全生产月报，及时上报安全生产事故及事故处理情况。

9.4.3 监理单位

(1)编制安全生产监理计划和细则,明确监理人员的安全生产监理岗位职责、监理内容和方法。

(2)组织审查和审批国家有关法规规定的危险性较大的工程施工方案及应急预案;组织审查和审批施工组织设计中的安全生产技术措施、专项施工方案和一般危险性工程的安全生产应急预案。

(3)对施工单位安全生产保证体系进行检查,尤其对危险性较大的工程作业应加强旁站和巡视检查。

(4)组织施工单位开展安全隐患及危险源排查,并落实相关安全监控措施。

(5)审核、检查安全生产专项费用,按规定填报安全监理日志和监理月报。

9.4.4 勘察、设计、咨询单位

(1)勘察单位向省交建局提供全面、准确的地质勘察报告和相关资料。在工程所在区域地质灾害严重或工程建设活动可能引发地质灾害时,勘察单位应对地质灾害防治方案提出建议。

(2)设计单位根据工程可行性研究中安全应对方案或安全专篇的要求,落实各项安全措施,具有较大安全风险的建设项目安全设施设计文件须报相应安全生产监督部门审查。

(3)在施工过程中,发现工程设计不能满足施工作业安全条件时,设计单位应对工程设计及时予以修改,并出具修改方案或变更设计图纸。

(4)咨询单位应当对设计文件中安全应对方案或安全专篇中的各项安全措施进行认真审核。

9.4.5 施工单位

(1)建立健全安全生产责任制,其法定代表人是安全生产的第一责任人,对本单位的安全生产负全面责任。

(2)建立健全安全检查制度,加强对施工现场的安全巡查,对发现的安全事故隐患及时采取措施予以消除。

(3)按照有关法律、法规和标准、规范组织施工,根据工程项目特点编制安全生产事故应急预案,经本单位安全和技术部门审核、技术负责人批准、总监审批后实施。

(4)在施工组织设计中编制安全技术措施和施工现场临时用电方案,对危险性较大的工程应当编制专项施工方案。

(5)建立健全各类安全生产管理台账,并负责施工现场的安全生产管理。

(6)对与工程相关的供水、排水、供电、供气、供热和邮电通信等地下管线采取措施加以保护。

(7)建立健全安全生产教育培训制度,根据不同施工阶段和周围环境及季节、气候的变化,在施工现场采取相应的安全施工措施。

(8)在项目开工前,根据有关规定做好保障安全生产的准备工作。

(9)建立施工现场消防安全生产责任制,按照国家有关规定设置消防设施。

(10)用于施工的车辆、机械设备及安全防护用具,在进入施工现场前,对其生产许可证、产品合格证和有关法定单位的检验检测合格证明进行检查。

(11)在施工现场安装、拆卸施工起重机械和整体提升脚手架、模板等自升式架设设施,必须由具有相应资质的单位承担。使用承租的机械设备和施工机具及配件的,由施工总承包单位、分包单位、出租单位和安装单位共同进行验收。验收合格的方可使用。

9.5 业务流程

9.5.1 安全生产管理总业务流程

安全生产管理总业务流程,如图9-1所示。

流程说明:

施工单位根据现场相应情况制定专项安全生产方案,经监理单位审批后,施工单位现场实施,并安排专职安全人员每天都要对施工现场的安全组织情况、安全实施过程中的相关记录情况进行自检,留存相关记录。现场管理机构和监理单位对安全生产过程进行监督、监理,省交建局指导安全监督管理工作并

组织安全抽查工作,现场管理机构进行安全检查及现场管理,监理单位进行现场监理,施工单位根据现场管理的结果进行整改,整改合格后继续施工。

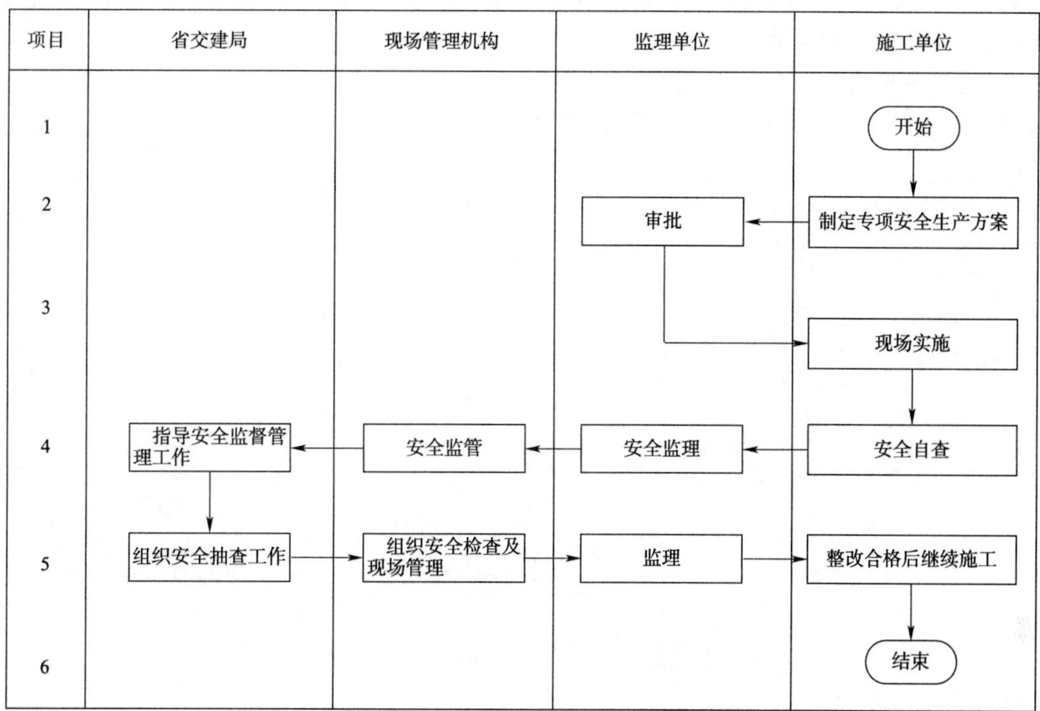

图9-1　安全生产管理总业务流程图

9.5.2　省交建局安全监督管理业务流程

省交建局安全监督管理业务流程,如图9-2所示。

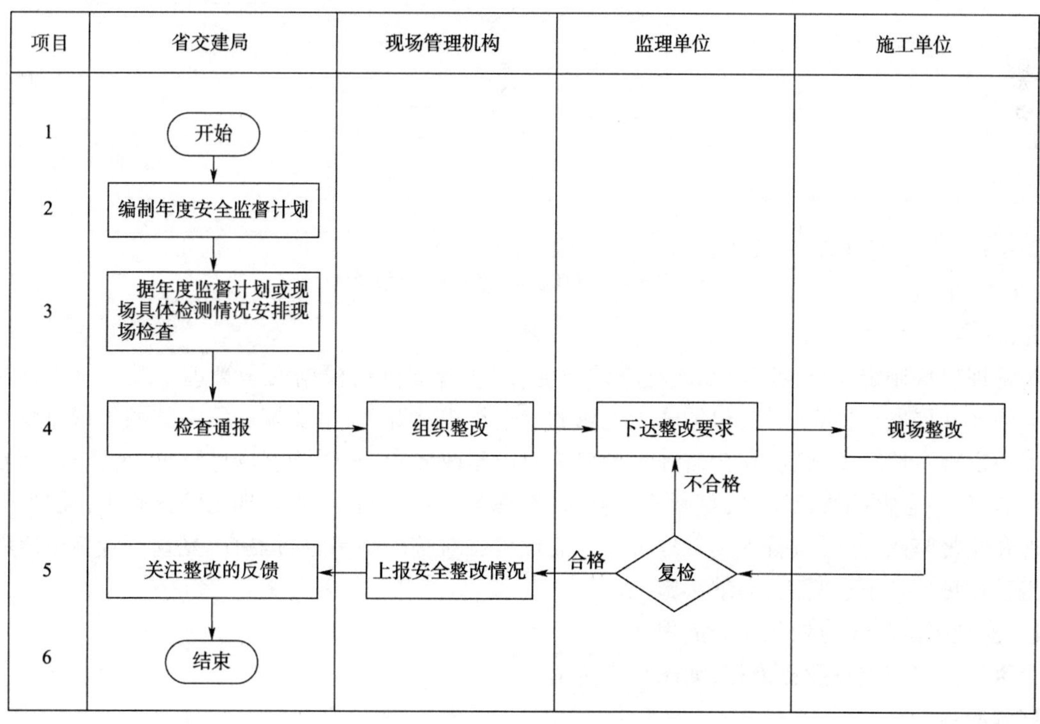

图9-2　安全监督管理业务流程图(省交建局)

流程说明:

省交建局制订年度安全监督管理计划以及考评标准;根据年度安全监督计划或者现场具体检测情况

安排检测工作,并下发检查通知;对施工现场的安全组织情况进行现场检查,并对检查相关情况进行记录;通报检查结果,省交建局提出整改要求,要求在限定的时间内完成整改,达到既定的目标,现场管理机构组织整改。整改完成后,由监理单位对整改情况进行复检,若整改不合格,则令其继续整改,直到整改合格;省交建局关注整改的反馈。

9.5.3 现场管理机构的安全现场管理业务流程

现场管理机构的安全现场管理业务流程,如图9-3所示。

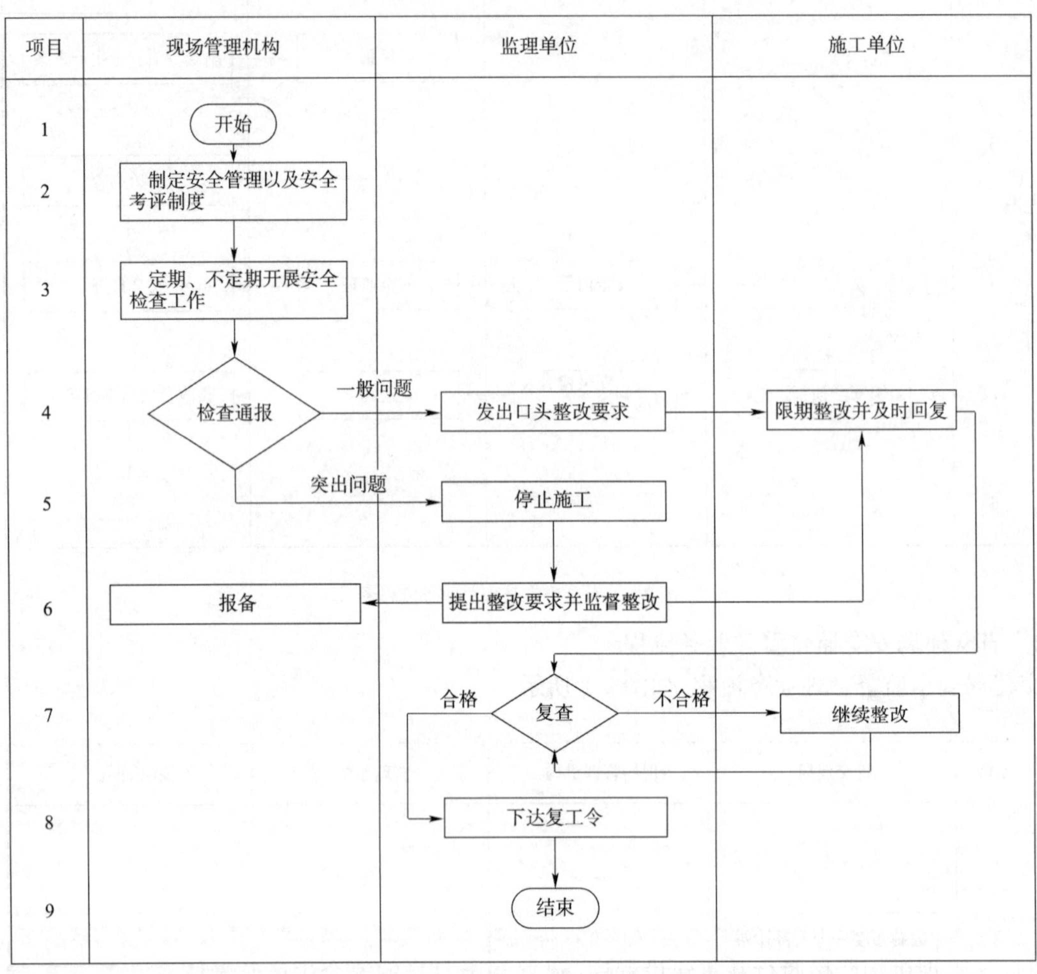

图9-3 安全现场管理业务流程图(现场管理机构)

流程说明:

现场管理机构制定安全管理以及安全考评制度;现场管理机构根据安全管理以及安全考评制度,定期或不定期地开展安全检查工作,包括施工现场的安全组织情况、安全实施过程中的相关记录情况;如果检查过程中发现一般隐患问题,安全监理人员口头发出整改要求,施工队现场进行整改,监理单位对整改过程进行监督,不合格的继续整改,直到整改合格;发现突出安全问题,要求现场停止施工,监理单位提出整改要求并监督整改,同时报备现场管理机构。监理单位对整改结果进行复查,复查不合格的继续整改,直到合格后监理单位下达复工令,继续施工。

9.5.4 安全事故报告与处理业务流程

安全事故报告与处理业务流程,如图9-4所示。

流程说明:

安全生产事故发生后,事故发生单位立即保护现场,启动应急预案,并上报至现场管理机构,现场管理机构上报省交建局,省交建局上报省交通运输厅质监局,并组织事故救助处理工作,事故发生单位进行现场救助并配合安全监管部门和上级部门的现场调查工作。

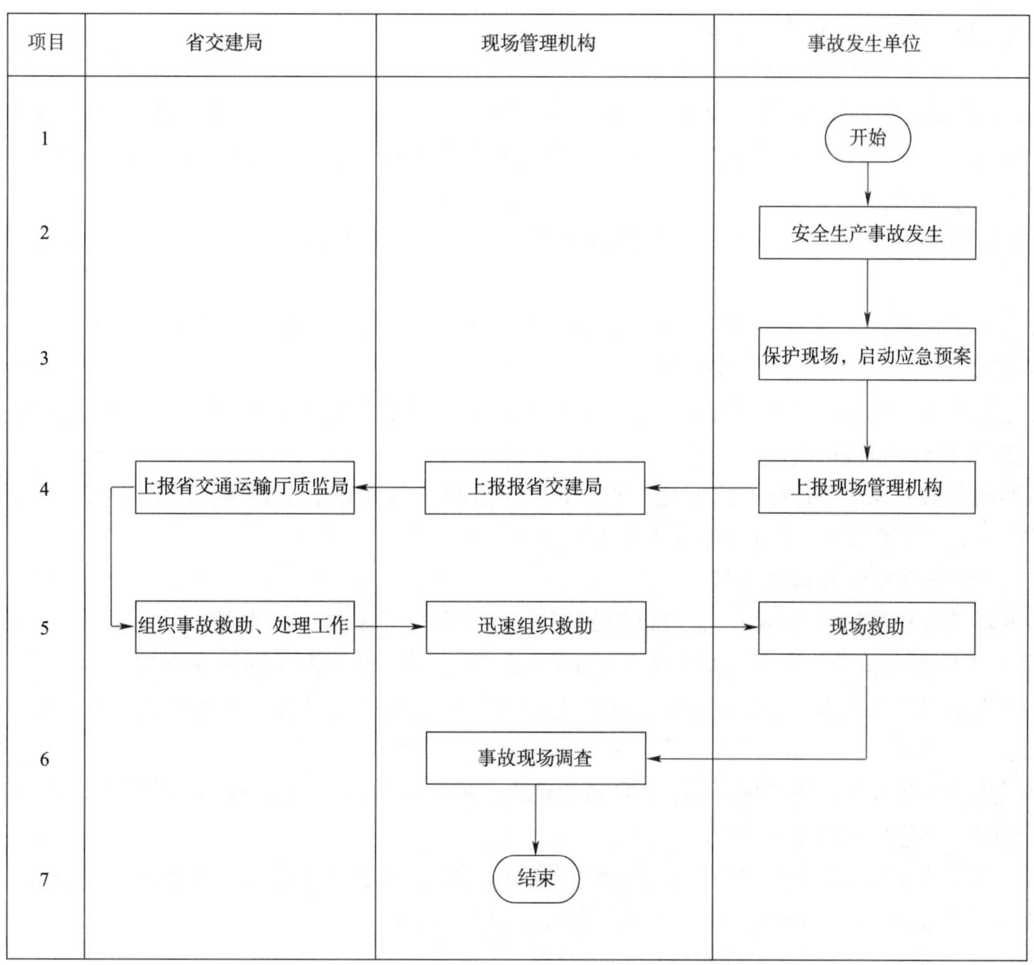

图9-4　安全事故报告与处理业务流程图

9.6　管理程序

9.6.1　建立安全管理责任体系

(1)依据国务院相继颁布实施的《关于进一步加强安全生产工作的决定》《安全生产许可证条例》《建设工程安全生产管理条例》等相关法律法规,建立安全生产责任制,建立健全安全生产保障体系。

(2)现场管理机构严格履行基本建设程序,建立健全自身的安全生产监管体系。施工单位中标后,按规定签订安全生产合同和安全生产责任状,督促施工、监理单位开展安全生产工作。

(3)监理单位对工程安全生产承担监理责任,建立各种安全监理制度、安全监理细则、安全控制程序和安全监理措施;编制安全生产监理计划;督促施工单位进行安全生产自查工作、落实施工生产安全技术措施;按要求填报安全监理日志和监理月报。

(4)施工单位建立健全安全生产责任制度和安全生产技术交底制度,制定安全生产规章制度和操作规程;设立安全生产管理机构,配备专职安全生产管理人员;现场和生活区平面布置应符合国家相关安全标准;在施工现场建立消防安全责任制度,提供必需的安全防护措施。

9.6.2　开展安全生产教育培训

(1)现场管理机构、施工、监理单位等应根据本单位的具体情况,针对项目工程特点和员工素质,制定安全生产教育培训制度,并编制具体、详尽的教育培训计划。

(2)安全生产教育培训应建立相应档案。

(3)现场管理机构根据各自职责,定期开展学习交流、教育培训和座谈。学习有关上级主管部门安全法律法规文件、工程建设安全生产规章制度等。

(4)建立各级教育培训体系,建立安全生产教育培训考核制度。对各类人员的取证培训,以取得资格证书或岗位证书作为考核合格依据。

9.6.3 建立安全生产会议制度

(1)现场管理机构定期召开安全生产工作会议,分析工程安全生产工作形势,总结安全生产管理经验。并结合每季度的安全生产检查考核工作,不定期召开安全生产会议,组织各标段进行现场观摩并通报安全生产检查情况。

(2)监理机构每月召开不少于一次的监理安全例会,并负责每月组织施工单位召开月度工地安全例会。

(3)施工单位根据工程实际情况适时召开安全生产专题会议,每月召开不少于一次的安全生产工作会议。并定期召开安全生产学习、交流例会。

(4)危险性较大的施工作业开始前,安全生产领导小组应组织施工人员召开现场安全工作会议,可以和安全技术交底同时进行。

(5)如遇节假日来临、重要气候变化、发生重大安全事故等情况,施工单位应召开安全生产专题会议,强调安全生产工作要点,布置安全生产工作任务。

9.6.4 组织安全监督和检查考核

(1)现场管理机构对参建施工、监理单位的安全生产检查工作每季度考核一次,监理单位对施工单位的安全生产检查考核至少每月开展一次,检查考核结果以通报形式报现场管理机构。

(2)工程项目实施过程中,省交建局按以下主要内容对工程建设现场管理机构进行安全生产管理监督检查:

①安全生产监管制度、责任制、责任追究制的建立、落实情况;安全生产检查,现场整改情况;对重大安全生产方案、应急预案的审查情况。

②组织安全生产培训、考核情况,安全生产宣传教育情况,对上级文件的落实情况。

③安全生产监管资料的建立(日志、台账、会议记录等)情况。

④安全生产措施费按照有关规定进行监督检查。

(3)工程项目实施过程中,工程建设现场管理机构按以下主要内容对所辖项目进行安全生产监督检查:

①监理单位、施工单位的安全保证体系建立和安全生产责任制制定以及运行情况。

②监理单位对工程安全生产方案的审批和对现场的安全监理情况,与之相关的资料建立情况。

③安全风险较大的工程重点部位、重点工序安全保障措施以及特大型工程必需的特殊安全保障措施的落实情况。

④施工人员特殊岗位的上岗证件;车辆、机具、设备的证照;特殊机具设备的检验情况。

⑤施工单位安全生产工作台账;工程安全生产事故应急预案的编制,用于应急使用的器材设备的配置和演练情况。

⑥施工单位安全费用的保障和使用情况。

(4)工程项目实施过程中,监理单位按以下主要内容对工程实施进行安全生产检查:

①施工单位安全生产管理机构设置、安全生产责任制、与施工规模相适应、专业齐全的安全管理专职技术人员人数配备情况。

②安全风险较大的工程重点部位、重点工序安全保障措施的落实情况。

③施工人员特殊岗位的上岗证件;车辆、机具、设备的证照;特殊机具设备的检验情况。

④工程安全生产事故应急预案的编制,用于应急使用的器材设备的配置和演练情况。

⑤施工单位安全生产工作台账;上级文件的落实情况;工程建设现场管理机构、监理单位整改落实情况。

(5)在依法对工程建设进行安全检查时,检查部门可进入被监督单位的办公场所、施工现场进行询问和检查,有权要求被监督单位提供有关交通建设工程安全生产的文件和资料并纠正施工中违反安全生产要求的行为。

(6)省交建局、工程建设现场管理机构接到安全生产举报后,应进行调查、分析、研究和及时处理。在安全生产检查后,根据情况可召开现场通报会、发布书面通报等通报安全生产的检查情况。

9.6.5　建立安全生产措施费制度

(1)安全生产措施费应当按照“项目计取、确保需要、规范使用、考核支付”的原则进行管理。

(2)安全生产措施费按照《企业安全生产费用提取和使用管理办法》规定,结合工程项目实际,制定安全生产费用管理实施细则。安全生产措施费应按规定的范围使用,必须用于改善安全生产条件,专款专用,其他项目不得挪用或挤占。

(3)施工单位应当建立健全企业安全生产措施费管理制度和核算,并建立安全生产经费使用台账,明确安全生产措施费使用、管理的程序、职责及权限,保证对安全施工的投入,确保安全施工措施费用的正常有序使用。

(4)施工单位依法将工程分包给其他单位的,施工单位应当与分包单位在分包合同中明确由分包单位实施的安全措施及分包工程安全生产措施费。

(5)工程项目开工时,施工单位应根据总体安全生产工作计划编制安全费用使用计划,报监理单位审批并报现场管理机构备案后实施。

(6)施工过程中,施工单位项目部根据每月安全生产工作计划和安全生产措施费季度计划,编制安全生产措施费月度计划,报监理单位审批。

(7)安全生产措施费实行按实计量、按季支付方式,每季末,施工单位项目部根据每季实际发生费用填报“安全生产措施费支付申报表”,监理单位在3日内审核签认计量,随本期财务支付月报一并上报,现场管理机构在确认后拨付资金。

(8)现场管理机构、监理单位对工程安全生产措施费计取、支付、使用实施监督管理,发现违规行为,应及时责令整改和查处。凡安全施工考核评价不合格,监理单位应暂缓安全生产费用计量支付,并督促整改直至整改合格。

9.6.6　建立安全事故应急处置预案

(1)基本原则:以人为本,安全第一;统一指挥,各司其职;居安思危,预防为主;快速反应,协调应对。

(2)成立应急组织机构,机构包括应急指挥中心、现场应急指挥部、综合协调组、现场处置组、事故善后组、新闻工作组,如图9-5所示。

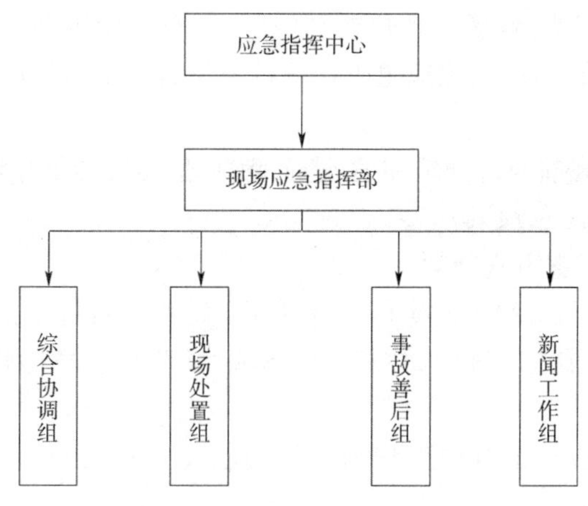

图9-5　应急组织结构图

①应急指挥中心由工程建设现场管理机构负责人及各相关部门人员组成。应急指挥中心是建设工程重大生产安全事故应急处置的最高指挥机构,负责建设工程的重大生产安全事故的应急管理工作。

②现场应急指挥部由急指挥中心在事故发生地成立,现场指挥由总指挥任命,直接接受应急指挥中心的领导。

③综合协调组主要由现场管理机构相关工作人员及总监办和施工单位的负责人组成,负责周围群众疏散、组织开展现场安全警戒、实施现场环境和险情监测等工作。

④现场处置组主要由现场管理机构工作人员及总监办和施工单位的负责人组成，负责对现场遇险人员进行抢救、搜救，控制事态发展、参与制定具体应急方案并负责组织实施、及时向现场应急现场管理机构汇报应急抢险情况等工作。

⑤事故善后组主要由现场管理机构工作人员及总监办和施工单位的负责人组成，负责受伤人员的妥善安置、清理现场、初步统计事故损失、为现场应急救援工作提供相应法律支持、及时向现场指挥汇报现场善后处理工作情况等工作。

⑥新闻工作组主要由现场管理机构工作人员及总监办和施工单位的负责人组成，负责协调现场新闻媒体的采访、宣传和安抚、维护员工和周边居民生活稳定等工作。

(3)应急管理要突出预防预测。在做好风险预测评估工作的同时，对施工单位的相关工作定期组织检查。

(4)自然灾害预测预警由当地人民政府委托专业机构组织实施和发布。其他预测预警由施工单位根据工程危险因素分析和重大危险性工程施工方案论证情况作出相应预测。

(5)现场管理机构收到县级及以上交通主管部门的自然灾害预警信息，及时通知各施工、监理单位，督促其根据预测信息采取相应措施进行预防。

(6)施工单位在日常施工管理中，结合施工条件，认真分析工程特点，随时发现隐患，随时排除，实现保障安全的目的。

(7)发生重大生产安全事故后应立刻启动事故报告程序，报告程序见《江苏省交通工程建设局工程建设安全生产监督管理办法》。

(8)在现场管理机构应急人员到来之前，施工、监理单位应立即启动本单位的应急预案，全力开展事故抢险救援工作，采取有效措施抢救人员和财产，防止事故扩大。当现场管理机构介入应急救援时，施工、监理单位应尽力配合现场管理机构应急救援工作。

(9)重大生产安全事故的信息和新闻发布，由现场管理机构新闻工作组实行集中、统一管理，以确保信息正确、及时传递，并根据国家有关法律法规的规定向社会公布。

(10)应急状态终止后，现场管理机构有关部门应及时向负有该项目监管职责的交通主管部门作出关于事故原因、救援、效果、评估等的书面报告。实行建设工程重大生产安全事故应急管理工作责任追究制。

(11)根据应急管理实际需要，现场管理机构和施工、监理单位定期组织有针对性的消防、触电、溺水、防台、防汛、高空坠落等演习活动，制定应急工作演练方案，演练要从实战角度出发，达到普及应急知识和提高应急技能的目的。

(12)根据生产环境、工程规模和自身条件的改变，现场管理机构和各施工、监单位应根据施工条件的变化及时修订更新本单位的应急预案。

9.6.7 开展专项工程安全方案审查制度

(1)危险性较大工程，按危险等级不同实行分级管理。工程项目危险性较大工程危险性等级由监理单位在工程开工前通过危险源排查后进行详细划分，形成“工程项目危险性较大工程等级划分表”报现场管理机构备案后下发执行。

(2)危险性较大工程应当以分部分项工程为单位编制安全专项施工方案，并按要求组织论证审查程序。

(3)规模较小并且危险性较大分部分项工程集中的单位工程，可以该单位工程为对象编制安全专项施工方案并执行相应的论证审查程序。

(4)施工单位负责危险性较大工程安全专项方案(措施)的编制和论证工作。

(5)施工单位应当组织专业工程技术人员编制安全专项施工方案，并根据不同规模的危险性较大工程管理对策措施相关要求组织本单位施工技术、安全、质量等部门的专业技术人员进行审核。

(6)监理单位负责组织安全专项施工方案的审查，并将审查合格的安全专项施工方案由总监理工程师签字批准实施。

(7)施工单位应严格按照监理单位审查批准后的安全专项施工方案落实安全生产条件并组织实施。

(8)施工单位在工程施工过程中确实需变更、调整安全专项施工方案,应及时编制变更、调整方案,经施工单位技术负责人、总监理工程师审查签字批准后予以实施。重大内容变更、调整,应重新组织变更、调整方案专家论证会。

(9)对于按规定需要验收的危险性较大的分部分项工程及其他关键节点,施工单位、监理单位应当组织有关人员进行验收。

9.7　规章制度

(1)《江苏省交通工程建设局工程建设安全生产监督管理办法》(苏交建质〔2010〕54号)。

(2)《企业安全生产费用提取和使用管理办法》(财企〔2012〕16号)。

9.8　管理记录

(1)施工单位安全生产检查评分表(汇总)(表9-1)。

(2)施工单位施工现场检查评分表(表9-2)。

表9-1　施工单位安全生产检查评分表(汇总)

承包单位________　　合同号________

监理单位________　　编　号________

序号	检查项目	应得分	实得分	备　注
1	"平安工地"建设管理	100		
2	施工现场	100		
3	省交通运输厅、省交建局组织开展的安全生产检查、巡查发现问题扣分			根据通报内容,每一条扣5分
合计		200		

检查人:　　日期:

表9-2　施工单位施工现场检查评分表

承包单位________　　合同号________

监理单位________　　编　号________

序号	考核内容	扣分标准	扣分	标准分	实得分
1	现场布置和防护	(1)未按规定配置消防灭火器材,未按规定设置消防通道,扣2~6分; (2)施工现场未进行交通渠化,扣2~4分; (3)危险品存放、使用、管理等不符合规定,扣5~10分		10	
2	临时用电	(1)外电防护小于安全距离,线路过道无保护,扣5~7分; (2)临时用电未采用TN-S接地接零保护系统,不符合"三级配电、两级保护"要求,保护零线与工作零线混接,每发现一处扣2分; (3)配电箱开关箱违反"一机、一闸、一漏、一箱",电闸箱无门、无锁、无防雨措施,电线老化、破皮未包扎,扣2~6分; (4)潮湿作业现场照明未使用36V及以下安全电压,每发现一处扣2分		10	
3	模板、支架及脚手架	(1)大型模板、支架和脚手架安装与拆除违反施工程序或施工方案,扣5~10分; (2)大型模板存放无防倾倒措施,扣3~5分; (3)支架未经预压而投入使用,扣7~10分; (4)脚手架未按规定设立剪刀撑,扣4~6分; (5)脚手架10m以上未设置缆风绳,每发现一处扣4分		10	

续上表

序号	考核内容	扣分标准	扣分	标准分	实得分
4	施工机具	(1)设备用电未按“一机一闸一保护”安装,未做接零(接地)保护和漏电保护器,1类手持电动工具无保护接零,设备工作完毕时未拉闸断电,每发现一处扣2分; (2)预应力张拉作业未按规定采取安全防护措施,千斤顶的对面及后面站人,扣4~6分; (3)外露传动部位无安全防护罩,露天设备无防雨设施,扣1~3分; (4)乙炔瓶、氧气瓶之间安全距离小于规定,扣2分;乙炔瓶、氧气瓶与明火之间安全距离小于规定,扣4分; (5)钢筋机械冷拉作业及对焊作业区无防护措施的,扣4~6分; (6)拌和机等设备作业和检修不符合安全要求的,扣3分		10	
5	垂直升降设备	(1)垂直升降设备无有效合格证书,扣10分; (2)架体附着装置不稳定牢固,扣8分; (3)设备承载超过额定承载重量,扣5分; (4)吊笼出入口未设置防护设施,扣5分; (5)司机无证上岗,扣5分;无联络工具或联络不畅通,每发现一处扣3分		10	
6	起重作业	(1)塔吊基础不符合要求,扣7分; (2)起重设施无有效准用证,扣5分; (3)轨道式起重机无有效限位或保险装置,未作业时不使用夹轨钳,扣2分; (4)使用起重设备运送人员,扣5分;起重臂下站人,扣2分; (5)大型构件空中停留操作人员离开,每发现一处扣5分; (6)司机无证上岗,扣5分;无信号传递,每发现一处扣3分		10	
7	高处作业	(1)作业平台脚手板不铺满或存在翘头板,无专设通道或爬梯,脚手架外侧未设置密目式安全网,扣4~6分; (2)高处作业人员安全带无牢靠悬挂点,每发现一处扣2分		10	
8	基坑作业	(1)基坑边坡不符合安全要求,基坑边沿堆物小于安全距离,每发现一处扣2~5分; (2)基坑未按规定采取排降水措施,扣3~6分;基坑支护未按规定观测或支护设施产生变形,每发现一处扣5分; (3)基坑未按规定设置上下通道或通道设置不符合要求,扣3分; (4)有人员进入挖土机作业半径,扣3分		10	
9	水上、水下作业	(1)无水上水下作业许可,扣10分; (2)风力超过船舶核定抗风等级仍继续作业,扣7分; (3)施工船的牵牛缆、摆动缆活动范围内未设置安全标志或无人值守或有人逗留,水上各类作业平台或人行通道不符合搭设要求,扣1~6分; (4)水下安装、电焊、切割、爆破时,未执行安全操作规程,扣7~10分; (5)潜水员无证上岗,潜水员未按规程下潜,值班人员脱岗,每发现一人扣2分		10	
10	高边坡	(1)高边坡作业中存在立体交叉,扣4~6分; (2)高陡边坡作业时未按规定进行有效防护的,每发现一处扣3分		10	
		合计		100	

检查人:

第10章　环 保 管 理

10.1　目的

统一和规范高速公路建设的环境保护管理工作,实现对工程建设中能够控制和可能施加影响的环境因素进行识别和评价,确保环境因素能够得到有效控制。

10.2　范围

适用于江苏省高速公路建设项目,包括路基、路面、桥梁等永久工程,以及取(弃)土场、施工场地、预制场、拌和场、堆料场、施工便道等临时工程的施工期环境保护管理。

10.3　定义

10.3.1　环保管理

环保管理主要包括环保管理体系、环保制度建设、环保预案、环保方案、环保检查及整改、环保教育与环保生产常识以及环保计划、环保月报,发布环保管理相关信息等情况。

10.4　职责

10.4.1　省交建局

(1)负责审核施工图是否设计执行有关环境保护和水土保持法律、法规、标准。

(2)负责在施工招标文件和合同中明确施工单位和监理单位的环境保护责任,将工程环境监理纳入工程监理。

(3)负责组织工程交工的环保、水保恢复验收,配合各级交通、环保、水利主管部门的环境影响后评价工作。

10.4.2　现场管理机构

(1)保障公路建设项目永久用地和临时用地,避免穿越法定的特殊保护的环境敏感区。

(2)依据批准的建设项目环境影响评价文件的要求,审批监理单位提交的《施工期工程环境监理实施细则》,向上级行政主管部门报备。

(3)负责检查督办施工期间环境保护措施的落实,审核并定期向上级行政主管部门提交"工程环境监理报告"。

10.4.3　监理单位

(1)负责审批施工单位提交的"施工阶段环境保护实施方案",监督施工单位执行该方案,开展环保监理巡视检查,发现环保问题,及时下发限期整改、停工整顿的监理指令,纠正施工违规问题。

(2)参与指挥施工现场环保紧急事件的应急处置。

(3)制定建设项目环保达标监理和环保工程监理的具体管理办法,并监督实施。

(4)定期开展环境保护专项检查,督促提交"工程环境监理报告",并随同检查意见上报现场管理机构。

(5)参与验收施工临时用地的复垦归还,以及非耕地原生态地面植被的恢复。

(6)对环保方案进行审查、审批。

10.4.4　施工单位

(1)负责施工现场的环境保护和水土保持,负责施工期间的环境保护工作管理。

(2)负责编制报审“施工阶段环境保护实施方案”,并确保施工期执行该批准方案。

(3)负责事前制定内部管理的环境保护、水土保持、耕地保护等制度,落实各级相应管理责任,建立定期和不定期检查制度,及时纠正处理已发现的环保、水保问题。

(4)主动接受环保、水利、交通主管部门的行政监督,主动接受现场管理机构、项目执行办、监理单位的现场监督管理,负责施工期环保监控措施的组织实施。

(5)工程完(交)工后至缺陷责任期终止前,负责组织验收所属部门、单位的施工临时用地的复垦归还,恢复非耕地原生态地面植被,确保所辖路段竣工前的环保、水保验收合格。

(6)负责按照突发事件应急抢险救援预案批准的办法和程序,及时处置施工期的环境破坏和污染事故。

10.4.5 设计单位

(1)在初步设计和施工图设计上,负责严格控制路基、桥涵、隧道、立交等永久占地数量,尽量减少占用耕地、林地和草地,合理设置取弃土场和砂石料场,因地制宜做好土地恢复和景观绿化设计,做好路基土石方的平衡调配,尽量避免因高挖深填引起的水土流失。

(2)对国家或地方重点保护野生动物可能产生阻断迁徙通道的,负责通过设计手段,解决其通道或通行桥,消除生存环境岛屿化问题。对国家或地方重点保护野生植物和古树名木可能产生生存影响的,负责通过设计手段,采取工程避让措施或必要的异地保护措施。

(3)负责依据批准的“公路项目环境影响评价文件”,在初步设计阶段,通过优化路线设计和使用低噪路面结构落实源头降噪措施,通过搬迁、建筑物功能置换、设置声窗落实减噪工程技术措施。尽量绕避饮水水源保护区。

(4)在项目设计中,依据环境影响评价文件,将各项生态环境保护措施的投资纳入工程概算。

10.5 业务流程

10.5.1 环保管理业务流程

环保管理业务流程,如图10-1所示。

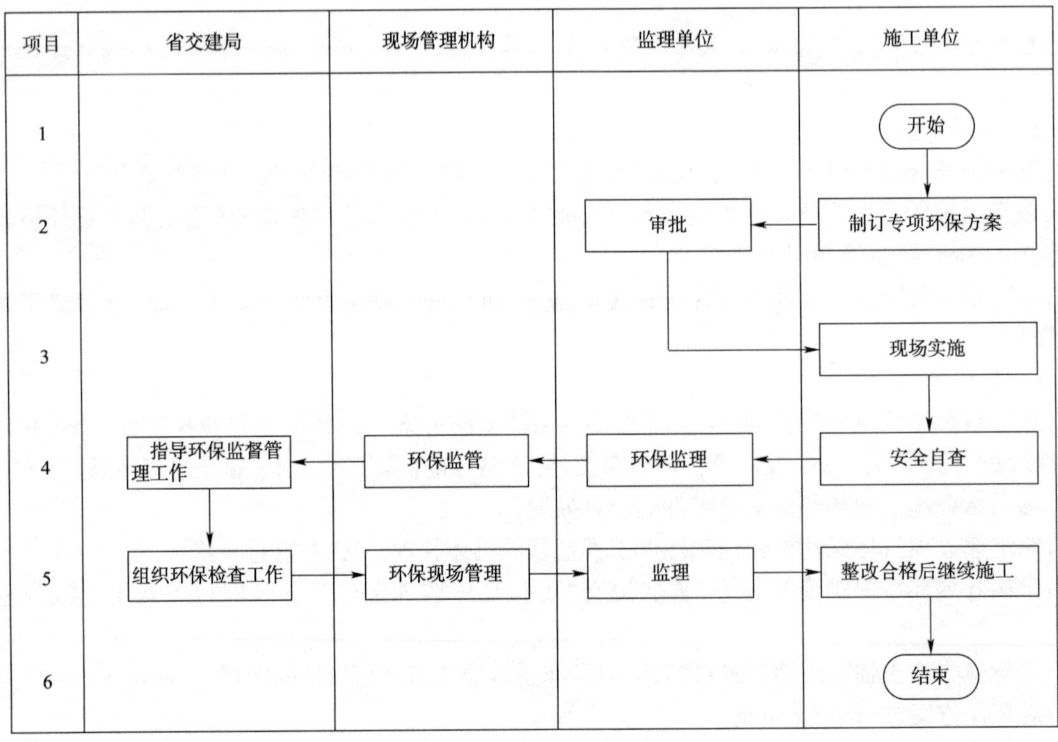

图10-1 环保管理业务流程图

流程说明：

施工单位根据现场相应情况制订专项环保生产方案，经监理单位审批后，施工单位现场实施，并安排专职安全人员对施工现场的环保组织情况、环保实施过程中的相关记录情况进行自检，留存相关记录。现场管理机构和监理单位对环保管理过程进行监督、监理，省交建局指导环保监督管理工作并组织环保检查工作，现场管理机构进行环保现场管理，监理单位进行现场监理，施工单位根据现场管理的结果进行整改，整改合格后继续施工。

10.5.2 环保监督管理业务流程

环保监督管理业务流程，如图10-2所示。

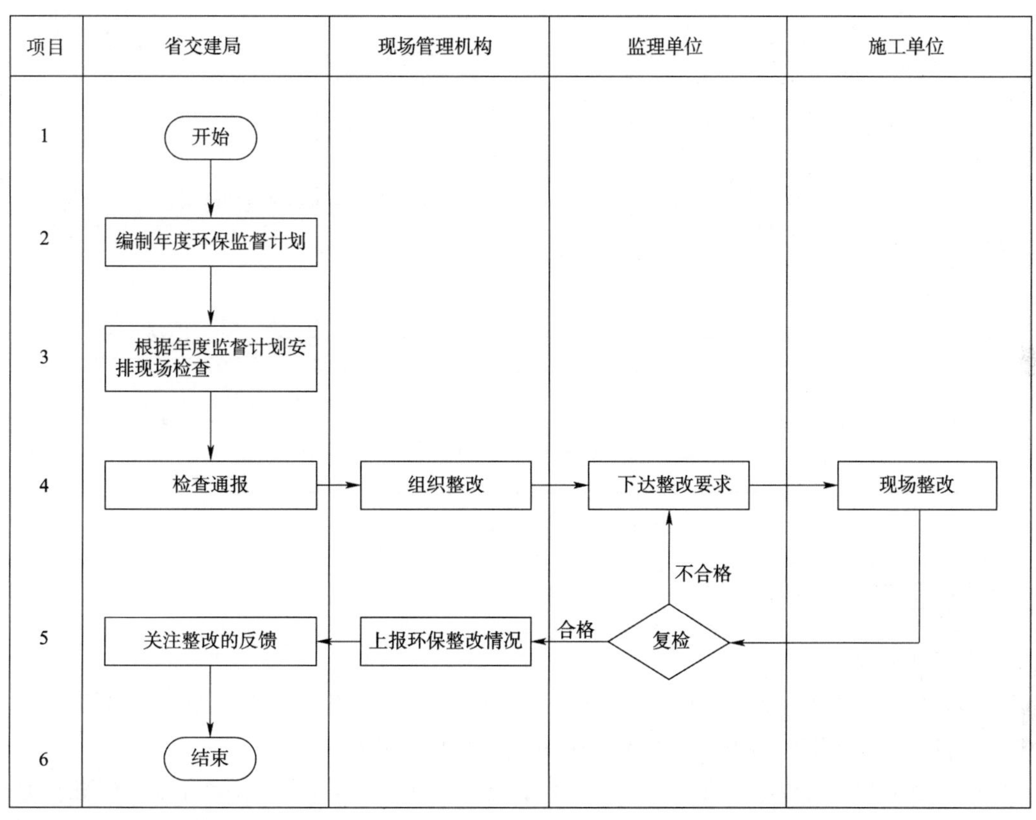

图10-2 环保监督管理业务流程图

流程说明：

省交建局制订年度环保监督管理计划以及考评标准；根据年度环保监督计划或者现场具体检测情况安排检测工作，并下发检查通知；对施工现场的环保组织情况进行现场检查，并对检查相关情况进行记录；通报检查结果，省交建局提出整改要求，要求在限定的时间内完成整改，达到既定的目标，现场管理机构组织整改。整改完成后，由监理单位对整改情况进行复检，若整改不合格，责令其继续整改，直到整改合格；省交建局关注整改的反馈。

10.5.3 环境事故处理业务流程

环境事故处理业务流程，如图10-3所示。

流程说明：

施工过程发生环境污染或生态事故后，施工单位应立即启动应急预案，并由监理单位下发该工程暂停施工指令，责令施工单位限期提交书面报告；施工单位提交的书面报告应包括该工程名称和部位、造成环境污染或生态事故的原因以及采取的应急环保措施三个方面的内容；再分别由现场管理机构责令施工单位进行事故调查分析，施工单位提出事故处理的初步方案，报现场管理机构批准；最后由施工单位按照事故处理方案进行事故处理。

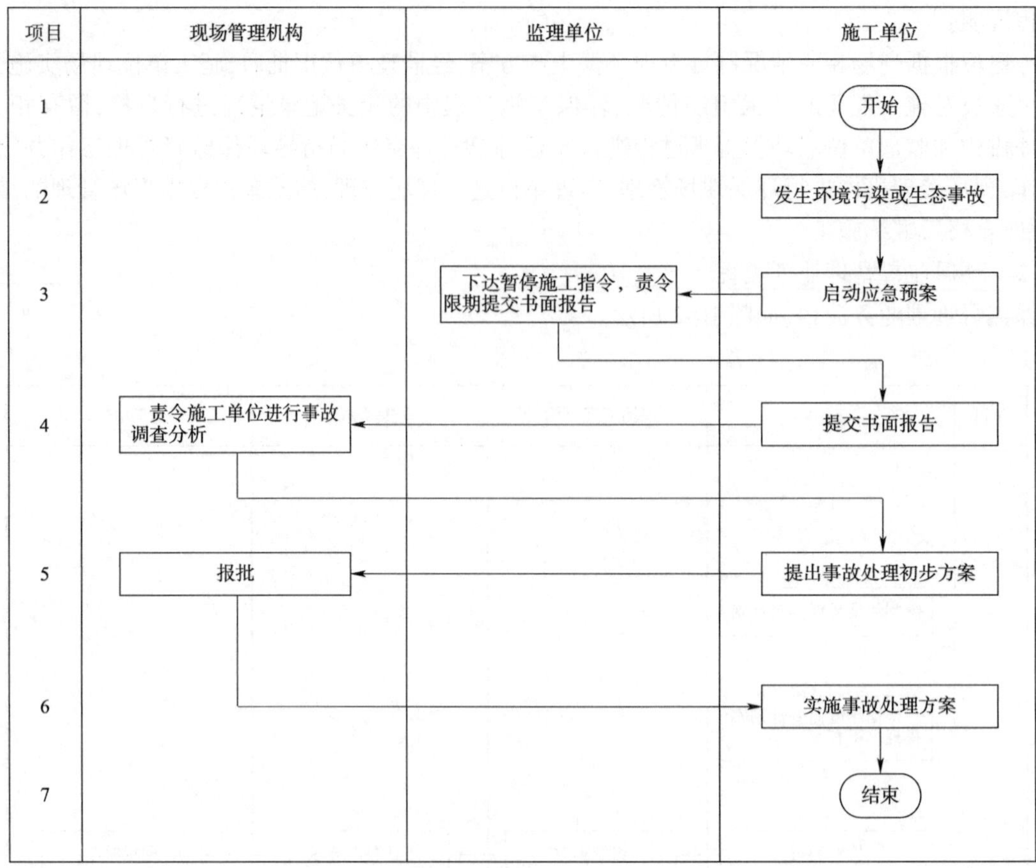

图10-3　环境事故处理业务流程图

10.6　管理程序

10.6.1　施工环境保护的范围

(1)按环境质量控制规定标准,确保施工噪声、施工扬尘、施工生产和生活污水及废弃物达标排放,居民区无投诉,保护珍稀水生动物、渔业资源和植被,防止水土流失。

(2)制定详细的水污染防治方案和相应的环保施工技术方案,根据《污水综合排放标准》(GB 8978—1996)一级标准,加强对生活污水、施工污水的管理。各承包人应制定水污染突发事故应急预案。

(3)施工过程中应根据具体情况识别筛选评价出的重要固体废物环境因素,按照《固体废物污染防治法》的相关要求,制定详细的固体废物污染防治方案和相应的环保施工技术方案。各部门尽量减少废弃物产生,特别是危险废弃物的产生量。

(4)各承包人应根据各标段的具体情况和所识别筛选评价出的重要空气环境因素,制定详细的大气污染防治方案和相应的环保施工技术方案。

(5)选用符合环保标准的施工机械。操作人员要加强对各种施工机械的维修维护,尽可能降低施工机械噪声的排放。

10.6.2　环保监理工作内容

(1)施工准备阶段

①参加设计交底,熟悉环评报告和设计文件,掌握沿线重要的环境保护对象,了解建设过程的具体环保目标,对敏感的保护目标作出标识。

②审查施工单位提交的施工组织设计和开工报告,对施工方案中环保目标和环保措施提出审查意见。

③审查施工单位的临时用地方案是否符合环保要求,临时用地的恢复计划是否可行。

④审查施工单位的环保管理体系是否责任明确,切实有效。

⑤参加第一次工地会议,提出环保监理目标和环保监理措施和要求。

(2)施工阶段

①审查施工单位编制的分部(分项)工程施工方案中的环保措施是否可行。

②对施工现场、施工作业进行巡视或旁站监理,检查环境保护措施的落实情况。

③监测各项环境指标,出具监测报告或成果。

④向施工单位发出环境保护工作指示,并检查指令的指行情况。

⑤编写环境监理月报。

⑥参加工地例会。

⑥建立、保管环境保护监理资料档案。

⑧处理或协助主管部门和建设单位处理突发环保事件。

(3)交工及缺陷责任期

①参加交工检查,确认现场清理工作、临时用地的恢复等是否达到环保要求。

②检查施工单位的环保资料是否达到要求。

③评估环保任务或环保目标的完成情况,对尚存的主要环境问题提出继续监测或处理的方案和建议。

④完成缺陷责任期环境保护监理工作。

10.6.3　环境保护的监理程序

(1)依据监理合同、设计文件、环评报告、水土保持方案以及施工合同、施工组织设计等编制施工环境保护监理规划。

(2)按照监理计划、工程建设进度、各项环保对策措施编制施工环境保护监理实施细则。

(3)依据编制的施工环境保护监理规划和实施细则,开展施工期环境保护监理。

(4)工程交工后编写施工环境保护监理总结报告,整理监理档案资料,提交现场管理机构。

(5)参与工程竣工环保验收。

10.6.4　环境保护的措施

(1)施工前期的控制

①监理工程师应严格审批施工组织设计,认真审核并提出改进意见,对环境保护措施不充分的不允许开工。

②检查施工单位的环保人员及质检人员是否已进行了环保教育。特别是环保管理体系是否健全有效,环保人员是否已到位,环保应急预案是否合理可行。

③检查、督促施工单位的各项开工准备工作,如临时用地征地情况、临时排水设施等,各项检查合格后方允许承包人开工。

④对全线设计的取、弃土场进行实地踏勘,做到心中有数,提出切实有效的控制措施;对变更的取、弃土场,除了实地调研外,在施工单位上报征地报告时,即要求其提出环保措施,监理工程师认为方案可行后,方可批准征地。

(2)施工过程的控制

①规范施工单位操作,指导合理施工。

②加强对施工单位的监督管理,以便在施工过程中,能保护施工现场周围的环境,防止对自然环境造成不应有的破坏,防止和减轻粉尘、噪声等对周围环境的污染和危害。

③施工中发现文物时,监理工程师应要求施工单位依法保护现场,并报告有关部门和建设单位,以免文物的丢失和破坏。

④监理工程师应要求施工单位依法取得林区砍伐许可,遵照有关部门批准的面积、株数、树种进行砍伐。

⑤经常检查施工单位环境保护工作的进展和质量,及时予以纠偏。对达不到环保要求的相应工程项目,不予计量支付。

(3)施工后期的控制

①督促施工单位整理有关环境保护的合同条件和技术档案资料。

②督促施工单位完善有关项目的环境保护工作。

10.7 规章制度

《污水综合排放标准》(GB 8978—1996)。

10.8 管理记录

(1)环保问题处理意见单(表 10-1)。

(2)环境问题暂停指令单(表 10-2)。

(3)环境月报报审表(表 10-3)。

(4)________年________月环境监理月报表(表 10-4)。

表 10-1 环保问题处理意见单

项目名称： 合同编号： NO.

<table>
<tr><td colspan="3">单位工程名称及编码</td><td colspan="2">分部工程名称及编码</td></tr>
<tr><td colspan="3"></td><td colspan="2"></td></tr>
<tr><td colspan="5">环境质量问题部位：</td></tr>
<tr><td colspan="5">环境质量问题情况说明：</td></tr>
<tr><td rowspan="4">拟采取的弥补措施</td><td colspan="4">1</td></tr>
<tr><td colspan="4">2</td></tr>
<tr><td colspan="4">3</td></tr>
<tr><td colspan="4">4</td></tr>
<tr><td rowspan="4">有关措施的附件</td><td colspan="4">1</td></tr>
<tr><td colspan="4">2</td></tr>
<tr><td colspan="4">3</td></tr>
<tr><td colspan="4">4</td></tr>
<tr><td>施工单位申报记录</td><td>项目总工：

日期：</td><td>环境监理站审批意见</td><td colspan="2">□ 按报送措施计划执行
□ 其他意见

审批人： 日期：</td></tr>
</table>

说明：一式三份报环境监理站，审签后经工程监理站返回报送单位两份。

表 10-2　环境问题暂停指令单

项目名称：　　　　　　　　　　　　合同编号：　　　　　　　　　　　　NO.

致________________标项目经理部： 由于本指令单所述原因,通知贵部于_______年___月___日___时对工程项目______________暂停施工。 环境监理站：（章） 签　署　人： 日　　　期：
工程暂停原因： □ 施工单位违反环境保护法规 □ 因为文物保护的原因 □ 未按环保条款要求施工
引用合同条款或法规依据：
附注：

主送：工程监理站、承包方

抄送：项目法人

表 10-3　环境月报报审表

项目名称：　　　　　　　　合同编号：　　　　　　　　NO.

<table>
<tr><td>致环境监理站：

施工单位：
项目经理：
日　　期：</td></tr>
<tr><td>监理意见或结论：

监　理　单　位：　（章）
环境监理工程师：
日　　　　　期：</td></tr>
</table>

说明：一式三份报环境监理站，审批后经工程监理站返回报送单位两份。

表 10-4 ________年____月环境监理月报表

项目名称： 合同编号： NO.

<table>
<tr><td colspan="3">单位工程名称及编码</td><td colspan="2">分部工程名称及编码</td></tr>
<tr><td colspan="3"></td><td colspan="2"></td></tr>
<tr><td colspan="2">环保项目</td><td colspan="2">环境保护执行情况</td><td>监测记录(附录)</td></tr>
<tr><td rowspan="4">水质</td><td>饮用水</td><td colspan="2"></td><td></td></tr>
<tr><td>生产废水排放</td><td colspan="2"></td><td></td></tr>
<tr><td>生活污水排放</td><td colspan="2"></td><td></td></tr>
<tr><td>取水口水质</td><td colspan="2"></td><td></td></tr>
<tr><td rowspan="3">噪声</td><td>施工区噪声</td><td colspan="2"></td><td></td></tr>
<tr><td>生活区噪声</td><td colspan="2"></td><td></td></tr>
<tr><td>敏感点噪声</td><td colspan="2"></td><td></td></tr>
<tr><td rowspan="4">空气</td><td>施工区粉尘</td><td colspan="2"></td><td></td></tr>
<tr><td>生活区粉尘</td><td colspan="2"></td><td></td></tr>
<tr><td>施工区有害气体</td><td colspan="2"></td><td></td></tr>
<tr><td>生活区有害气体</td><td colspan="2"></td><td></td></tr>
<tr><td rowspan="5">其他</td><td>传染病</td><td colspan="2"></td><td></td></tr>
<tr><td>水生物</td><td colspan="2"></td><td></td></tr>
<tr><td>人群健康</td><td colspan="2"></td><td></td></tr>
<tr><td>公共卫生</td><td colspan="2"></td><td></td></tr>
<tr><td>文物</td><td colspan="2"></td><td></td></tr>
<tr><td colspan="5">问题与措施：</td></tr>
<tr><td colspan="5">单位： 签发人： 日期：</td></tr>
</table>

第11章　财务与审计管理

11.1　目的

统一和规范高速公路工程建设财务管理工作，实现对工程建设管理中的资金管理、会计核算、工程审计等方面的规范化、程序化、制度化管理。

11.2　范围

适用于江苏省高速公路建设项目的财务管理，包括资金管理、会计核算、工程审计等。

11.3　定义

11.3.1　资金管理

资金管理指依据国家各项财经法规，对局建设项目的资金来源和使用进行计划、控制、监督等各项工作的总称。

11.3.2　会计核算

会计核算指根据国家各项财经法规，对工程项目已经发生或已经完成的经济活动进行的事后核算，正确核算项目投资成本。

11.3.3　内部审计

内部审计指依据国家各项财经法规，以及上级部门和本单位的规章制度对局建设项目经济活动的真实性、合法性、效益性进行的审计监督。

11.4　职责

11.4.1　省交建局

(1)负责建设资金的筹集、拨付、管理和监督。

(2)负责局本级财务管理及会计核算工作。

(3)负责编制财务会计报表和项目竣工财务决算报告。

(4)负责监督、指导项目现场管理机构财务工作。

(5)对项目现场管理机构各项经济行为进行内部审计或专项审计。

(6)负责组织、协调社会中介机构对建设项目的跟踪审计工作。

(7)负责做好建设项目竣工决算审计等各项政府审计的配合、协调工作。

11.4.2　现场管理机构

(1)负责编制财务用款计划以及建设资金的申请、支付。

(2)负责本级财务管理和会计核算工作。

(3)负责对征地拆迁经费和工程资金实施监督管理及各类审计配合工作。

(4)负责编制本级财务会计报表和项目竣工财务决算报告，并配合省交建局完成项目竣工财务决算汇总报告编制工作。

11.5　业务流程

11.5.1　资金管理业务流程

资金管理业务流程,如图 11-1 所示。

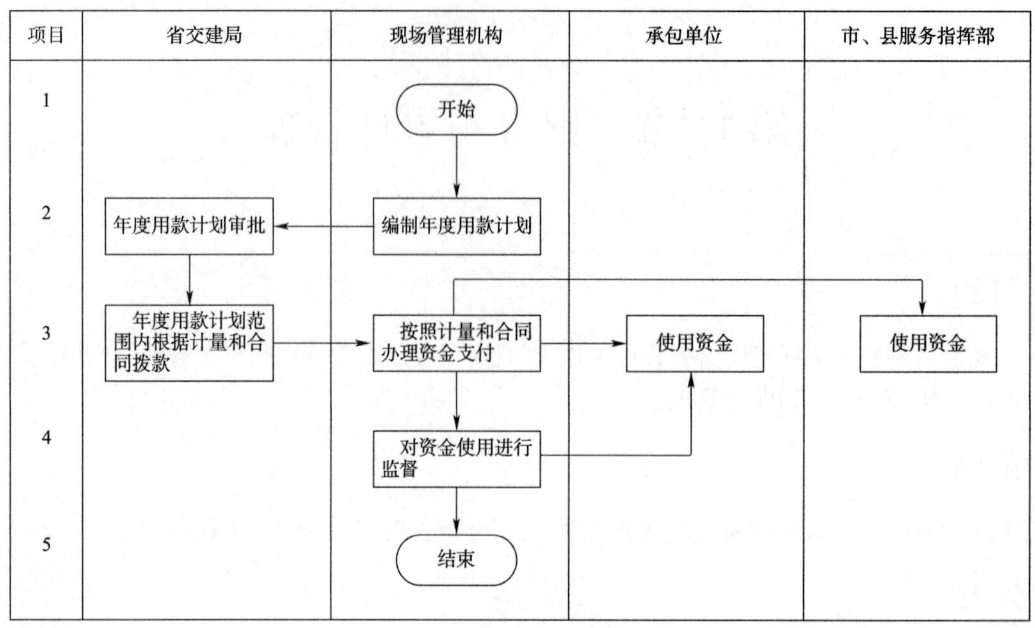

图 11-1　资金管理业务流程图

流程说明:

现场管理机构根据工程投资实际需求编制年度用款计划,报省交建局批准,审批通过后,省交建局在年度用款投资计划范围内根据计量和合同向承包单位拨付工程资金,现场管理机构根据征地拆迁合同及实际情况拨付征地拆迁补偿费用,根据计量支付向施工单位拨付工程资金,同时对工程资金的使用进行监督。

11.5.2　内部跟踪审计业务流程

内部跟踪审计业务流程,如图 11-2 所示。

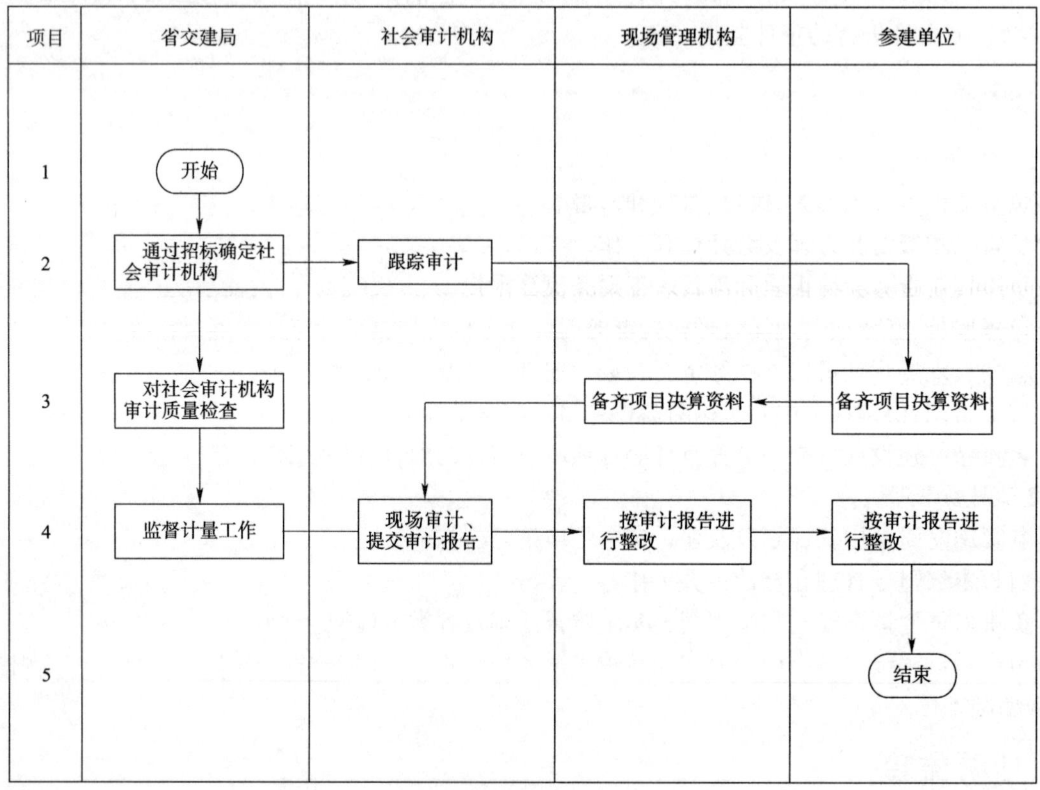

图 11-2　内部跟踪审计业务流程图

流程说明：

省交建局通过公开招标选择社会审计机构实施项目跟踪审计。该中介机构对工程建设过程进行跟踪审计并定期向省交建局提交审计报告。省交建局对审计质量进行跟踪检查,并督促审计整改;现场管理机构按审计报告进行整改,并督促施工单位按审计报告整改。

11.5.3　内部审计业务流程

内部审计业务流程,如图 11-3 所示。

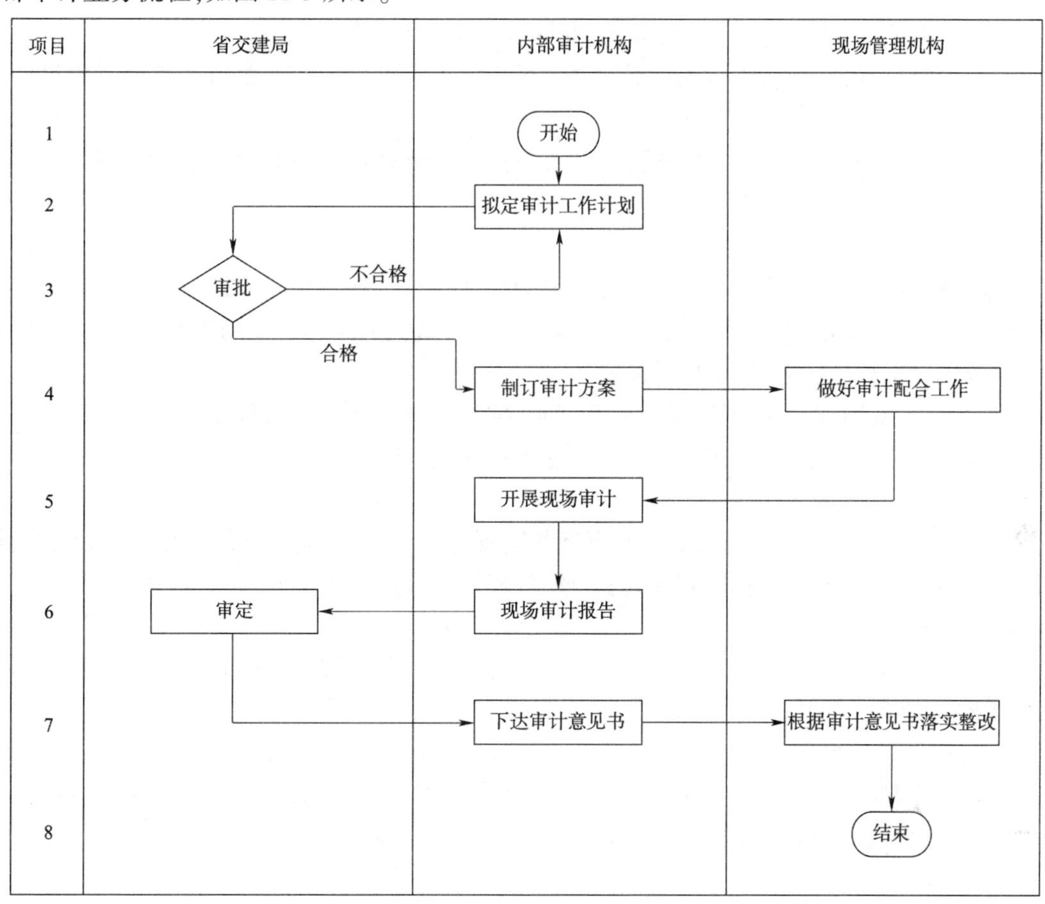

图 11-3　内部审计业务流程图

流程说明：

省交建局内部审计部门拟定审计工作计划,报局领导批准后,制定审计工作方案,确定审计范围、内容、方式和时间,并通知现场管理机构做好有关准备工作;组织开展现场审计;征求现场管理机构意见,出具审计报告,报领导审定;下达审计意见书,督促现场管理机构根据审计意见书落实整改。

11.6　管理程序

11.6.1　资金管理

(1)省交建局根据年度建设投资计划,编制月度用款计划表;按照月度用款计划和工程进展情况,向投资主体申请建设资金;统筹安排、合理调度和使用建设资金,提高资金使用效益。

(2)项目现场管理机构应遵循“一路一账户”原则,实行建设资金专户存储,保证建设资金专款专用。资金专户必须在中国银行、中国工商银行、中国建设银行、中国农业银行、交通银行五家金融机构中选择一家开设(有项目贷款金融机构优先)。

(3)项目现场管理机构应按照《江苏省交通工程建设局工程资金监督管理规定》,与承包人、结算银行共同签订工程资金监管协议,实行建设资金三方监管,封闭运转。协议应报省交建局备案。

(4)省交建局以月度用款计划为依据,结合工程实际进度对项目现场管理机构工程资金用款申请进行审核、拨付。月度工程资金需求量小于月度用款计划的,项目现场管理机构按实际工程资金需求量请款;月度工程资金需求量大于月度用款计划的,项目现场管理机构需提前一个月上报追加计划,由省交建局落实工程资金后按规定程序拨款。

(5)省交建局对项目现场管理机构工程款的拨付管理。

①计量款的拨付

项目现场管理机构将各承包单位的财务支付月报审核后编制“××项目计量支付月度汇总表”,附中期支付证书、付款申请表、动员预付款支付申请表,并填写“江苏省交通工程建设局工程资金申请表”报省交建局工程、财务部门审核,经局领导审批,扣除省直供材料款后拨付。

项目现场管理机构根据省交建局物资部门开具的“物资结算通知单”,在当月承包人申报的相应标段形成的计量支付款中扣回直供材料款。

按照工程价款结算规定,工程建设期间,承包人工程资金结算必须扣留5%的工程质量保证金,待工程竣工验收后支付。

②征地拆迁经费的拨付

征地拆迁经费应严格按省政府文件及相关规定的标准执行。项目现场管理机构按签订的征地拆迁协议和合同,编制“征地拆迁资金支付汇总表”,并填写“江苏省交通工程建设局工程资金申请表”报省交建局工程、财务部门审核,经局领导审批后拨付。

在建设项目开工初期,征地拆迁协议尚未签订时,项目现场管理机构可根据施工图测算的征地拆迁经费,申请预拨部分征地拆迁款,并在今后征地拆迁经费拨款中抵扣。

③其他工程费用的拨付

项目现场管理机构自行签订的合同,固定资产的购置等,填写“江苏省交通工程建设局工程资金申请表”,附相关合同或批文,报省交建局相关部门审核,经局领导审批后拨付。

④工程周转借款拨付

工程建设中因资金周转困难确需借周转金的,必须由项目现场管理机构提出专门申请,报局领导审批后拨付。周转金必须专款专用。

(6)省交建局本级各类合同款的支付管理。主要包括勘察设计费、监理费、研究试验费、检测费、省直供材料等各类合同款项的支付。由相关部门填写“江苏省交通工程建设局付款申请单”,附相关合同、发票(收款单位、合同乙方和开具发票单位三者必须完全一致),报局领导审批后支付。

11.6.2 管理经费

(1)管理经费开支范围:工资、福利费、社会保障费、工会经费、办公费、差旅费、邮电费、印刷费、劳动保护费、燃修费、业务费、会务费、物业管理费、考察费、设备购置费、技术资料费、租赁费、修缮费、宣教费、借用人员费用、现场施工津贴以及其他管理性质的开支。

(2)项目现场管理机构应根据《江苏省交通工程建设局项目现场管理机构经费管理办法》规定申报和使用管理经费。

管理经费实行预算管理,按照预算控制开支。各项费用的开支必须先审核后报销,由财务部门审核管理经费开支范围是否合法、合规,开支事由是否合理,手续是否完备后报项目现场管理机构领导审批。

(3)省交建局机关各部门应严格按照《江苏省交通工程建设局机关经费管理办法》的规定使用经费。局财务部门负责对局机关经费开支进行审核、报销和核算。

11.6.3 固定资产管理

(1)符合下列标准的列为固定资产:

①使用年限在一年以上,单位价值在2000元及以上,并在使用过程中基本保持原来物质形态的资产。

②单位价值虽不足规定标准,但耐用时间在一年以上的大批同类物资,按固定资产管理。

(2)固定资产购置、报废、盘盈、盘亏等相关审批手续,按照《江苏省交通工程建设局固定资产管理办法》执行。

(3)固定资产应建立台账,每年度末由资产管理部门会财务部门对固定资产全面实地清查盘点一次,盘盈、盘亏的固定资产及时处理,保证账卡、账物相符。

(4)局机关固定资产采用平均年限法计提折旧,房屋、建筑物按20年计提折旧;运输、办公、电子等设备按5年计提折旧,净残值率3%。

(5)项目现场管理机构建设期购置的固定资产,按原值列入“设备投资”,一次性计入项目成本,不计提折旧。

(6)项目现场管理机构列入“设备投资”的固定资产,在项目竣工决算前统一处理。

①拟移交给项目接受管理单位的固定资产,应列出固定资产清单,与项目主体工程一并移交项目接受管理单位。

②拟报废或留用的固定资产,应聘请中介机构进行评估,并向省交建局资产管理部门报批,处置收入冲减项目建设成本。

11.6.4　会计核算办法

(1)填制会计凭证、登记账簿、管理会计档案等时,要严格按照《中华人民共和国会计法》《会计基础工作规范》《会计档案管理办法》等规定执行。

(2)会计科目依据《国有建设单位会计制度》,结合局建设管理实际情况,设定相应会计科目。

(3)明细项目核算按有关部门批复的概算中列明内容为准。主要包括:建筑安装工程投资核算、设备投资核算 、待摊投资核算、拨付所属资金核算、交付使用资产核算、固定资产核算、累计折旧核算、固定资产清理核算、库存材料核算、现金核算、银行存款核算、预付款核算、其他应收款核算、基建拨款核算、基建借款核算、应付工程款核算、其他应付款核算、应付工资核算、应交税金核算、上级拨入资金核算。

11.6.5　财务会计报表和竣工财务决算报告

(1)财务会计报表主要包括:封面、财务报告情况说明书、资金平衡表、建安投资明细表、待摊投资明细表、设备投资明细表、管理费明细表、往来明细表。

(2)财务会计报表的编制必须做到准确、及时,内容完整、真实。

(3)财务会计报表分为月度会计报表、季度会计报表、年度会计报表。月度会计报表仅需报送“资金平衡表”,加盖财务专用章。季度会计报表和年度会计报表必须经单位负责人签字,加盖公章后全套报送。

(4)财务会计报表报送时间。每月第一个工作日报送上月“资金平衡表”和“江苏省交通重点项目资金情况快报”。每季度首月10日前报送上季度会计报表,每年度首月15日前报送上年度会计报表。

(5)项目缺陷责任期满前,由省交建局组织项目现场管理机构等有关单位,按照交通部《交通基本建设项目竣工决算报告编制办法》要求编制项目竣工财务决算报告。

(6)项目现场管理机构应加强对项目竣工决算工作的组织、协调,及时、准确编制本级竣工财务决算报告,同时配合省交建局竣工财务决算汇总报告的编制工作。

(7)在编制项目竣工财务决算报告前,省交建局及项目现场管理机构要认真做好各项清理工作。清理工作主要包括:财产物资的盘点核实、债权债务的清偿、财务账务处理以及项目档案资料的归集整理等。

11.6.6　会计档案管理

(1)省交建局及项目现场管理机构必须按照《会计档案管理办法》加强会计档案管理工作,建立健全会计档案的立卷、归档、保管、调阅和销毁等管理制度。

(2)省交建局财务部门按年度将会计档案移交局档案部门。项目现场管理机构在项目竣工验收后,将全部会计档案移交给相关单位,并按规定办理交接手续。

11.6.7　财务监督

(1)省交建局按照《江苏省交通工程建设局内部审计工作规定》对各项目现场管理机构年度财务收支情况进行内部审计,并不定期进行财务专项检查。

(2)根据《江苏省交通工程建设局建设项目跟踪审计实施办法》规定,项目现场管理机构应接受省交建局委托的社会审计机构对项目建设全过程审计监督。

(3)项目现场管理机构应对包括征地拆迁资金、工程计量款在内的所有工程资金进行监督管理,严格执行《江苏省交通工程建设局工程资金监督管理规定》,确保建设资金专款专用。

(4)省交建局、项目现场管理机构财务部门对本单位各项经济业务的合法性、合规性、合理性进行审核、监督。

11.7 规章制度

(1)《江苏省交通工程建设局基本建设会计核算办法》(苏交建财〔2010〕13号)。

(2)《江苏省交通工程建设局工程资金监督管理规定》(苏交建财〔2010〕10号)。

(3)《江苏省交通工程建设局财务管理办法》(苏交建财〔2010〕12号)。

(4)《江苏省交通工程建设局建设项目跟踪审计实施办法》(苏交建财〔2010〕9号)。

(5)《江苏省交通工程建设局内部审计工作规定》(苏交建财〔2010〕11号)。

11.8 管理记录

(1)会计核算科目(表11-1)。

(2)资金平衡表(表11-2)。

(3)基建投资表(表11-3)。

(4)建安投资明细表(表11-4)。

(5)设备投资明细表(表11-5)。

(6)待摊投资明细表(表11-6)。

(7)管理费用明细表(表11-7)。

(8)预付工程款明细表(表11-8)。

(9)预付材料款明细表(表11-9)。

(10)应付工程款明细表(表11-10)。

(11)江苏省交通工程建设局资金拨付审批单(表11-11)。

表 11-1　会 计 核 算 科 目

编　号	会计科目级别	会计科目名称	主要核算内容
一、资金占用类			
101	一级	建筑安装工程投资	
10101	二级	计量支付	
1010101	三级	清单小计	计入建设成本的标段计量款
1010102	三级	优质优价	支付的优质优价金及扣留的优质优价金
1010103	三级	其他	
10102	二级	其他工程	
1010201	三级	三大系统	计入通信监控、收费系统等建安费用
10103	三级	甲供材差	省交建局甲供材料价格与标书规定价格之间差额
102	一级	设备投资	
10201	二级	收费系统	设备价值
10202	二级	通信监控系统	设备价值
10203	二级	服务区	设备价值
10204	二级	收费站	设备价值
103	一级	待摊投资	
10301	二级	管理费	
1030101	三级	工资	发放的单位人员的基本工资、补助工资、其他工资、加班费和奖金等
1030102	三级	福利费	发放给单位人员的福利性支出
1030103	三级	社会保障费	为单位人员交纳的养老保险金、失业保险金、住房公积金和按规定发放的房贴及退休人员的工资、补助
1030104	三级	工会经费	根据《工会法》规定提取的工会经费
1030105	三级	办公费	购买的办公用品和低值易耗品
1030106	三级	差旅费	公务出差发生的各项费用,包括市内交通费、交通补助和误餐费
1030107	三级	邮电费	公务发生的各项通信费用、电话费、邮费、网络费等
1030108	三级	印刷费	各种资料的印刷费等
1030109	三级	劳动保护费	购买的劳保用品、清洁卫生用品等
10301010	三级	燃修费	车辆的汽油费、修理费、过路过桥费、停车费、车辆保险费、养路费及驾驶员的劳保用品、车辆年检费、驾驶员行车补贴等费用
10301011	三级	业务费	招待相关业务单位的费用
10301012	三级	会务费	各类会议支出
10301013	三级	物业管理费	交纳的物业管理费
10301014	三级	考察费	出国人员补助及考察等相关费用
10301015	三级	设备购置费	购置未达到固定资产标准的办公家具、试验仪器
10301016	三级	技术资料费	购置与专业技术有关的书籍和图书费用
10301017	三级	租赁费	办公用房租赁费
1030105	三级	修缮费	办公设备和房屋维修费用

续上表

编　号	会计科目级别	会计科目名称	主要核算内容
10301019	三级	宣教费	订阅的杂志、报纸以及媒体宣传费、职工参加各类学习按规定报销的学费、资料费、报名费等
10301020	三级	固定资产折旧	计提的固定资产折旧费
10301021	三级	借用人员费用	借用人员工资、奖金以及其他费用
10301022	三级	施工津贴	项目现场管理机构发放的现场施工津贴
10301023	三级	其他费用	除上述费用以外的管理费
10302	二级	征地拆迁费	直接支付的土地规费和征迁补偿
1030201	三级	征地费用	依据征地拆迁协议支付的征地补偿
1030202	三级	拆迁费用	依据征地拆迁协议支付的拆迁补偿
1030203	三级	三杆迁移	依据三杆迁移协议支付的补偿
1030204	三级	其他费用	依据拆迁相关协议支付的其他补偿
10303	二级	勘察设计费	初步设计费、施工图设计、房建设计、安全设施设计、专项设计及与设计相关的技术咨询费、服务费等、工程预可行性研究费、地质灾害费评估、地籍调查勘界费用、环境评估等
10304	二级	研究试验费	专项研究实验费、软件开发相关费用等
10305	二级	工程监理费	支付给监理单位的基本服务费和考核奖金
1030201	三级	基本服务费	支付给监理单位的基本服务费
1030202	三级	优监优酬	支付给监理单位考核奖金
10306	二级	设计文件审查费	支付与设计文件、招标文件审查相关咨询、会务费用
10307	二级	定额编制管理费	概算、清单、标底编制费用、概算拆分编制费和与编制有关的费用
10308	二级	社会机构审计费	财务审计费用、工程造价审计费用
10309	二级	合同公证费	支付给公证处的公证费
103010	二级	工程质量监督费	路面、路基、粉喷桩、材料等检测费用、软基沉降观测费、桥梁监控费
103011	二级	固定资产报废损失	固定资产报废、损失
103012	二级	借款利息	建设期间可资本化的贷款利息
103013	二级	存款利息	银行存款利息收入
103014	二级	其他待摊投资	交工、竣工验收费和开工费用等
110	一级	拨付所属资金	拨付给项目现场管理机构的建设资金
111	一级	交付使用资产	核算已经建造完成,通过竣工验收的交通工程项目整体资产
201	一级	固定资产	
20101	二级	运输设备	
20102	二级	机械设备	
20103	二级	办公设备	
20104	二级	其他	
202	一级	累计折旧	
20201	二级	运输设备	

续上表

编　　号	会计科目级别	会计科目名称	主要核算内容
20202	二级	机械设备	
20203	二级	办公设备	
20204	二级	其他	
203	一级	固定资产清理	
214	一级	库存材料	采购的甲供材料实际价款
232	一级	银行存款	
233	一级	现金	
241	一级	预付材料款	预付给施工单位的备料款
242	一级	预付工程款	
24101	二级	动员预付款	预付给施工单位的动员预付款
252	一级	其他应收款	核算除预付账款以外的各种应收及暂付款项，包括应收取的各种赔偿，以及其他各种应收、暂付款项
二、资金来源类			
301	一级	基建拨款	
30101	二级	部补助	财政拨付的专项补助资金
30102	二级	省公路建设资金	省交通运输厅拨付的建设资金
30103	二级	控股公司	控股公司或项目公司拨付的建设资金
30104	二级	高管中心	高管中心拨付的建设资金
30105	二级	市投入资金	各市投资主体通过项目公司拨付的建设资金
304	一级	基建借款	由投资主体借入并转入本单位的建设资金
332	一级	应付工程款	
33201	二级	应付计量款	已经审批，应付未付的工程计量款
33202	二级	应付保留金	从工程款中扣留的质量保证金
33203	二级	应付征地拆迁补偿款	依据征地拆迁协议直接支付给市（县）服务指挥部等单位的征迁费用
321	一级	上级拨入资金	项目现场管理机构收到的建设资金
341	一级	应付工资	应付给职工的工资总额
352	一级	其他应付款	应付、暂收其他单位和个人的款项，包括应付的各种赔偿及应付、暂收其他单位的款项等
35201	二级	应付设计费	应付给设计单位的设计费
35202	二级	应付监理费	应付给监理单位的监理服务费
35203	二级	应付材料款	应付给材料供应厂家单位的直供材料款
35204	二级	其他	应付、暂收其他单位和个人的款项
361	一级	应交税金	按规定代扣代缴的职工个人所得税和施工单位的施工营业税
36101	二级	个人所得税	代扣代缴的职工个人所得税
36102	二级	施工营业税	代扣代缴的施工单位应缴纳的施工营业税

表11-2 资金平衡表

资金占用	行次	年初数	年末数	资金来源	行次	年初数	年末数
一、基本建设支出合计				一、基本建设拨款合计			
(一)交付使用资产				(一)以前年度拨款			
1. 固定资产				(二)本年预算拨款			
2. 流动资产				(三)本年基建拨款			
3. 无形资产				(四)本年进日设备转账拨款			
4. 递延资产				(五)本年器材转账拨款			
(二)待核销基建支出				(六)本年煤代油专用基金拨款			
(三)转出投资				(七)本年自筹资金拨款			
(四)在建工程				(八)本年国债专项资金拨款			
1. 建筑安装工程投资				(九)本年专项建设基金拨款			
2. 设备投资				(十)本年维护费拨款			
3. 待摊投资				(十一)本年其他拨款			
4. 其他投资				(十二)待转自筹资金拨款			
二、应收生产单位投资借款				(十三)预收下年度预算拨款			
三、器材				(十四)本年交回结余资金			
其中:待处理器材损失				二、项目资本			
四、拨付所属资金				三、项目资本公积			
五、货币资金				四、基建借款			
其中:银行存款				其中:基建投资借款			
现金				五、企业债券基金			
六、预付及应收款合计				六、待冲基建支出			
1. 预付备料款				七、应付款合计			
2. 预付工程款				(一)应付器材款			
3. 预付大型设备款				(二)应付工程款			
4. 应收有偿调出器材及工程款				(三)应付有偿调入器材及工程款			
5. 应收票据				(四)应付票据			
6. 其他应收款				(五)应付工资			
七、有价证券				(六)应付福利费			
八、固定资产合计				(七)其他应付款			
固定资产原价				八、未交款合计			
减:累计折旧				(一)未交税金			
固定资产净值				(二)未交基建收入			
固定资产清理				(三)其他未交款			
待处理固定资产损失				九、上级拨入资金			
				十、留成收入			
资产占用合计				资金来源合计			

表11-3　基建投资表

编制单位：　　　　　　　　　　　　　　　　　　　　　　单位：元

建设项目	开工日期	概算数	基建投资拨款借款							基建投资支出								备注
			累计	其中						累计	已移交资产				在建工程	待核销基建支出	转出投资	
				国家拨款	单位拨款	国家资本	法人资本	基建投资借款	企业债券资金		固定资产	流动资产	无形资产	递延资产				

表 11-4　建安投资明细表

编制单位：　　　　　　　　　　　　　　　　　　　　　　　　　　单位：元

标　段	施工单位	本年数	累计数
合计			

表 11-5　设备投资明细表

编制单位：　　　　　　　　　　　　　　　　　　　　　　　　　　单位：元

序号	名称	型号	数量	单价	设备原值	设备存放地点	备　注
合计							

表 11-6　待摊投资明细表

编制单位：　　　　　　　　　　　　　　　　　　　　　　　　　　单位：元

项　目	行　次	本年数	累计数
1. 建设单位管理费			
2. 土地征用及迁移补偿费			
3. 勘察设计费			
4. 研究试验费			
5. 工程监理费			
6. 设计文件审查费			
7. 定额编制管理费			
8. 社会中介机构审计费			
9. 合同公证费			
10. 工程质量监督费			
11. 固定资产报废损失			
12. 借款利息			
13. 存款利息			
14. 耕地占用税			
15. 其他待摊投资			
16. 合计			

表11-7　管理费用明细表

编制单位：　　　　　　　　　　　　　　　　　　　　　　　　　　　单位：元

序号	项　目	本　年　数	累　计　数
1	工资及附加		
2	职工福利费		
3	社会保障费		
(1)	劳动保险		
(2)	待业保险		
(3)	住房公积金		
(4)	医疗保险		
4	办公费		
5	差旅交通费		
6	邮电费		
7	劳动保护费		
8	购置费		
9	燃修费		
(1)	燃修费		
(2)	修理费		
(3)	过路/过桥费		
(4)	保险、养路费		
(5)	其他		
10	会务费		
11	技术资料费		
12	宣教费		
13	工具、用具使用费		
14	业务招待费		
15	租赁费		
16	施工现场津贴		
17	其他		
18	物业管理费		
19	考察费		
20	工会经费		
21	固定资产折旧		
22	借用人员费用		
合　计			

表 11-8　预付工程款明细表

编制单位：　　　　　　　　　　　　　　　　　　　　　单位：元

<table>
<tr><td rowspan="3">标　段</td><td rowspan="3">施工单位</td><td colspan="5">动员预付款</td><td rowspan="3">暂计量</td><td rowspan="3">征地拆迁</td><td rowspan="3">其他</td><td rowspan="3">预付
款合计</td></tr>
<tr><td colspan="2">本年数</td><td colspan="3">累计数</td></tr>
<tr><td>付款</td><td>扣回</td><td>付款</td><td>扣回</td><td>余额</td></tr>
<tr><td></td><td></td><td></td><td></td><td></td><td></td><td></td><td></td><td></td><td></td><td></td></tr>
<tr><td></td><td></td><td></td><td></td><td></td><td></td><td></td><td></td><td></td><td></td><td></td></tr>
<tr><td></td><td></td><td></td><td></td><td></td><td></td><td></td><td></td><td></td><td></td><td></td></tr>
<tr><td></td><td></td><td></td><td></td><td></td><td></td><td></td><td></td><td></td><td></td><td></td></tr>
</table>

表 11-9　预付材料款明细表

编制单位：　　　　　　　　　　　　　　　　　　　　　单位：元

<table>
<tr><td rowspan="2">标　段</td><td rowspan="2">施工单位</td><td colspan="2">本年数</td><td colspan="3">累计数</td><td rowspan="2">备　注</td></tr>
<tr><td>付款</td><td>扣回</td><td>付款</td><td>扣回</td><td>余额</td></tr>
<tr><td></td><td></td><td></td><td></td><td></td><td></td><td></td><td></td></tr>
<tr><td></td><td></td><td></td><td></td><td></td><td></td><td></td><td></td></tr>
<tr><td></td><td></td><td></td><td></td><td></td><td></td><td></td><td></td></tr>
<tr><td></td><td></td><td></td><td></td><td></td><td></td><td></td><td></td></tr>
<tr><td></td><td></td><td></td><td></td><td></td><td></td><td></td><td></td></tr>
</table>

表 11-10　应付工程款明细表

标　段	施工单位	应付计量款	应付保留金	应付征地拆迁款	其　他	应付工程款合计

表11-11　江苏省交通工程建设局资金拨付审批单

编号:ZJBF

<table>
<tr><td rowspan="2">收款单位</td><td>名称</td><td colspan="2"></td></tr>
<tr><td>开户行、账号</td><td colspan="2"></td></tr>
<tr><td>本次拨付金额</td><td colspan="3">(大写)__________________　¥_____</td></tr>
<tr><td>合同金额</td><td></td><td>累计拨付金额</td><td></td></tr>
<tr><td>付款内容</td><td colspan="3"></td></tr>
<tr><td>承办部门意见</td><td colspan="3">经办人:　　　　负责人:</td></tr>
<tr><td>会签部门意见</td><td colspan="3"></td></tr>
<tr><td>财务部门意见</td><td colspan="3"></td></tr>
<tr><td rowspan="2">领导批示</td><td>分管副局长</td><td colspan="2"></td></tr>
<tr><td>局长</td><td colspan="2"></td></tr>
</table>

填表说明:1. 此表呈办时,应附相应合同或协议。

2. 此表由各主办部门填写,局财务部门统一编号存档。

第12章 合同管理

12.1 目的

统一和规范高速公路工程施工合同管理工作,实现对工程质量、工期和投资的有效控制。

12.2 范围

适用于交建局负责建设管理的高速公路工程施工招标项目。非招标项目按照合同约定并参照本办法进行管理。

12.3 定义

12.3.1 索赔

索赔是当事人在合同实施过程中,根据法律、合同的规定及惯例,对并非自己的过错,而是由于合同对方承担责任的情况造成的,且实际发生了损失,向对方提出给予补偿的要求。

12.3.2 工程量清单

工程量清单是指建设工程的分部分项工程项目、措施项目、其他项目、规费项目和税金项目的名称和相应数量等的明细清单。

12.3.3 考核

按照既定的要求,对各单位和人员所做的工作进行检查和审核,对岗位职责以及完成工作目标的情况,进行的了解、核实和评价。

12.4 职责

合同管理按照分级负责、分工协作、互相监督的原则,实行省交建局、项目现场管理机构(含高速公路工程项目管理办公室、市高速公路建设指挥部)和总监理工程师办公室(以下简称"监理单位")三级管理。

12.4.1 省交建局

省交建局行使项目业主职权,工程部门、计划部门、招标部门和财务部门为省交建局的合同管理职能部门,依据各自职责分工负责。

(1)负责所管辖高速公路项目的日常合同管理与投资控制。

(2)负责统一制定和解释省交建局合同管理有关办法、规定。

(3)负责招标项目中标合同的签订和合同管理配合工作。

(4)负责组织实施工程内部审计和牵头配合外部审计。

(5)负责一类变更的审查上报及二类变更的审批。

12.4.2 现场管理机构

(1)审批三类设计变更以及一、二类设计变更和索赔的初审。

(2)负责工程量清单管理,计量、支付管理。

(3)合同补充协议的商谈,组织合同履约考核。

(4)负责合同分包管理。

12.4.3 监理单位

监理单位依据监理合同规定负责相应合同段的合同管理工作。

12.5　业务流程

12.5.1　合同管理业务流程

合同管理业务流程,如图12-1所示。

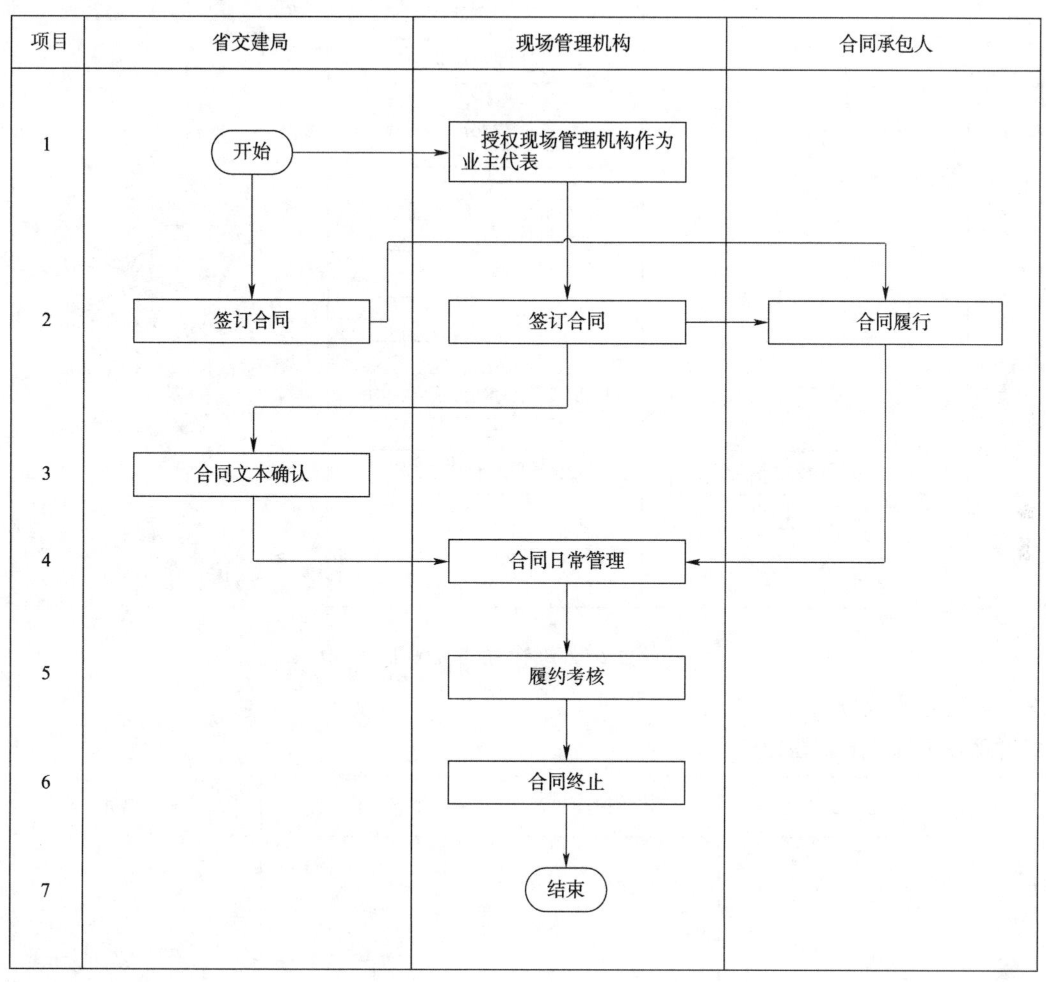

图12-1　合同管理业务流程图

流程说明:

合同管理从省交建局开始,省交建局直接与承包人签订合同,也可授权项目现场管理机构作为业主代表与承包人签订合同。现场管理机构与承包人签订合同后经过省交建局合同文本的确认。现场管理机构负责合同的日常管理、履约考核,合同期满后自动终止合同。

12.5.2　履约考核业务流程

履约考核业务流程,如图12-2所示。

流程说明:

现场管理机构成立履约考核小组,制定考核细则。履约小组召开考核评审会议,计算被考核对象得分,评定考核等级。履约考核评审会议结束后将公示评审结果,并书面通知各考核对象和其总部。考核对象对考核评审结果有异议的,可在接到考核评审结果通知5日内,由其总部向指挥部提出书面复议申请,并提交书面报告,由履约考核小组按考核评审程序进行复议评审,复议评审结果为最终履约考核结果。公示(复议)结束后,由现场管理机构将履约考核结果上报省交建局。省交建局对履约考核进行监督。

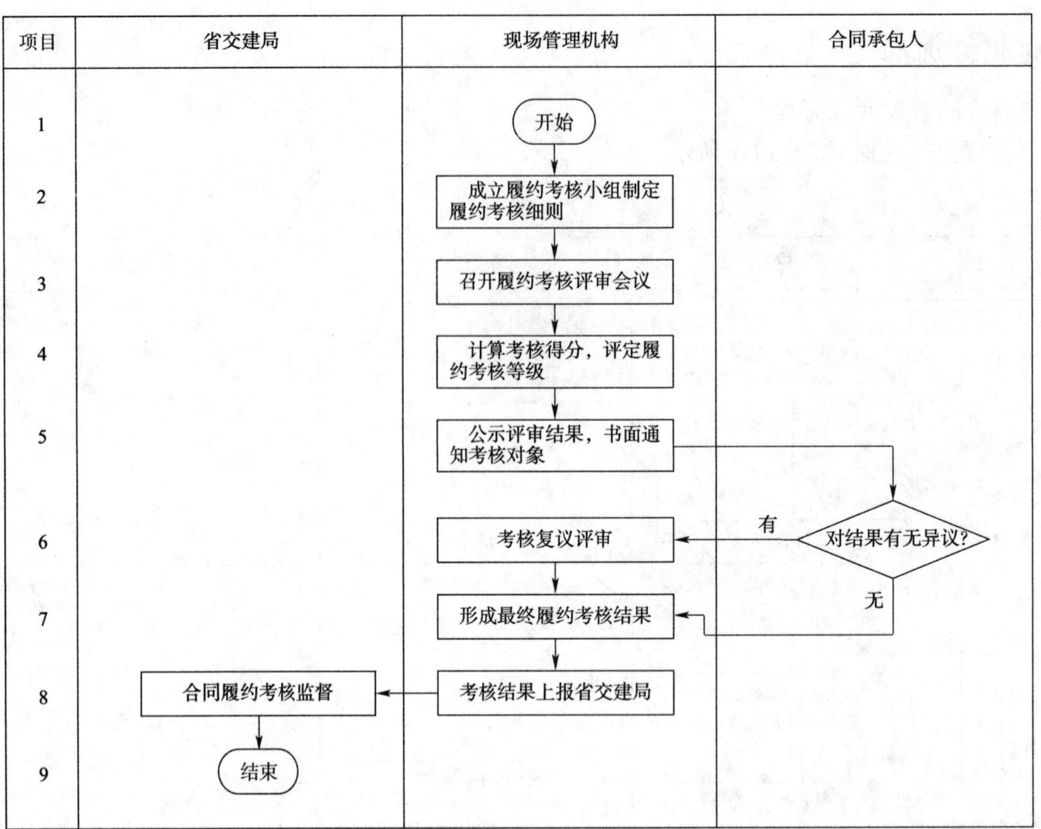

图 12-2　履约考核业务流程图

12.5.3　索赔管理业务流程

索赔管理业务流程,如图 12-3 所示。

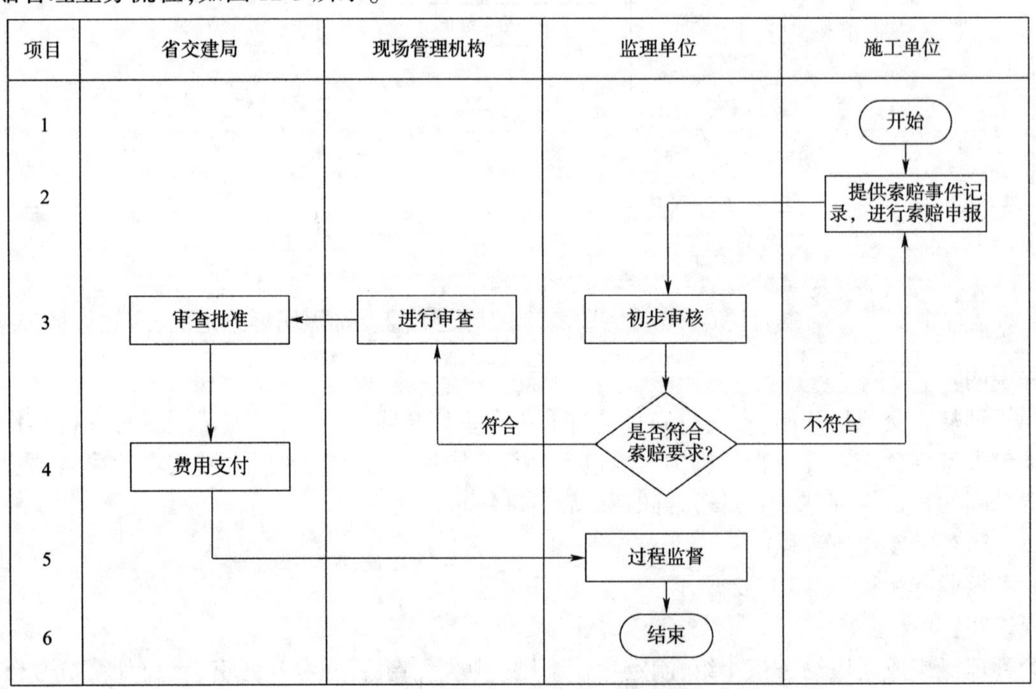

图 12-3　索赔管理业务流程图

流程说明:

参建单位提供索赔事件记录,进行索赔申报,监理单位首先初步审核,通过后现场管理机构再进行审查并进行事件跟踪审核,交由交建局审批,审批通过后执行索赔,监理单位进行索赔的全程监督。

12.6　管理程序

12.6.1　合同签订

(1)合同协议书(含同步签订的补充协议)应按照《招标实施管理办法》有关规定签订并组织合同交底。

(2)与承包人签订合同的主体一般为省交建局,省交建局可授权项目现场管理机构作为业主代表与承包人签订合同,但相应合同文本生效前需经省交建局书面确认。

(3)合同协议书签订后应及时与其他构成合同文件组成部分的资料装订成册,分送省交建局相关职能部门、项目现场管理机构和监理单位。

12.6.2　合同日常管理

(1)设计变更

①设计变更分类、办理程序和职责分工等应按照省交建局《设计变更管理办法》规定执行。

②设计变更实际批复金额原则上不得超过立项估算金额的15%。超过15%的作为重大事项,由省交建局工程部门提交局务会重新审定。

③变更工程量应严格依据设计图纸和工程计量成果进行审查。

④变更工程项目的单价确定应遵循以下原则,次序在前者优先:本合同工程量清单中有相应项目单价的,应直接采用合同单价;本合同工程量清单中没有相应项目单价,但有工作内容相似、工作性质相同的项目单价,或者类似合同有相同项目单价的,可直接参照相应项目的合同单价作为变更工程项目单价,或在原相应项目的合同单价基础上,根据造价分析原理和变更工程的具体情况,经调整、修正后作为变更工程项目单价;本合同工程量清单中原有项目单价不适用,且无类似项目单价的,应结合承包人投标报价水平按照有关规定编制新单价;如果业主与承包人双方未能就变更工程项目单价或总额价达成一致,则监理单位应根据情况暂定一个合理的单价或总额价(原则上以业主初步意见为准)进行支付,待达成一致后及时予以调整。

⑤原合同清单中支付细目单价一般不得调整。

⑥设计变更申报资料应齐全,内容客观、完整、详细,监理单位、项目现场管理机构应分别独立对申报资料进行全面核实、审查,逐项提出书面审查意见。

⑦申报与审核过程中各方应加强沟通,密切配合。需要结合现场实施情况进行审核的变更工程,监理单位应在实施时报请上级有关审核机构或部门视情安排提前赴现场核查、了解情况。

(2)合同补充协议

①合同双方应认真履行合同,不得随意修改或补充。

②履约过程中发现合同中有约定不清的,或者未做约定而需要加以明确约定的,应签订补充协议,补充协议作为合同文件的组成部分。

(3)转包与分包

①严禁对工程进行合同外的转包和违规分包,项目现场管理机构在工程实施过程中应进行检查,发现存在转包、违规分包的,应依据合同规定予以处理。

②除合同约定的分包外,任何分包必须由承包人书面提出,经监理单位审查通过后,报项目现场管理机构批准方可实施。

③不得以低于成本价分包,不得以劳务分包之名行工程分包之实。

(4)工程量清单

①分部分项工程量清单应采用"综合单价"计价。分部分项工程量清单应包括项目编码、项目名称、项目特征、计量单位和工程量"五统一"。

②根据工程情况的不同,项目组价可采用现有单价计价法、预算定额计价法、成本加酬金计价法三种计价方法。

③在合同签约后2个月内,项目现场管理机构应组织设计单位、监理单位和承包人完成设计图纸工

程数量表及工程量清单的复核。

④监理单位负责根据签约工程量清单(或替换后的施工图设计工程量清单)和已批复的设计变更,动态调整形成工程量现清单,作为计量支付的控制依据。项目现场管理机构负责在每季度末汇总、出版各合同段工程量现清单纸质及电子文件,并上报省交建局备查。

(5)计量支付

①项目现场管理机构应监督监理单位严格按照合同文件计量与支付原则及有关规定,及时、准确地对承包人已完成工程项目进行据实计量,并支付相应款项。

②项目现场管理机构应督促监理单位只对合同承包人进行计量和支付,不得与其他单位和个人发生经济关系。

③承包人按合同文件约定的期限,定期向监理单位申报每期计量支付报表,由监理单位初审、项目现场管理机构审核后,报省交建局备查、报备。

(6)合同管理台账

①项目现场管理机构应按合同段分别对合同基本信息和工程量清单、设计变更、索赔、材差、计量支付、分包、履约考核、补充协议签订等合同日常管理工作建立专项台账,并明确由专人负责收齐上述台账电子版,集中报备至省交建局工程部门。

②省交建局工程部门应对报备的台账进行核实、整理,及时按高速公路项目进行汇总。

(7)合同资料的归档

①综合部负责合同盖章、合同规范性检查以及合同的归档,不符合归档条件的合同文本退回主办部门完善。

②合同作为指挥部投资控制的重要法律依据和指挥部内部明确职责的凭证,相关部门应遵循保密要求妥善保管。

③流程中各审核意见签署于合同签报上,合同签报作为合同审核过程中的记录和凭证,由综合部在合同盖章后留存并及时归档。

④每一合同履行完毕或长期合同的每一阶段分期完成,主办部门及时将上述有关资料整理清楚,交综合部门存档,相关资料不得随意处置、销毁。

12.6.3 履约考核

(1)履约考核工作由履约考核小组进行评审。履约考核小组组长由指挥部现场总指挥担任,副组长由现场副总指挥担任,成员包括指挥部各部门代表、总监理工程师(总监理工程师只参加其监理工程项目的考核)。履约考核评审采用会议形式进行,会议由履约考核小组组长主持召开。

(2)履约考核的起始、终止时间由合同双方根据现场工程进展情况确定。

(3)考核小组分别从施工安全、质量控制、进度控制、施工标准化、项目管理、档案管理、环境保护七个方面对考核对象进行考核。

(4)考核等级分为优良中差四个等级。各项目优等的规定比例按省交建局有关规定执行,考核结果最后进行公示。

(5)省交建局每个季度将合同履约考核结果汇总上报省交通厅。

12.6.4 合同纠纷处置

(1)合同相关各方应严格依据合同客观、公正地处理合同执行中的争议,尽量减少合同纠纷。

(2)合同纠纷应首先通过协商、调解的方法解决。协商调解不能取得一致意见时,可按合同中仲裁条款申请仲裁或向人民法院起诉。

12.6.5 索赔

(1)索赔包括费用索赔和工期索赔。在可能影响高速公路总体计划时,应将工期索赔转化为赶工费用索赔。

(2)根据事件责任不同,索赔分为承包人向业主索赔和业主向承包人索赔两种情形,合同执行中应严格分清责任。

(3)业主向承包人的索赔可以转换成指令承包人对质量不合格工程进行返工、对不合格工程不予计量和支付、采取终止合同清退承包人或减少承包人承包的工程范围等形式。

(4)省交建局、项目现场管理机构和监理单位应严格按照与承包人共同约定的合同条件,认真履行义务,努力预防、规避风险。

(5)承包人向业主提出的各类补助、补偿要求均视同索赔;索赔申报及审批一律以书面为准。承包人向业主索赔一律在合同暂定金额中列支。

(6)如果承包人未按照合同约定办理索赔,逾期不报视同放弃,未提供索赔事件的同期记录或记录不完整的,无权得到索赔或只限于索赔由监理单位按当时记录予以核实的那部分款额。

(7)索赔费用一般应仅限于直接损失,不包含间接损失;索赔费用应依据合同文件、市场价格等测算,申报与审核均应附详细的计算过程和有关证明材料;同类索赔应保持基本一致的赔付水平。

(8)停工损失是指人员费用原则上仅考虑必要的管理留守人员和现场看管所发生的相关费用;大型机械停工费用原则上仅计折旧费,小型及流动性较强的机械设备原则上按调配至其他工程或工点,不予考虑。

不可抗力损失是指永久工程、临时工程的损害,工程所需清理、修复费用,因工程损害导致第三方人员伤亡和财产损失,以及运至施工现场用于施工的材料和待安装的设备的损害,由业主承担。其余损失各自承担。

12.6.6　管理与监督

(1)合同管理工作接受纪检、监察、审计以及有关职能部门的监督、检查。

(2)高速公路项目全面开工后3个月内,省交建局应对项目现场管理机构、监理单位合同管理人员进行岗前培训;工程实施期间,应进行针对性的业务指导,并根据需要不定期地组织合同管理业务知识培训、经验交流。

(3)省交建局不定期地进行合同管理工作检查,及时纠正违规行为。

(4)省交建局职能部门或审计机构(含内审机构)发现已审批的工程量清单、设计变更、索赔和计量支付不符合规定或存在错误的,有权予以否决或修正,并相应修正计量支付。

12.7　规章制度

(1)《高速公路工程项目施工合同管理办法》(苏交建计〔2010〕52号)。

(2)《江苏省高速公路建设指挥部工程项目履约考核管理办法(试行稿)》(苏高招〔2007〕18号)。

(3)《建设工程工程量清单计价规范》(GB 50500)。

(4)江苏省高速公路《合同外单价组价方法指导意见》。

12.8　管理记录

(1)履约考核等级评定结果汇总表(表12-1)。

(2)履约考核评分汇总表(表12-2)。

(3)施工单位履约考核评分表(表12-3)。

(4)江苏省交通工程建设局合同审签单(招标项目)(表12-4)。

(5)江苏省交通工程建设局合同审签单(非招标项目)(表12-5)。

表 12-1　履约考核等级评定结果汇总表

工程项目＿＿＿＿＿＿　　　　　　　　　　　　考核时间：＿＿＿年＿＿＿季度

工程种类	合同号	中标单位	具体承接部门	合同金额	项目经理	综合得分	评定等级

注：特殊情况另附页说明，如被评为“中”和“差”的主要理由等。

表 12-2　履约考核评分汇总表

考核小组组长：＿＿＿＿

工程项目：＿＿＿＿＿＿　　　　　　　　　　　考核时间：＿＿＿年＿＿＿季度

合同号	评委 1	评委 2	评委 3	评委 4	评委 5	评委 6	评委 7	评委 8	评委 9	评委 10	评委 11	平均分

考核小组全体成员签字：

表12-3 施工单位履约考核评分表

工程项目__________合同段

施工单位名称：__________ 考核时间：_____年_____季度

项 目	主要考核内容	满分值	评分	总评分
施工安全	根据《工程项目安全生产检查考核制度》的考核结果进行评分	20		
质量控制	实体工程质量	15		
	整改情况	5		
进度控制	根据指挥部下达的工程计划完成情况，结合对应阶段劳动竞赛中相关节点工程计划的完成情况进行评分	20		
施工标准化	综合评价施工单位执行施工标准化管理的情况	10		
项目管理	资金保障	5		
	项目部人员	5		
	施工队伍素质	5		
档案管理	根据《档案管理考评办法》的考核结果进行评分	10		
环境保护	综合评价施工单位在施工过程中对施工现场及周边的环境保护情况	5		

考核人：

日期：

表 12-4　江苏省交通工程建设局合同审签单

（招标项目）

编号:HTSQ(A)

<table>
<tr><td colspan="2">合同名称</td><td colspan="3"></td></tr>
<tr><td colspan="2" rowspan="2">合同签订单位</td><td colspan="3">甲方:</td></tr>
<tr><td colspan="3">乙方:</td></tr>
<tr><td colspan="2">合同号</td><td></td><td>合同价(万元)</td><td></td></tr>
<tr><td colspan="2">局招标评标
领导小组意见</td><td colspan="3"></td></tr>
<tr><td rowspan="2">承办部门意见</td><td>承办科室意见</td><td colspan="3"></td></tr>
<tr><td>承办部门领导意见</td><td colspan="3"></td></tr>
<tr><td colspan="2">会签部门意见</td><td colspan="3"></td></tr>
<tr><td rowspan="2">领导批示</td><td>分管副局长</td><td colspan="3"></td></tr>
<tr><td>局长</td><td colspan="3"></td></tr>
</table>

填表说明:此表由局招标部门填写,统一编号由招标部门存档。

表12-5　江苏省交通工程建设局合同审签单

（非招标项目）

编号:HTSQ(B)

<table>
<tr><td colspan="2">合同名称</td><td colspan="3"></td></tr>
<tr><td colspan="2" rowspan="2">合同签订单位</td><td colspan="3">甲方:</td></tr>
<tr><td colspan="3">乙方:</td></tr>
<tr><td colspan="2">合同号</td><td></td><td>合同价(万元)</td><td></td></tr>
<tr><td colspan="2">局招标评标
领导小组意见</td><td colspan="3"></td></tr>
<tr><td rowspan="2">承办部门意见</td><td>承办科室意见</td><td colspan="3"></td></tr>
<tr><td>承办部门领导意见</td><td colspan="3"></td></tr>
<tr><td colspan="2">会签部门意见</td><td colspan="3"></td></tr>
<tr><td rowspan="2">领导批示</td><td>分管副局长</td><td colspan="3"></td></tr>
<tr><td>局长意见</td><td colspan="3"></td></tr>
</table>

填表说明:此表由各主办部门填写,局招标部门统一编号存档。

第13章　材差管理

13.1　目的

统一和规范高速公路工程建设的材差调整管理工作，实现对建设项目材差调整管理的标准化、程序化、制度化。

13.2　范围

适用于高速公路工程项目材差调整管理，包括材差的申请、审核与审批和监督检查。

13.3　定义

13.3.1　材差

材差指由于工程建设材料的价格在合同执行期间的涨落，引起的超出合同规定风险范围的材料的差价。

13.3.2　材差调整

材差调整指以工程合同计量为基础，依据公布的调差材料价格，调整合同中的材料正负差价的过程。

13.4　职责

13.4.1　省交建局

省交建局负责调差金额的审批，工程处、招标处、计划处为省交建局调差管理的职能部门。

(1)工程处负责对调差材料种类、数量、价格及调差金额的审核，并报局长审批。

(2)招标处负责将本细则内容载入招标文件，负责省交通运输厅质量监督局(以下简称"厅质监局")发布信息指导价以外的材料价格调查与发布工作。

(3)计划处负责细则的解释和补充修订。

13.4.2　现场管理机构

负责所管项目的日常调差管理工作，具体负责督促监理单位及时上报材差文件，审核调差材料种类、数量、价格和调差金额，并上报省交建局。

13.4.3　监理单位

负责所管合同段的日常调差管理工作，具体负责督促施工单位及时、如实申报材差，审核施工单位申报的调差材料种类和数量，并依据调差材料价格计算调差金额，上报现场管理机构。

13.4.4　施工单位

负责根据工程实际进度，及时、如实向总监办申报调差的材料种类和数量。

13.5　业务流程

13.5.1　材差调整管理业务流程

材差调整管理业务流程，如图13-1所示。

流程说明：

施工单位每季度随计量以书面形式提出材差调整申请，经监理单位审核后报现场管理机构；现场管理机构对材差调整工程数量进行审查，并依据省交建局公布的材料价格，计算各标段材差金额后行文报省交建局；省交建局工程部门对材差调整数量及金额进行审核后，报局长审定，审批通过后出文批复。

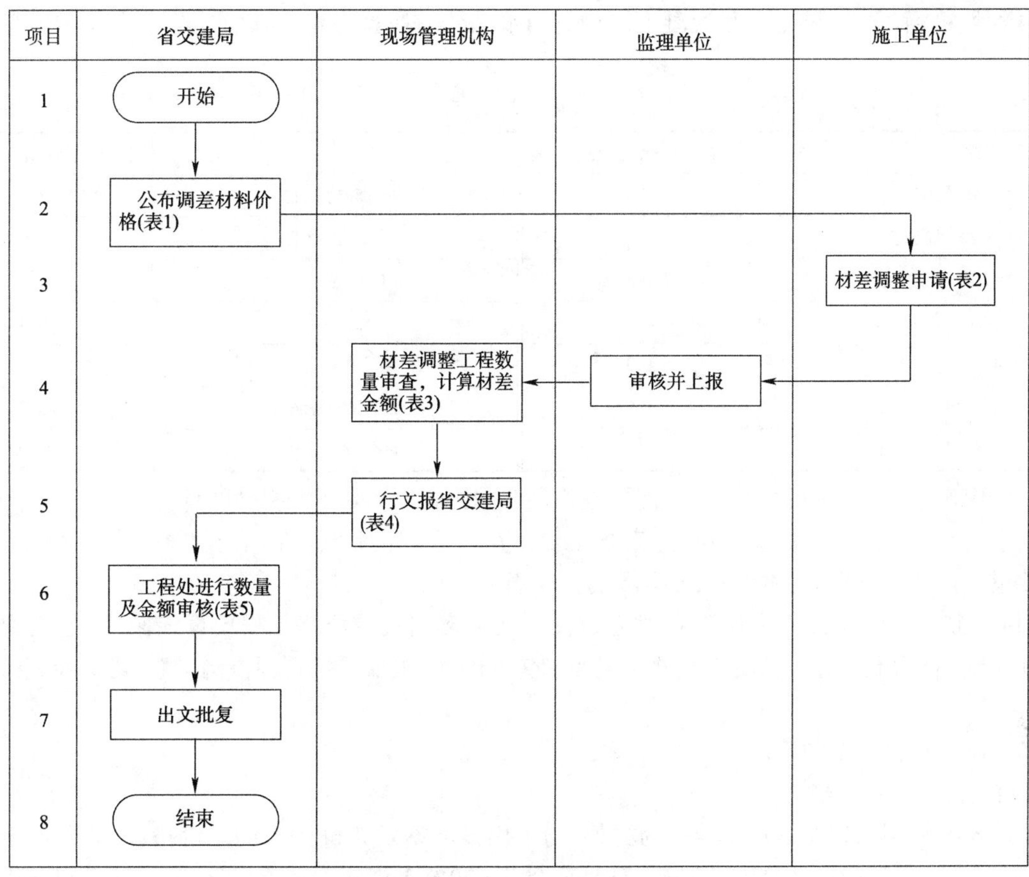

图 13-1　材差调整业务流程图

13.6　管理程序

13.6.1　材差调整管理的基本原则

以“风险共担、实事求是、系统协调、有利工程”为原则，严格以工程合同计量为基础，依据省交建局公布的调差材料价格，实事求是地反映材料价格涨落的基本规律，合理地调整合同中的材料正负差价。

13.6.2　调差对象

主要包括钢材、柴油、水泥、碎石、中(粗)砂、生石灰直接用于永久工程的材料。

13.6.3　材差调整的风险划分

价差风险幅度：钢材为 ±5%，其余调差材料均为 ±10%。材料价格上涨或下降在风险幅度范围以内的，其差价由承包人承担或受益，超过价差风险幅度的部分由业主承担或受益。

13.6.4　调差材料工程数量

(1)钢材调差数量为清单项目支付数量和箱涵、通道工程中钢筋设计数量，另考虑损耗。损耗率分别为：光圆、带肋钢筋、成品钢筋网和锚杆钢筋 2.5%，钢绞线、预应力钢筋、高强钢丝、护栏钢板(管)、系杆拱钢吊杆、导管、锚杆钢管 4%，钢梁钢板、型钢(格栅)钢架、声测管 6%。

(2)柴油调差项目及数量指标见表 13-1(均换算成 0 号柴油进行调差)。

柴油调差项目及数量指标表　　表 13-1

项　目	调差指标(kg/m^3)	项　目	调差指标(kg/m^3)
开挖土方	0.2	利用素土	0.9
借素土(碎石土、山皮土)填筑	1.1	掺石灰和(或)水泥	0.1
粉煤灰填筑	0.5	二(三)灰土	1.4
水泥(二灰)稳定碎石	2.8	沥青混凝土	12

注：表中路基土方工程指标按运距 1km 计算，超出 1km 范围的，增加运距按 0.11kg/(m^3·km)调整。石方工程指标在土方工程指标基础上上浮 10%。

(3)桥梁、箱涵、通道、隧道工程混凝土结构所用水泥统一换算为42.5级水泥,水泥调差数量指标见表13-2。

水泥调差数量指标

表13-2

项　目	调差指标(kg/m³)	项　目	调差指标(kg/m³)
C15片石混凝土	175	C15混凝土	245
C20混凝土	311	C25混凝土	340
C30混凝土	388	C35混凝土	405
C40混凝土	443	C50混凝土	524
灌注桩 ϕ1.0m	349	灌注桩 ϕ1.2m	503
灌注桩 ϕ1.5m	785	灌注桩 ϕ1.6m	893
灌注桩 ϕ1.8m	1131	灌注桩 ϕ2.0m	1396

(4)用于路基填料处理的生石灰、水泥的理论用量,按施工图文件中明确的计算方法计算;用于路面结构层的生石灰、水泥、碎石的理论用量,依据批准的生产配合比计算。在理论用量基础上考虑损耗后作为调差数量。损耗率分别为:水泥2%、碎石2%、生石灰3%。

(5)调差数量计算方法未尽事宜,原则上以交通运输部门现行公路工程预算定额(含省交通运输厅发布的补充定额)为准核算。公路工程预算定额未包含的,经报请现场管理机构同意,可选用相关行业的定额。

13.6.5 调差材料价格的确定

(1)调差材料公布价格。

凡是厅质监局网站发布信息指导价的材料,均采用该网站发布价作为调差价格;厅质监局未发布价格的材料,其中综合类钢材调差价格为:光圆钢筋价格×20%+带肋钢筋价格×80%,其余材料由省交建局以市场调查价格为依据,自开标所在月起,每月25号前在省交建局外网上发布上一个月价格。

(2)基准期价格。

基准期价格为该合同段开标所在月之前一个月的发布价格。

(3)施工期价格。

施工期价格取《清单支付月报表》(E-4表)所在月提前一个月的发布价格。由于设计变更批复滞后,导致《清单支付月报表》(E-4表)所在月与实际完工时间相差超过6个月或者按这两个时间点取定的发布价格相差超过10%的材料,应取相应部分工程《工程计量表》(A-15表)所在月提前一个月的发布价格。

(4)一个合同段涉及两个市时,调差价格按两市价格的算术平均值计取。

(5)调差金额计算公式。

各种调差材料月度调差金额计算公式为:

调差金额=材料调差数量×{施工期价格-基准期价格×[1±价差风险幅度]
(价格上涨为"+",下跌为"-")}×(1+3.41%)

13.6.6 调差办理程序与时间

(1)调差办理程序:承包人将本季度的每月材料调差种类及数量上报总监办;总监办审核后,依据材料基准期与施工期价格,计算调差金额,上报现场管理机构;现场管理机构完成审核后上报省交建局;省交建局审定后批复。材差申报与审核用表格式见附件。

(2)调差在工程实施期间每季度办理一期。承包人每季度第一个月10日前上报上一季度每月调差文件,总监办在30日前上报现场管理机构,现场管理机构在第二个月15日上报省交建局,省交建局在20天内完成审批。

13.6.7 材差调整管理的监督检查

(1)调差工作接受纪检、监察、审计及有关职能部门的监督、检查。对检查中发现的问题予以纠正,对弄虚作假的行为,还应依据有关规定予以通报批评及处罚。

(2)调差金额不纳入监理费、优质优价、劳动竞赛等相关费用的计算基数。

(3)调差金额在合同暂定金额中列支,原合同单价体系不变。

(4)桥梁大型钢结构,在施工合同中已明确由业主主持招标确定专业制作单位的,应在钢结构制作招标文件中载明相应钢材的调差规定,原则上材差费用均由业主承担。

13.7　规章制度

(1)《江苏省交通建设工程材料价差调整及价格风险控制指导意见》。

(2)《江苏省交通工程建设局高速公路工程项目材差调整实施细则》(2012 年修订版)。

13.8　管理记录

材料调差用表(表 13-3)。

表 13-3　________高速公路工程材差调整表

(承包人用表)

承包单位:××有限公司　　　　　　　　　　合同号:________________

监理单位:××监理咨询有限公司　　　　　　编　号:________________

承包人材差调整工程数量申报表

致(总监理工程师)________先生:

经计算,现申报________年____月材差调整工程数量如下(详细计算附后),请予以批复!

材料	单位	调差数量
钢绞线	t	—
综合类钢材	t	—
钢板(见备注)	t	—
钢管(见备注)	t	—
柴油	t	—
42.5 号水泥	t	—
石灰	t	—
上面层碎石	m^3	—
中下面层碎石	m^3	—
碎石	m^3	—
片石	m^3	—
块石	m^3	—
黄砂	m^3	—

承包人:　　　　　　　　　　年　　月　　日

总监理工程师审查意见:

总监理工程师:　　　　　　　　　　年　　月　　日

备注:“钢板”“钢管”项目仅限护栏、隔离栅、标志、照明、收费大棚项目。

第 14 章　计量支付管理

14.1　目的

统一和规范高速公路工程项目计量管理工作,实现对计量支付工作的规范化、程序化、制度化。

14.2　范围

适用于高速公路建设项目的计量支付管理,包括建设项目的计量申请、计量控制支付和计量文件管理。

14.3　定义

14.3.1　计量支付管理

根据合同条件或变更通知对中间验收合格的工程项目进行计量,并依据工程量清单和变更指令进行总数量控制的财务支付管理。

14.3.2　重要计量项目

清除淤泥或其他非适用材料及回填等需要联测后启动特别程序的项目。

14.3.3　联测

由监理单位负责组织,现场管理机构、施工单位、设计单位、纪检办和审计机构共同参加的联合测量。

14.4　职责

14.4.1　省交建局

(1)负责计量支付管理办法的制定和修订。

(2)负责对计量支付管理规定的执行情况进行监督和检查。

(3)对已审批的工程量清单、设计变更、索赔和计量支付中不符合规定或存在错误的予以否决或修正,并相应修正计量支付。

14.4.2　现场管理机构

(1)负责计量支付管理实施细则的制定、修订以及执行情况的监管和检查。

(2)负责对监理单位的计量工作进行管理。

(3)负责纠正不规范的计量行为,负责按照合同和相关规定向施工单位支付费用。

(4)负责对监理单位上报的财务支付月报进行审批。

(5)对合同计量支付管理工作建立专项台账,报备至省交建局工程部门。

14.4.3　监理单位

(1)根据省交建局授权,按照相关文件和合同规定,负责日常计量工作。

(2)对工程质量验收合格的工程项目依据合同计量,负责工程量清单的动态调整工作。

(3)负责审核施工单位提交的支付申请,报现场管理机构同意后签发中期支付证书。

14.4.4　施工单位

按合同文件约定的期限,定期向监理单位申报每期计量支付报表。

14.5　业务流程

14.5.1　计量支付管理业务流程

计量支付管理业务流程,如图 14-1 所示。

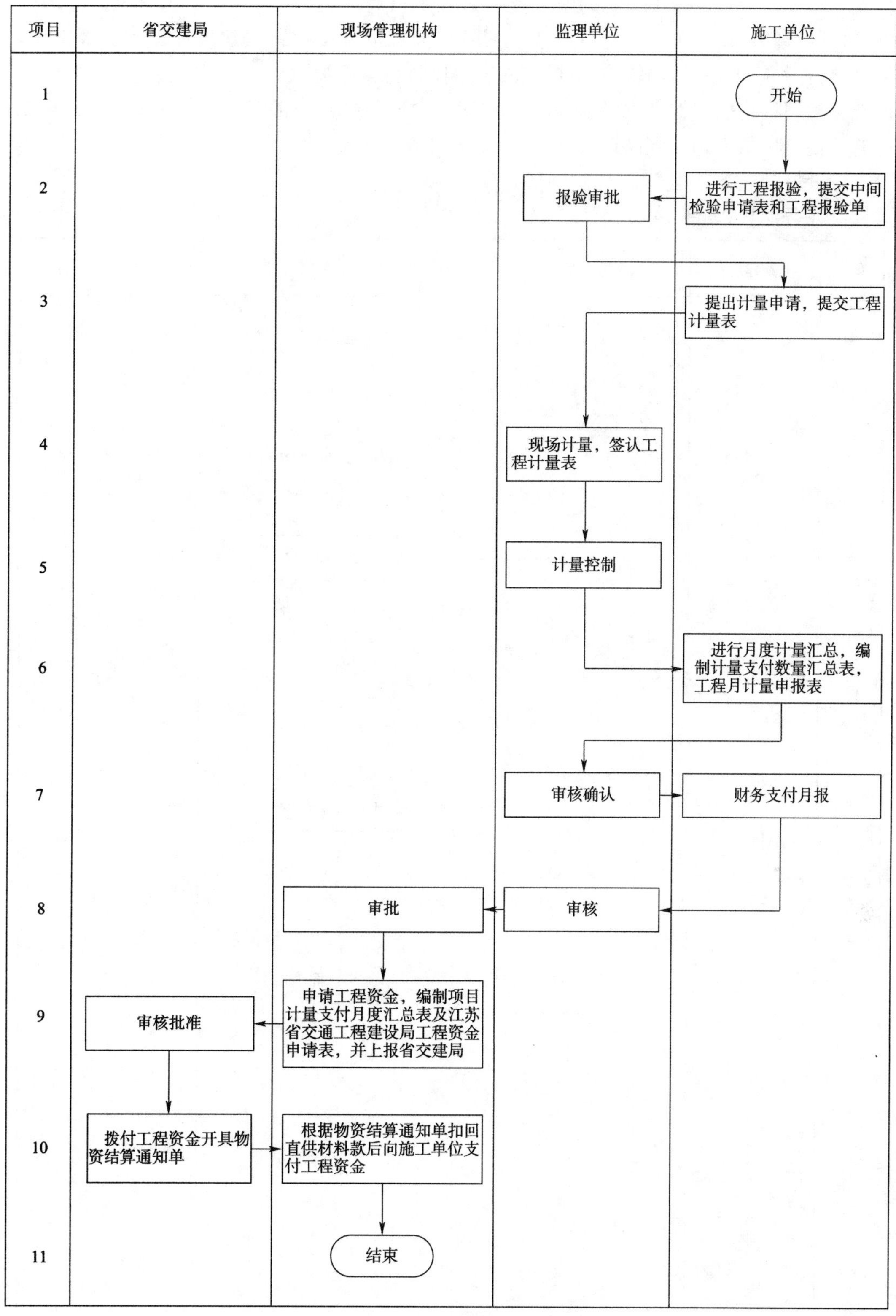

图14-1　计量支付管理业务流程图

流程说明：

施工单位按合同文件规定，对已完工程填报“中间检验申请单”和“工程报验单”等相关资料，进行工程报验。经监理工程师批准后，施工单位按相关规定填报“工程计量表”，向监理单位申请现场计量。监理单位接到施工单位的申请按照监理规范和本办法规定进行现场核实和测量，根据现场测量情况审核签认“工程计量表”。现场计量工作应通知施工单位参加。

项目现场管理机构将各施工单位的财务支付月报审核后编制“项目计量支付月度汇总表”，附中期支付证书、付款申请表、动员预付款支付申请表，并填写“江苏省交通工程建设局工程资金申请表”报省交建局工程、财务部门审核，经局领导审批，扣除省直供材料款后拨付。

项目现场管理机构根据省交建局物资部门开具的“物资结算通知单”，在当月施工单位申报的相应标段形成的计量支付款中扣回直供材料款。

14.5.2 计量控制业务流程

计量控制业务流程，如图14-2所示。

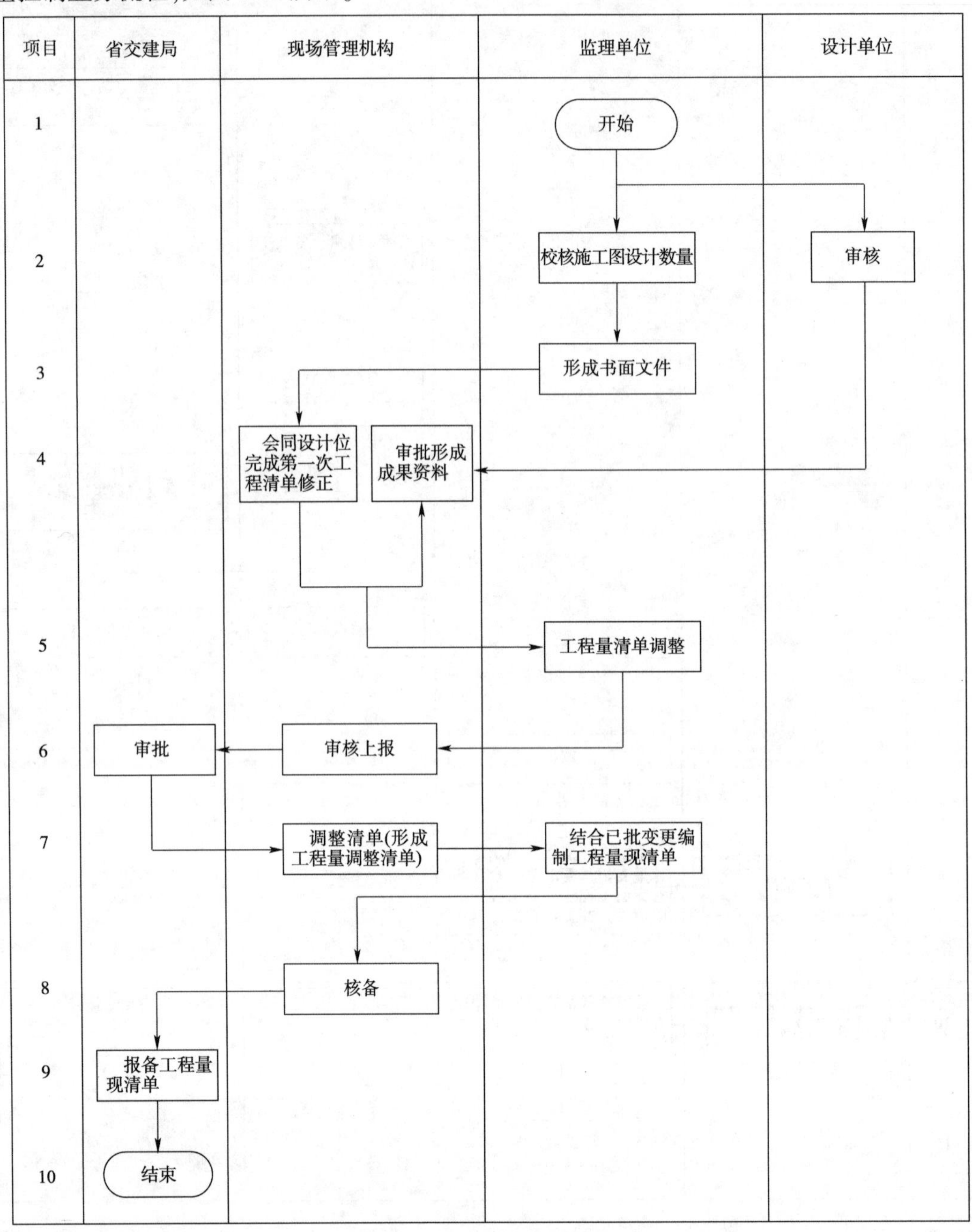

图14-2 计量控制业务流程图

流程说明：

监理单位根据项目是否为重大计量项目将项目划分为一般计量控制和重要计量项目控制两种控制模式。一般控制监理单位在施工图下达后60天内，监理单位负责组织施工单位对施工图设计中的工程数量对照工程量清单进行校核，形成书面文件，报现场管理机构，现场管理机构收到相关资料后30天内，会同设计单位完成第一次工程量清单修正。

重要计量项目控制则由监理单位负责组织工点施工前后的测量和工程量计算,设计单位负责按设计文件进行审核,现场管理机构负责审批,形成成果和资料。监理单位根据第一次工程量修正清单和重要计量项目控制成果和资料提出工程量清单调整意见,经现场管理机构审核后上报省交建局批准执行,发布设计变更指令。

监理单位根据原工程量清单和审批的设计变更指令在每月20日前完成工程量清单的调整工作,形成最新的“工程量现清单”报现场管理机构,作为工程计量申报的控制依据。现场管理机构在每季度末将“工程量现清单”汇总后报备省交建局。

14.6 管理程序

14.6.1 计量的内容

计量内容必须是工程量清单所列项目或工程变更指令中增补的项目。

14.6.2 计量的依据

工程计量的主要依据是高速公路工程项目工程量清单计量规则、工程量清单、设计变更通知、监理工程师通知、合同文件、技术规范、施工图纸、联测记录和其他相关资料。

14.6.3 计量的原则

(1)计量数量必须是实测资料的计算结果(可以根据施工图纸标注的设计尺寸进行准确计量的项目和工程量清单中规定的总价包干项目除外)。

(2)工程的计量以净值为准,除非合同另有规定。

(3)分项工程未经检验合格,不得进行计量。

(4)设计变更工程在变更通知下达之前不得计量。

14.6.4 工程计量程序

(1)根据计量项目的性质不同,工程计量程序分为一般程序和特别程序。对于重要计量项目,采用特别程序,其余项目采用一般程序。计量支付每月办理一次。

(2)一般程序。

①申请计量

施工单位按合同文件规定,对已完工程填报“中间检验申请单”或“工程报验单”等相关资料经监理工程师批准后,施工单位按相关规定填报“工程计量表”,向监理单位申请现场计量。

②现场计量

监理单位接到施工单位的申请按照监理规范和本办法规定进行现场核实和测量,根据现场测量情况审核签认“工程计量表”。现场计量工作应通知施工单位参加。

(3)特别程序。

①联测

对合同文件规定的联测项目以及在复测过程中出现的重大异常情况,如监理单位、施工单位、设计单位和现场管理机构中的任意一方存有疑问,经监理单位复核确认后应进行联测。联测工作由监理单位负责组织,监理单位、施工单位、设计单位、现场管理机构和纪检办、审计机构(如有)派员共同进行。

②联测的时效

联测记录必须在现场由参加联测的各方代表签署,参与联测各方留存一份,承包人应在联测的现场工作结束后48小时内完成联测成果的编制。联测成果文件包括:联测的前期准备、联测小组构成、联测过程、联测记录、工程现场照片和其他有关资料等。

③联测的成果审定

总监办应在收到承包人编制的联测成果后,在48小时内完成审查工作,报项目办或市高指,项目办或市高指应在收到总监办报送的审查意见后48小时内完成联测成果的审定。在联测成果审定前不得破坏现场,对联测有异议的应及时组织复测。

14.6.5 计量支付文件编制和审核

施工单位依据经签认的“工程计量表”及其他必要的材料编制“计量支付数量汇总表”及“工程月计

量申报表”等其他报表,并上报监理单位。

监理单位负责审核“工程月计量申报表”及附件,并报现场管理机构进行审批。并注意:累计支付数量不得超出工程量现清单总量;重要计量项目的支付数量不得超过控制数量。

项目现场管理机构应按合同段对合同计量支付管理工作建立专项台账,并明确由专人负责于每月25日前收齐上述台账电子版,集中报备省交建局工程部门。

14.6.6 计量支付工作的检查与监督

(1)省交建局及现场管理机构应建立计量工作台账,及时详细列明计量的工程项目、数量及金额,以备核查。并检查施工单位、监理单位的计量工作台账建立情况。

(2)计量工作接受纪检、监察、审计以及有关职能部门的监督、检查。

(3)现场管理机构应确保监理单位建立计量工作制度,建立自查自纠机制,加强计量工作管理。

(4)现场管理机构应对监理单位的计量工作实施进行检查,查纠监理单位在计量工作中的错误行为。

(5)省交建局通过巡查、内部审计等方式对计量管理规定的执行情况进行监督和检查。对不严格执行计量管理规定的行为,将视情节予以通报批评及处罚。

14.6.7 计量控制

(1)校核施工图设计数量:在施工图下达后60天内,总监办负责组织承包人,对施工图设计中的工程数量对照工程量清单进行校核,形成书面文件,报项目办或市高指,项目办或市高指应在收到总监办相关资料后30天内,会同设计单位完成第一次工程量清单修正。

(2)调整工程量清单。

监理单位组织施工单位按照《设计变更管理办法》规定,提出工程量清单调整意见,经现场管理机构审核后上报省交建局批准执行。

(3)编制工程量现清单。

根据原工程量清单和审批的设计变更指令,监理单位在每月20日前完成工程量清单的调整工作,形成最新的“工程量现清单”报现场管理机构核备,作为工程计量申报的控制依据。现场管理机构在每季度末将“工程量现清单”汇总后报备省交建局。

14.7 规章制度

(1)《江苏省高速公路施工项目计量管理办法》(苏交建工二〔2010〕38号)。

(2)《江苏省交通工程建设局工程项目建设管理实施办法》(苏交建工二〔2010〕35号)。

14.8 管理记录

(1)中间检验申请单。

(2)工程报验单。

(3)工程计量表。

(4)计量支付数量汇总表。

(5)工程月计量申报表。

(6)项目计量支付月度汇总表。

(7)江苏省交通工程建设局工程资金申请表。

(8)物资结算通知单。

(9)工程量现清单。

第15章　设计变更管理

15.1　目的

统一和规范高速公路工程建设中工程设计变更工作的程序，及时解决施工过程中的问题，实现工程项目建设工作的有序进行和工程设计变更的标准化管理。

15.2　范围

适用于江苏省高速公路建设项目的一、二、三类设计变更的管理，包括江苏省高速公路建设项目中设计变更的立项、报审、下达实施等过程的管理。

15.3　定义

15.3.1　设计变更

在工程项目实施过程中，按照合同约定的程序和工作范围，对部分或全部工程在材料、工艺、功能、构造、尺寸、技术指标、工程数量及施工方法等方面作出的改变。

15.4　职责

15.4.1　省交建局

(1)对现场管理机构或勘察设计单位提出的一类设计变更进行初审，向省交通厅申报设计变更立项申请。

(2)由省交建局提出的一类设计变更，在征询设计单位意见后，向省交通厅申报设计变更立项申请。

(3)对现场管理机构或勘察设计单位提出的二类设计变更进行审批。

(4)在设计变更立项后向现场管理机构进行通知。

(5)签发设计变更通知。

15.4.2　现场管理机构

(1)在征求设计单位的意见后，向省交建局提出一类设计变更。

(2)对设计单位提出的审查意见予以初审。

(3)下发省交建局的设计变更通知。

15.4.3　监理单位

(1)对施工单位提出的设计变更予以初审，并交由现场管理机构审查。

(2)下发现场管理机构的设计变更通知。

15.4.4　施工单位

(1)向监理单位提出设计变更。

(2)接收各部门下发的变更通知并执行。

15.4.5　设计单位

(1)在工程施工过程中，及时配合施工单位，解决施工中出现的勘察、设计问题，完善和优化勘察设计，按规定办理变更设计。

(2)提出设计变更或对交建局提出的设计变更提出意见。

(3)对现场管理机构、施工单位提出的设计变更提出审查意见。

(4)根据立项的设计变更的要求进行变更设计。

15.5 业务流程

15.5.1 一、二、三类设计变更立项流程

一、二、三类设计变更立项流程，如图 15-1 所示。

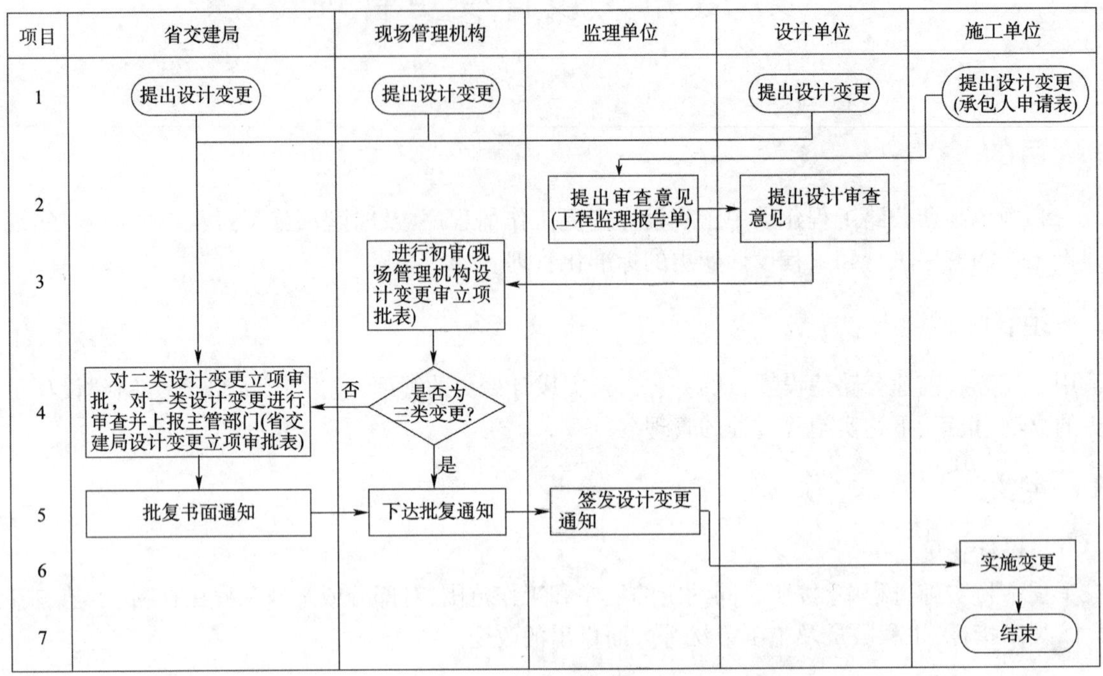

图 15-1 一、二、三类设计变更立项流程图

流程说明：

由省交建局、现场管理机构或施工单位提出的设计变更，设计单位应提出设计审查意见，再经现场管理机构进行初审。由设计单位提出的设计变更直直接交由现场管理机构进行初审。对设计变更进行分类，一类、二类的设计变更应上报省交建局进行审查、审批，并下达立项审批表，现场管理机构下达立项通知；而对于三类设计变更，无须报省交建局，直接由现场管理机构下达立项通知。监理单位签发设计变更通知，施工单位按照要求对设计实施变更。

15.5.2 设计变更报审(批复立项后)业务流程

设计变更报审(批复立项后)业务流程，如图 15-2 所示。

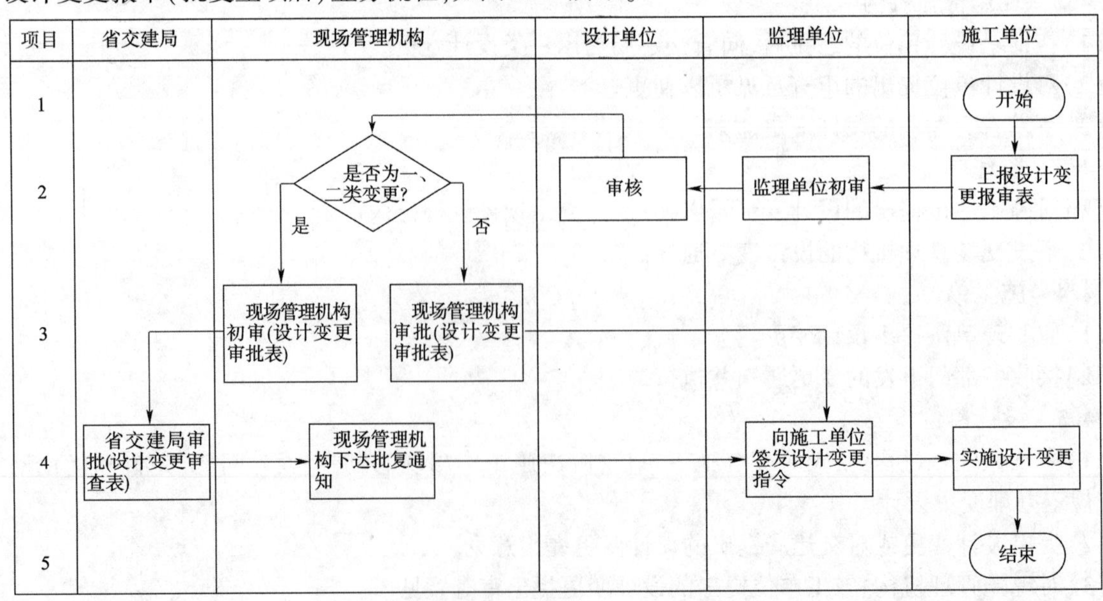

图 15-2 设计变更报审(批复立项后)业务流程图

流程说明：

施工单位在收到设计变更通知后，组织编制设计变更报审资料，以设计变更报审表形式上报监理单位，监理单位签署初审意见后报设计单位审核，审核通过报现场管理机构签发设计变更审批表。三类设计变更由现场管理机构签发三类变更指令后正式生效，一、二类设计变更须由现场管理机构签报一、二类变更指令，经省交建局签发设计变更审批表后正式生效。

15.6　管理程序

15.6.1　设计变更的提出

项目法人、设计单位、施工单位及监理单位均可提出设计变更。提出方必须以书面形式详细阐述变更理由，提出设计变更方案。设计变更方案应包括初步的技术方案和较细的经济比较资料，初步的设计技术方案深度应不低于初步设计文件要求的深度。

15.6.2　设计变更方案的递交和受理

任何单位（除省交通厅及以上机构以外）提出的重大设计变更方案均须递交项目法人，抄送其他各方，由项目法人论证后报省交通厅，省交通厅给予确定，或报原初步设计审批机关审批。

（1）由项目法人提出的重要设计变更方案，须递交设计单位、监理单位、施工单位，项目法人给予论证和确定。

（2）由设计、监理、施工单位中任何一方提出的重要设计变更方案，均须提交项目法人，抄送其他各方，项目法人给予论证和确定。

（3）由监理单位提出的一般设计变更方案，须递交项目法人、设计单位、施工单位，由监理单位给予论证和确定。

（4）由项目法人、设计单位、施工单位中任何一方提出的一般设计变更方案，均须递交监理单位，抄送其他各方，由监理单位给予论证和确定。

15.6.3　设计变更的论证和确定

（1）设计变更必须经过现场调查，并进行技术、经济论证后确定是否变更。

（2）一般设计变更由监理单位组织有关各方会商论证后确定是否进行变更。

（3）重大设计变更和重要设计变更，项目法人均可采取组织勘察设计单位、施工单位、监理单位及有关专家参加的会议形式进行论证。重要设计变更由项目法人根据论证结果决定是否进行变更。重大设计变更由项目法人经调查论证确认后报省交通厅确定。

15.6.4　设计变更文件的审批

（1）按照项目管理权限，凡需由省级交通主管部门或原初步设计审批机关负责审批的重大设计变更文件，由项目法人上报，经省交通厅审查后负责逐级上报审批；不需上报审批的，由省交通厅负责审批。

（2）重要设计变更文件由项目法人负责审批，报备省交通厅。

（3）一般设计变更文件由监理单位负责审批，报备项目法人。

15.6.5　设计变更的下达和实施

（1）设计变更方案经审批后，项目法人方可向设计单位下达设计变更通知书，设计单位必须执行。

（2）设计变更文件须经审批后，监理单位方可向施工单位下达工程变更令。

（3）施工单位在接到监理单位下达的工程变更令后必须从速、不延误地开展施工，不得以任何借口拖延施工；没有监理单位下达的工程变更令，施工单位不得擅自施工。

15.6.6　设计变更报审时应提交材料

（1）申请表（工程名称、设计变更名称、位置、投资变化、论证结论等，相关各方签署意见）。

（2）设计变更说明（主要阐述设计变更提出过程、变更理由和论证材料）。

（3）原设计图纸及设计变更图纸。

（4）工程量清单和投资变化估算。

（5）其他材料（计算书等）。

15.6.7 合同清单外项目的组价

合同清单外项目组价依照以下三类方法进行:现有单价计价法、预算定额计价法和成本加酬金计价法。

现有单价计价法适用于可以获得相关单价资料的项目的组价,但由本标段现有清单项目变更而来且差异较小的项目。

预算定额计价法分为差额法和整体下浮法,差额法适用于与本标段现有项目差异较小的项目的组价;整体下浮法适用于本标段有合适的参照项目可用于确定预算价下浮幅度的项目的组价。

成本加酬金计价法分为市场平均价成本法和实际费用成本法,市场平均价成本法适用于市场上至少有3家可供选择的生产、加工厂家或专业化施工队伍,且易于询价的项目的组价;实际费用成本法适用于无法或不宜采用上述各种组价方法的项目组价。

对于同一项目有2种或多种组价方法均适用时,原则上应按照现有单价计价法、预算定额计价法(差额法、整体下浮法)、成本加酬金法(市场平均价成本法、实际费用成本法)依次进行选用。

15.7 规章制度

(1)《建设工程项目管理规范》(GB/T 50326)。

(2)《公路工程设计变更管理办法》(交通部〔2005〕5号)。

(3)《江苏省交通工程建设局高速公路项目主体工程设计变更管理办法》(苏交建计〔2011〕49号)。

(4)《关于印发〈高速公路工程合同清单外项目组价方法指导意见(试行)〉和〈高速公路工程合同清单外项目组价方法范例集〉的通知》(苏交建计〔2011〕20号)

15.8 管理记录

(1)江苏省________高速公路________市段工程项目省交建局设计变更立项审批表(表15-1)。

(2)江苏省________高速公路________市段工程项目省交建局设计变更审批表(表15-2)。

(3)江苏省________高速公路________市段工程项目现场管理机构设计变更立项审批表(表15-3)。

(4)江苏省________高速公路________市段工程项目现场管理机构设计变更审批表(表15-4)。

(5)江苏省________高速公路________市段工程项目设计变更报审表(表15-5)。

(6)江苏省________高速公路________市段工程项目承包人申报表(通用)(表15-6)。

(7)江苏省________高速公路________市段工程项目设计变更通知(表15-7)。

(8)江苏省________高速公路________市段工程项目三类变更指令(表15-8)。

(9)江苏省________高速公路________市段工程项目一、二类变更指令(表15-9)。

表 15-1　江苏省________高速公路________市段工程项目

承包单位________________　　　　　　　　　　合同号________________

监理单位________________　　　　　　　　　　编　号________________

省交建局设计变更立项审批表

<table>
<tr><td colspan="2">变更申请项目</td><td colspan="3"></td><td>变更类别</td><td colspan="4">一类□ 二类□ 三类□
A 类□　B 类□</td></tr>
<tr><td colspan="2">变更内容</td><td colspan="4"></td><td colspan="2">设计变更
提出人</td><td colspan="2"></td></tr>
<tr><td colspan="2">变更依据</td><td colspan="8"></td></tr>
<tr><td>变更估算
金额</td><td>承包人估算</td><td></td><td>监理单位
估算</td><td></td><td>现场管理
估算</td><td></td><td>省交建局
估算</td><td></td><td></td></tr>
<tr><td rowspan="3">工程部门</td><td>监管科</td><td colspan="8"></td></tr>
<tr><td>分管处长</td><td colspan="8"></td></tr>
<tr><td>处长</td><td colspan="8"></td></tr>
<tr><td colspan="2">分管工程部门副局长</td><td colspan="8"></td></tr>
<tr><td colspan="2">局长</td><td colspan="8"></td></tr>
</table>

表 15-2　江苏省________高速公路________市段工程项目

承包单位________________　　　　　　　　　合同号________________

监理单位________________　　　　　　　　　编　号________________

省交建局设计变更审批表

<table>
<tr><td colspan="3">立项情况</td><td></td><td>立项审批金额</td><td></td><td>变更类别</td><td colspan="4">一类□ 二类□ 三类□
A 类□ B 类□</td></tr>
<tr><td colspan="3">承包人
申报金额</td><td></td><td>监理单位
审核金额</td><td></td><td>现场管理
机构
审核金额</td><td></td><td>有无合同
外单价</td><td colspan="2">有□
无□</td></tr>
<tr><td colspan="3">变更内容</td><td colspan="8"></td></tr>
<tr><td rowspan="3">合同外
单价审核</td><td rowspan="3">计划部门</td><td>合同科</td><td colspan="8"></td></tr>
<tr><td>分管
处长</td><td colspan="8"></td></tr>
<tr><td>处长</td><td colspan="8"></td></tr>
<tr><td rowspan="4">工程量、
合同内单价
及总金额
审核</td><td rowspan="4">工程部门</td><td>监管科</td><td colspan="8"></td></tr>
<tr><td>管理科</td><td colspan="8"></td></tr>
<tr><td>分管
处长</td><td colspan="8"></td></tr>
<tr><td>处长</td><td colspan="8"></td></tr>
<tr><td colspan="3">分管计划部门
副局长</td><td colspan="8"></td></tr>
<tr><td colspan="3">分管工程部门
副局长</td><td colspan="8"></td></tr>
<tr><td colspan="3">局长</td><td colspan="8"></td></tr>
</table>

表 15-3　江苏省________高速公路________市段工程项目

承包单位________________　　合同号________________

监理单位________________　　编　号________________

现场管理机构设计变更立项审批表

<table>
<tr><td colspan="2">变更申请项目</td><td colspan="2"></td><td colspan="2">变更类别</td><td colspan="2">一类□　二类□　三类□
A 类□　B 类□</td></tr>
<tr><td colspan="2">变更内容</td><td colspan="2"></td><td colspan="2">设计变更提出人</td><td colspan="2"></td></tr>
<tr><td colspan="2">变更依据</td><td colspan="6"></td></tr>
<tr><td colspan="2">变更金额</td><td>承包人估算</td><td></td><td>监理单位估算</td><td></td><td>现场管理机构估算</td><td></td></tr>
<tr><td colspan="2">设计代表</td><td colspan="6"></td></tr>
<tr><td rowspan="4">现场管理机构</td><td>工程部</td><td colspan="6"></td></tr>
<tr><td>计划部</td><td colspan="6"></td></tr>
<tr><td>副主任</td><td colspan="6"></td></tr>
<tr><td>主任</td><td colspan="6"></td></tr>
</table>

表 15-4　江苏省________高速公路________市段工程项目

承包单位________________　　　　合同号________________

监理单位________________　　　　编　号________________

现场管理机构设计变更审批表

<table>
<tr><td colspan="2">变更申请项目</td><td></td><td>立项审批金额</td><td></td><td>变更类别</td><td>一类□ 二类□ 三类□
A 类□ B 类□</td></tr>
<tr><td colspan="2">变更内容</td><td colspan="5"></td></tr>
<tr><td colspan="2">变更依据</td><td colspan="5"></td></tr>
<tr><td>变更金额</td><td>承包人上报</td><td></td><td>监理单位审核</td><td colspan="3"></td></tr>
<tr><td colspan="2">设计代表</td><td colspan="5"></td></tr>
<tr><td rowspan="4">现场管理机构</td><td>工程部</td><td colspan="5"></td></tr>
<tr><td>计划部</td><td colspan="5"></td></tr>
<tr><td>副主任</td><td colspan="5"></td></tr>
<tr><td>主任</td><td colspan="5"></td></tr>
</table>

表15-5　江苏省________高速公路________市段工程项目

承包单位________________　　　　合同号________________

监理单位________________　　　　编　号________________

设计变更报审表

<table>
<tr><td>致(总监理工程师)____________：
现因(原因)____，需对(工程名称及具体项目名称)
____________________________进行设计变更，变更额为(+，-元)____________________________。
附件：变更设计图、说明、工程量清单、工程量变更前后对照资料等。

承包人：　　　　　　　年　　月　　日</td></tr>
<tr><td>总监理工程师审查意见：

总监理工程师：　　　　　　　年　　月　　日</td></tr>
</table>

表 15-6　江苏省________高速公路________市段工程项目

承包单位________________　　　　合同号________________

监理单位________________　　　　编　号________________

承包人申报表(通用)

<table>
<tr><td>致(总监理工程师)__________：

事由：

承包人：　　　　　　年　　月　　日

附件：</td></tr>
<tr><td>总监理工程师审查意见：

总监理工程师：　　　　年　　月　　日</td></tr>
</table>

表 15-7　江苏省________高速公路________市段工程项目

承包单位________________　　　　合同号________________

监理单位________________　　　　编　号________________

设计变更通知

致(承包人)____________:

根据合同有关规定,现决定对____________________________(工程名称及具体项目名称)的设计进行变更,请按变更后的图纸组织施工,正式变更令另发。

变更项目内容及细节:

变更后合同金额的增减估算:

附件:设计变更图

总监理工程师:　　　　　　　　年　　月　　日

承包人签收:

承包人:　　　　　　　　年　　月　　日

表 15-8　江苏省________高速公路________市段工程项目

承包单位________________　　合同号________________

监理单位________________　　编　号________________

三类变更指令

变更指令类型：

☐数量调整　☐单价调整　☐延长时间

☐合同外工程　☐修改设计变更范围

致(施工单位)：

现决定对本合同项目作出如下变更调整，请遵照执行。

金额单位：元

数量变更

项目号	项目名称	单位	申报数量(+、-)	审核数量(+、-)	单价	变更金额(+、-)
					小计	

新项目及单价调整变更

项目号	项目名称	单位	申报数量(+、-)	审核数量(+、-)	原单价	现单价	变更金额(+、-)
						小计	
						合计	

变更说明：

合同金额的增减(人民币元)		合同工期的增加	
原合同金额(清单小计)		原合同工期(日历天)	
以往变更金额累计(+,-)		本变更延长工期天数	
本变更金额		迄今延长合同工期总月数	
现合同金额(清单小计)		现合同工期(日历天)	
变更比率(现合同金额/原合同金额)			

总监理工程师：　　年　月　日

现场管理机构主任：　　年　月　日

表 15-9　江苏省________高速公路________市段工程项目

承包单位________________　　　　合同号________________

监理单位________________　　　　编　号________________

一、二类变更指令

变更指令类型：

□数量调整　　□单价调整　　□延长时间

□合同外工程　　□修改设计变更范围

致(施工单位)：

现决定对本合同项目作出如下变更调整,请遵照执行。

金额单位:元

数量变更						
项目号	项目名称	单位	申报数量(+、-)	审核数量(+、-)	单价	变更金额(+、-)
					小计	

新项目及单价调整变更							
项目号	项目名称	单位	申报数量(+、-)	审核数量(+、-)	原单价	现单价	变更金额(+、-)
						小计	
						合计	

变更说明：

合同金额的增减(人民币元)		合同工期的增加	
原合同金额(清单小计)		原合同工期(日历天)	
以往变更金额累计(+,-)		本变更延长工期天数	
本变更金额		迄今延长合同工期总月数	
现合同金额(清单小计)		现合同工期(日历天)	
变更比率(现合同金额/原合同金额)			

总监理工程师：　　年　月　日

现场管理机构主任：　　年　月　日

省交建局分管工程部门副局长：　　年　月　日

省交建局局长：　　年　月　日

第16章 科研管理

16.1 目的

统一和规范江苏省交通工程建设局的科研项目管理工作,实现对工程建设的科研项目立项、变更、验收和成果管理的规范化、程序化、制度化管理。

16.2 范围

适用于由江苏省交建局建设管理的高速公路工程项目,包括科研项目的立项、变更、验收和成果管理。

16.3 定义

16.3.1 科研

依托于江苏省交建局管辖的工程,以解决工程建设中遇到的设计、施工、技术、材料、管理等主要难题为目的,具有创造性、先进性、实用性和推广应用价值,并具有显著的经济效益、社会效益的科学研究价值。

16.4 职责

16.4.1 省交建局

(1)省交建局科研管理领导小组负责省交建局科技发展规划、科研项目立项决策、重大科技成果的推广应用等工作。

(2)省交建局负责重大科研项目的立项工作、日常管理工作,并组织鉴定。

(3)省交建局负责新技术、新工艺、新材料、新设备的推广应用和科技进步工作。

(4)省交建局科研日常管理工作归口部门,负责管理省交建局科研项目的立项、合同、经费、进度、阶段检查、验收、鉴定、成果报奖、档案等工作。

16.4.2 现场管理机构

(1)现场管理机构可根据具体情况和科研经费总量确定30万元以下的科研项目,并报省交建局批准。

(2)现场管理机构负责所确定科研项目的立项和日常的管理工作,并组织验收。

16.5 业务流程

16.5.1 科研项目管理业务流程

科研项目管理业务流程,如图16-1所示。

流程说明:

(1)省交建局各部门应根据工程建设的需要,每年三月底前提交当年的科研立项申请。

(2)申请立项项目必须由项目课题组填写“交通科技项目申请书”,经质量安全技术监督部门进行初审后报省交建局科研管理领导小组讨论审核。

(3)课题组编写“科研项目工作大纲”,报省交通运输厅组织专家评审;科研大纲通过专家评审后,课题正式立项。

(4)对通过立项审查的科研项目,课题组应填报“交通科研项目执行合同”,并按照省交建局合同管理有关规定签订“技术合同书”。

(5)省交建局质量安全技术监督部门汇总各科研项目“交通科研项目执行合同”,报送省交通运输厅科技处。

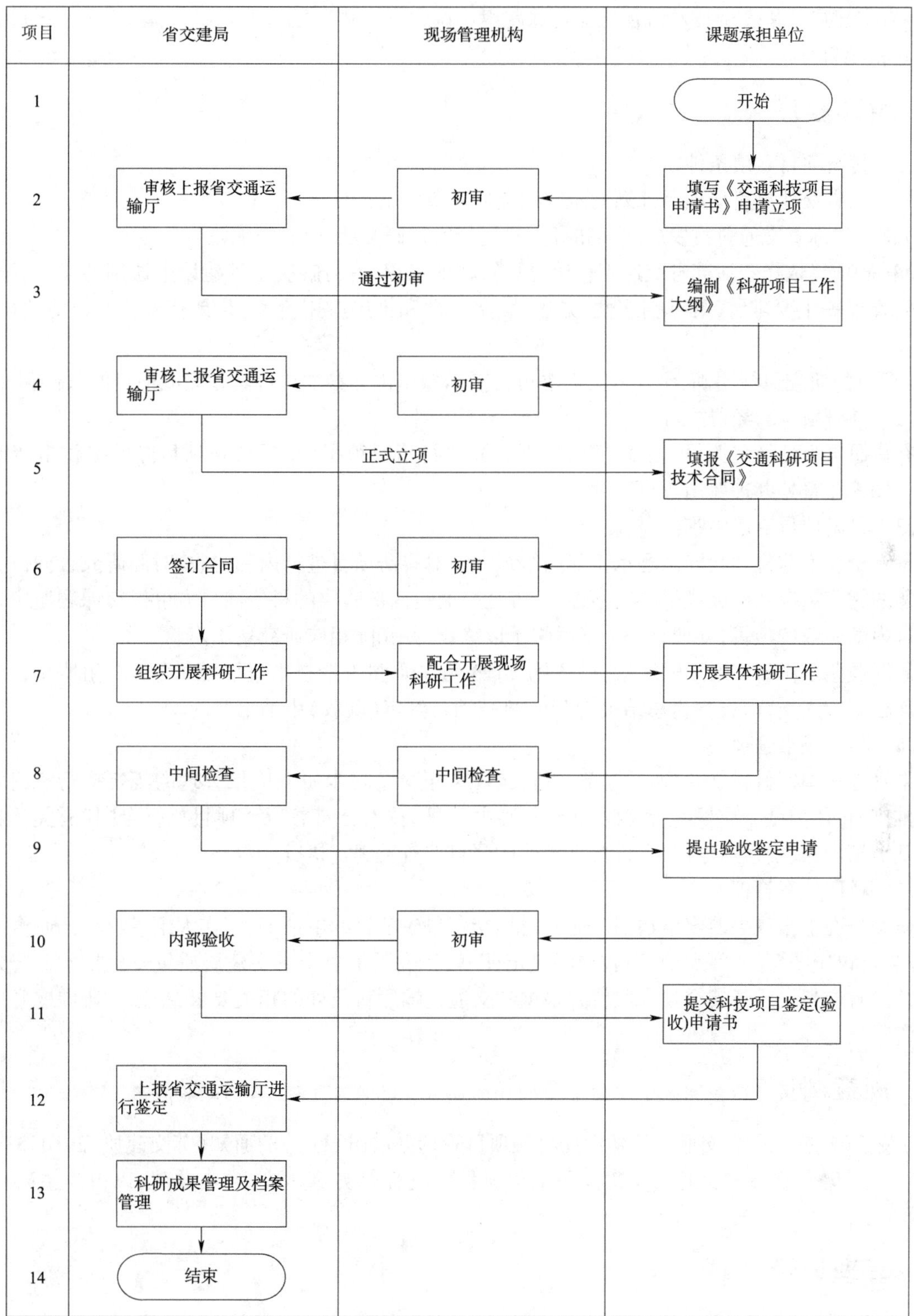

图16-1　科研项目管理业务流程图

(6)省交建局质量安全技术监督部门根据科研项目技术合同书及交通科技项目执行合同,对所列进度目标组织中间检查,每季度由课题组填报“项目执行报告表”,每半年检查一次课题进展情况,课题研究期限原则上不得超过原计划进度1年。

(7)所有科研项目需变更合同研究内容时,应由课题组提出申请报告,经课题负责人、课题承担单位负责人和质量安全技术监督部门负责人审查并签署意见后,经局领导同意,报厅科技处批准后执行。

(8)课题组在科研项目研究完成后,向省交建局质量安全技术监督处提出验收鉴定申请。质量安全技术监督处会同课题承担部门组织专家对科研项目进行内部验收。

(9)省交建局质量安全技术监督处配合课题组协调组织安排鉴定。课题组应提交"科技项目总结报告"和"科技项目鉴定(验收)申请书"。

16.6 管理程序

16.6.1 科研项目立项条件

申请列入省交建局科研项目计划的研究课题应具备以下条件:

(1)符合江苏省交通科技发展规划和省交建局年度科研发展计划。

(2)科研项目依托于江苏省交通工程建设局管辖的工程,着力解决工程建设中遇到的设计、施工、技术、材料、管理等主要难题,具有创造性、先进性、实用性和推广应用价值,并具有显著的经济效益、社会效益。

(3)项目的研究目标明确、研究方案先进可行。承担单位和参加单位具备完成项目的条件和能力。

16.6.2 科研项目的经费拨付

所有科研项目的经费拨付由承担部门根据合同执行情况填报"交通科技项目经费拨付申请单",由质量安全技术监督处办理费用拨付手续。

16.6.3 科研项目鉴定验收

质量安全技术监督处会同课题承担部门组织专家对科研项目进行内部验收,对照研究合同研究内容检查课题的完成情况和研究成果的完整性、合理性。通过内部验收的科研项目方可提交课题鉴定。两次未能通过内部验收的项目,办理有关手续后将予以终止,并扣除相应研究费用。

科研课题鉴定由省交通运输厅科技处组织,省交建局质量安全技术监督处配合课题组协调组织安排鉴定。课题组应提交"科技项目总结报告"和"科技项目鉴定(验收)申请书"。

16.6.4 科研成果管理

成果管理按国家科技部、交通运输部、省科技厅关于科学技术研究成果管理的规定执行。同时要加大成果推广、宣传力度。成果的所有权、转让权根据项目"技术合同书"及"项目执行合同"有关条款规定执行。凡申请国家、交通运输部、省科技进步奖的项目按有关规定执行。

16.6.5 科研档案管理

科研项目在上报成果鉴定申请书时应同时提交本科研项目的申请书、工作大纲、执行合同、全套技术文件资料、会议纪要等,并在课题"科技成果鉴定证书"下发后汇总交省交建局质量安全技术监督处办理存档手续。省交建局质量安全技术监督处根据省交通运输厅科技处的相关要求,报送科研课题省厅归档的相关资料。

16.7 规章制度

(1)关于印发《江苏省交通工程建设局科研项目管理办法(试行)》的通知(苏交建质〔2010〕53号)。

(2)关于印发《江苏省交通工程建设局工程项目建设管理实施办法(省市共建、以市为主)》的通知(苏交通工二〔2010〕35号)。

16.8 管理记录

(1)江苏省交通科学研究计划项目执行报告表(表16-1)。

(2)交通科技项目经费拨付申请表(表16-2)。

表 16-1　江苏省交通科学研究计划项目执行报告表

本项目第____次报告

<table>
<tr><td colspan="3">填报单位</td><td colspan="6">（盖章）</td></tr>
<tr><td colspan="3">项目名称</td><td colspan="6"></td></tr>
<tr><td colspan="3">起止年限</td><td></td><td>项目类别</td><td></td><td>项目编号</td><td colspan="2"></td></tr>
<tr><td colspan="9">一、累计已完成的进度和成果

二、未按计划完成内容及原因

三、下一步计划

</td></tr>
<tr><td colspan="3">项目总经费
（万元）</td><td colspan="3">至上年底累计投入经费
（万元）</td><td colspan="3">本报告期投入经费
（万元）</td></tr>
<tr><td>合计</td><td>自筹</td><td>拨款</td><td>合计</td><td>自筹</td><td>拨款</td><td>合计</td><td>自筹</td><td>拨款</td></tr>
<tr><td></td><td></td><td></td><td></td><td></td><td></td><td></td><td></td><td></td></tr>
</table>

负责人：　　　　　填表人：　　　　　填报日期：　　　年　　月　　日

表 16-2　交通科技项目经费拨付申请表

<table>
<tr><td colspan="2">课题名称</td><td colspan="4"></td></tr>
<tr><td colspan="2">承担单位</td><td colspan="4"></td></tr>
<tr><td>课题总经费</td><td></td><td>已支付经费</td><td></td><td>申请支付经费</td><td></td></tr>
<tr><td colspan="6">合同执行情况：

承担单位项目负责人：

</td></tr>
<tr><td>省交建局课题
承担部门意见</td><td colspan="5"></td></tr>
</table>

年　　月

第17章 档案管理

17.1 目的

统一和规范高速公路建设项目档案管理工作,实现高速公路建设项目档案的完整、准确、系统、安全和有效利用。

17.2 范围

适用于江苏省高速公路建设项目的档案管理工作。包括档案的检查、考核、验收及移交等。

17.3 定义

17.3.1 高速公路建设项目档案

高速公路建设项目档案是自建设项目立项开始直至竣工验收过程中所形成的具有保存、查考利用价值的各种形式和载体的真实历史记录,是对建设项目进行稽查、审计、监督、管理、验收以及各类道路设施养护、维修的依据,是改建、扩建和实施质量保修的重要凭证,对建设单位、使用单位日后进行运营管理有着重要作用。

17.4 职责

17.4.1 省交建局

(1)负责档案的分类,档案借阅管理。

(2)负责机构内的档案编研、保管、鉴定、销毁、移交管理,以及其他档案利用管理。

17.4.2 现场管理机构

(1)明确项目档案管理负责人,及时发布与项目文件收集编制管理有关的通知指令。及时配备符合要求的档案存放设施,做好档案的日常管理。

(2)协调政府各有关部门、设计单位、施工单位、监理单位之间的关系。

(3)及时、完整、准确、系统地收集从项目的提出、立项、审批、勘察设计、施工到交(竣)工验收的全过程中形成的文件材料。

(4)在工程项目建设过程中所签署的所有涉及设计、施工、监理、检测、科研和咨询等合同及协议书中,应明确工程竣工文件编制、归档的要求。

(5)对竣工文件收集、编制、归档工作进行统一管理和指导,实施全过程的动态管理。

(6)准确、完整填报《交通建设项目档案管理登记表》,并及时交付上级主管部门。

(7)组织、指导档案交(竣)工验收的各项准备工作,及时准确填写《交通建设项目档案专项验收申请表》并上报上级主管部门。在竣工验收前,必须完成所有竣工文件的编制、归档工作。在竣工验收后移交档案管理部门。

17.4.3 监理单位

(1)明确竣工文件编制管理的负责人。及时配备符合要求的档案架、临时档案室及专用计算机。

(2)及时发布与竣工文件编制管理有关的通知指令,积极协调施工单位与建设单位档案管理部门的关系。

(3)按时完成与监理工作有关的竣工文件收集、整理、编制工作。

(4)对施工单位的文件材料进行审查,对已签认文件的完整、准确、系统性负责,及时闭合、完善监理和施工单位之间的交叉文件材料。

17.4.4 施工单位

(1)施工单位必须成立相应的管理机构,明确负责人。未经建设单位同意,不允许私自更换人员。及时配备符合要求的档案架、临时档案室及专用计算机。

(2)按时完成与工程施工有关的文件材料收集、整理和报送,按规范要求自检。

(3)凡实行分包的,由各分包单位负责其分包项目全部文件的编制和收集,然后由总包单位进行汇总,并负责对分包单位的文件材料进行审核把关。

(4)对所上报竣工文件的完整性、准确性和系统性负全责。

17.5 业务流程

17.5.1 档案管理业务流程

档案管理业务流程,如图17-1所示。

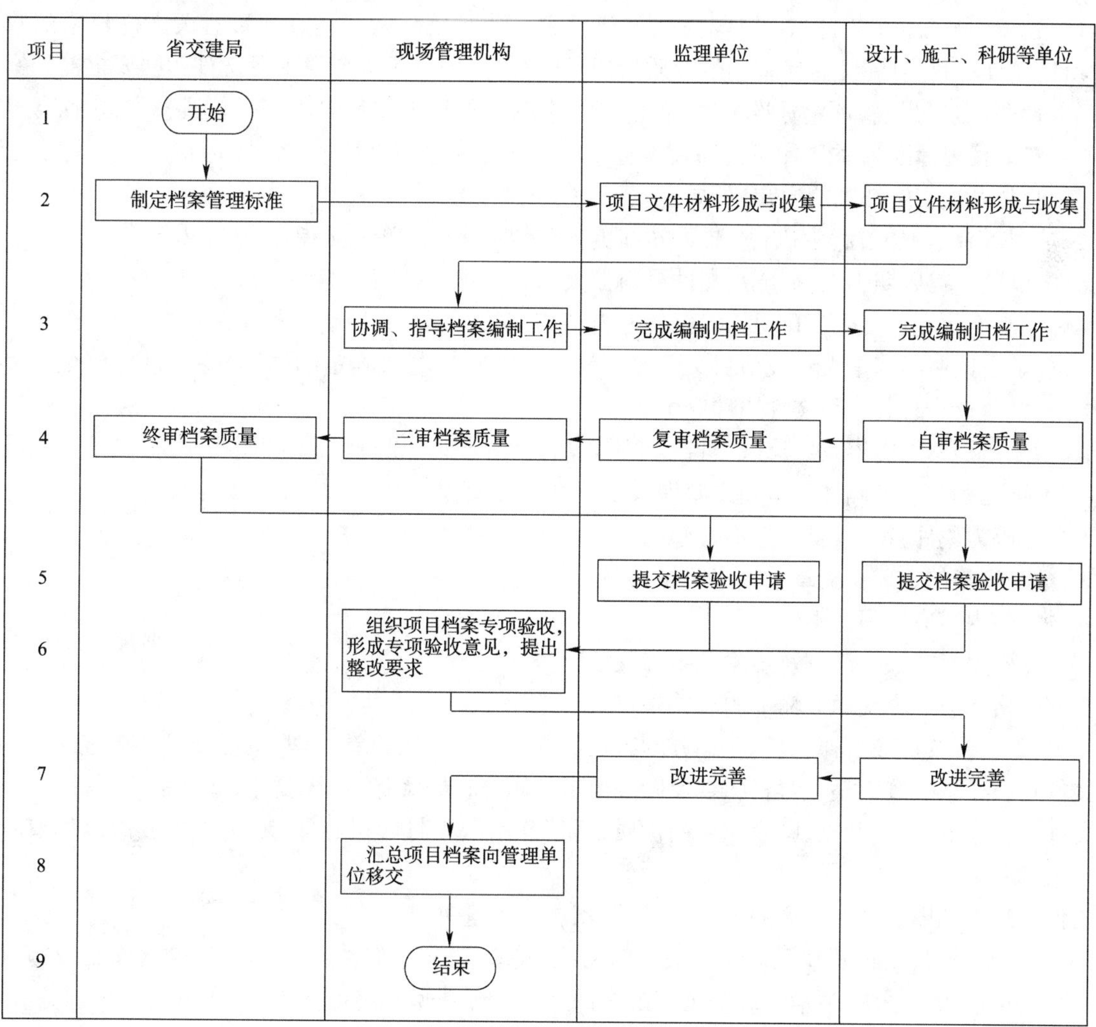

图17-1 档案管理业务流程图

流程说明:

省交建局制定档案管理标准,各参建单位收集并形成项目文件材料,现场管理机构组织、协调、指导项目档案的收集、整理工作。档案整理完成后,由各参建单位自审后,监理单位复审,高速公路现场管理机构三审,工程验收委员会终审。高速公路建设项目交工验收时,各参建单位提交档案验收申请,由现场管理机构组织项目档案专项验收,形成意见并提出整改要求,各参建单位根据意见进行改进完善。现场管理机构汇总项目档案,向管理单位移交。

17.6 管理程序

17.6.1 项目档案的编制内容及管理职责

(1)高速公路建设项目档案按八个部分进行整理编制。第一部分综合类;第二部分工程设计类;第三部分工程施工类;第四部分工程监理类;第五部分工程竣工决算类;第六部分工程竣工图类;第七部分工程科研类;第八部分特殊载体类。

(2)高速公路现场管理机构负责第一部分综合类、第二部分工程设计类、第五部分工程竣工决算类、第七部分工程科研类、第八部分特殊载体类的收集、整理工作。

施工单位负责第三部分工程施工类、第六部分工程竣工图类、第八部分特殊载体类的收集、整理工作。

监理单位负责第四部分工程监理类、第八部分特殊载体类的收集、整理工作。

17.6.2 项目的编制质量要求

(1)各参建单位应在各自职责范围内根据项目建设情况及时做好建设项目有关文件材料的收集与整理,项目文件材料归档范围、保管期限及质量要求应符合《国家重大建设项目文件归档要求与档案整理规范》《公路工程质量检验评定标准》(土建工程)《建筑工程施工质量验收统一标准》《江苏省高速公路建设项目档案管理标准》《关于印发公路建设项目文件材料立卷归档管理办法的通知》《关于印发公路工程交竣工验收办法实施细则的通知》的要求。

(2)文件编制、归档过程中执行"谁经办谁负责"的原则。各单位应指定专人,及时收集、整理、编制项目文件,以免工程后期因人员分散、文件材料流失而影响项目档案的编制质量。

文件编制应认真负责、实事求是,确保文件材料的完整、准确、系统。

完整,是指按照国家重大建设项目文件归档要求与档案规范所确定的内容,将项目建设全过程中应该归档的文件材料归档,各种文件原件齐全。

准确,是指档案的内容真实反映项目竣工时的实际情况和建设过程,做到图物相符、技术数据准确可靠、签字手续完备。对准确性的审查主要涉及以下五个方面:

①文件应为原件、正本,复印件不得归档。

②合同、表格的签名及盖章手续应完备、有效。

③文件的内容应填写完整。

④文件不得存在数据涂改及不耐久字迹现象。

⑤文件格式应符合交通运输部的有关规定。

系统,是指按其形成规律,保持各部分的有机联系、分类科学、组卷合理、整理规范、便于查找利用。

文件材料要求字迹工整、清楚,图纸及图表要求清晰、整洁,无涂改、无复印,签字手续完备。

文件材料中的文字、数据、图表应采用优质纸张,并用激光打印机打印,或用不褪色的黑色或蓝黑墨水书写、绘制。

文件材料中的图表和文字说明,一律使用国家法定计量单位和符号。

(3)竣工图应能全面、准确反映工程竣工时路线、路基、路面、桥梁、隧道、立交、交通安全设施、房建、绿化、收费系统、监控系统、通信系统等工程的全部施工实际造型和特征。

(4)工程项目文件归档前,应按要求由文件材料形成单位进行组卷。组卷应遵循公路工程文件材料的自然形成规律和成套性原则,分类科学,组卷合理,便于查找利用。

(5)建设工程声像文件是项目文件的重要组成部分,是反映建设工程现场原地物、地貌和工程施工主要过程及建成后的建(构)筑物的照片和录像文件。

照片文件包括普通胶片照片和数码照片。

普通胶片照片应由照片、底片(向外单位收集的可以没有底片)和文字说明等部分组成,归档时每张照片要附有一张底片,彩色底片不宜久存,对有特殊意义的应复制成黑(白)底片保存。

采用数码照相机拍摄的照片要求如下:

①使用400万像素及以上的数码相机,照片分辨率设置为1200像素×1600像素,拍摄时设置“日期时间显示”功能。

②采用数码照相机拍摄的照片,应采用6寸或7寸大小的相纸打印图像。

③数码照片应刻录在耐久性好的光盘上,光盘附有目录,目录应填写档号、案卷题名、照片编号、照片标题(与电子文件的文件名相同)等。

照片文件文字说明的填写要求:以一组有密切联系的照片为单位填写文字说明,如某次活动只收集了一张照片,则要以单张照片为单位填写文字说明。文字说明要求简明、准确,一般不超过200字。其内容包括:事由、时间、地点、人物、背景、摄影者六要素。

①事由:照片所反映事件、事物的情由。

②时间:事件发生或事物变化、产生的时间和照片拍摄的时间(由阿拉伯数字表示)。

③地点:被拍摄物所在的具体地点。

④人物:照片所反映的主要人物的姓名、单位和身份。

⑤背景:对揭示照片主题具有一定作用的背景。

⑥摄影者:照片的拍摄人。

录像文件要求图像清晰、解说正确。录像材料规格为专业带,录像档案带盒上应标有简要说明,内容包括工程名称、录制人、审核人及批准人。

(6)项目各参建单位应加强项目档案信息化管理工作,由高速公路工程项目管理办公室统一配备档案管理应用系统,并组织施工、监理等单位将全部案卷目录和文件级目录录入档案管理应用系统,对项目综合管理性文件和竣工图进行全文数字化。

17.6.3　项目档案的检查、考核及验收

(1)高速公路工程项目管理办公室、施工单位及监理等单位应将工程文件材料的形成、积累、整理、归档工作纳入工程目标管理,纳入施工管理及考核范围,纳入有关法人和工程技术人员的岗位职责,纳入经济责任制。建设项目档案人员应参加工作例会和工程质量评定会、参加设备开箱、参加各单项验收和工程项目总验收。

(2)工程施工过程中,高速公路工程项目管理办公室在检查工程进度与施工质量时,应同时检查项目档案的收集、整理情况;进行单位、分部、分项工程质量等级评定和工程验收时,应同时验收应归档文件材料的完整程度与整理质量。

(3)施工、监理单位要按合同要求,完成建设项目文件材料的收集和整理;监理单位还应对施工单位的项目档案工作进行检查。

(4)担风险责任期内,高速公路工程项目管理办公室应督促设计、施工、监理和使用单位,对高速公路试运行情况进行综述和对设计、施工质量评定材料及归档。

(5)施工单位档案质量的审查按四级进行,即编制单位自审、监理单位复审、高速公路工程项目管理办公室三审、工程验收委员会终审。

(6)监理单位档案质量的审查按三级进行,即编制单位自审、高速公路工程项目管理办公室复审、工程验收委员会终审。

(7)高速公路建设项目交工验收时,除综合类部分文件材料、竣工决算类及因设计变更原因未完成的竣工图类,其他类别文件材料需完成编制归档工作;竣工验收时除竣工验收文件,其他类别文件需全部完成编制归档工作。

(8)凡由国家发展和改革委员会审批或核准项目建议书、可行性研究报告和交通运输部审批初步设计的建设项目,建设单位应及时按照项目管理权限向项目主管部门提出项目档案专项验收申请,经审核同意后,转报交通运输部档案馆,由交通运输部档案馆组织验收;凡由省发展和改革委员会或省交通运输厅审批或核准负责审批项目建议书、可行性研究报告及初步设计的建设项目,建设单位应及时按照项目管理权限向省档案局提出项目档案专项验收申请,经审核同意后,由省档案局组织验收。

(9)项目档案专项验收申请程序及要求按交通运输部《关于印发公路建设项目文件材料立卷归档管

理办法的通知》(交办发〔2010〕382号)、《关于印发公路工程交竣工验收办法实施细则的通知》(交公路发〔2010〕65号)及《江苏省高速公路建设项目档案管理标准》(DB 32/T 1086—2008)。

(10)项目档案经审查验收或验收未通过的项目,不得办理项目竣(交)工验收手续,不得进行工程费用结算,不得申报优质工程。

17.6.4 项目档案的移交

项目档案由高速公路工程项目管理办公室汇总后统一向管理单位移交,移交时交接相关手续。移交工作一般应在工程竣工验收后三个月内完成。凡属交通运输部审批初步设计的项目需按交通运输部《交通档案进馆办法》的要求进行复制移交。

17.7 规章制度

(1)《国家重大建设项目文件归档要求与档案整理规范》(DA/T 28—2002)。

(2)《关于印发公路建设项目文件材料立卷归档管理办法的通知》(交办发〔2010〕382号)。

(3)《关于印发公路工程交竣工验收办法实施细则的通知》(交公路发〔2010〕65号)。

(4)《江苏省高速公路建设项目档案管理标准》(DB32/T 1086—2008)。

(5)《江苏省交通工程建设局工程项目档案管理办法》。

(6)《科技档案构成的一般要求》。

(7)《灌河大桥工程项目档案考评办法》。

第18章　现场党建统管

18.1　目的

统一和规范高速公路项目建设现场党的建设，深入推进党的先进性建设，增强党的凝聚力和战斗力，实现对高速公路党建工作的系统性、标准化管理。

18.2　范围

适用于江苏省高速公路建设项目的党建现场统管工作。包括思想教育、党员发展、党组织活动、文化建设等。

18.3　定义

贯彻落实“党要管党、从严治党”的原则，在高速公路建设项目现场管理工作中推行现场党建统管机制，通过建立系统的统管载体、确立科学的统管目标、制定完备的统管制度，构建统一规范的党建管理平台，为高速公路工程建设项目中党的思想建设、组织建设、作风建设提供实践载体，为优质、高效、安全、廉洁地完成建设任务提供制度保障。

18.4　职责

18.4.1　省交建局党委

(1)负责制定全省高速公路建设党建工作总体目标和工作安排。

(2)负责现场管理机构党委负责人及委员选举工作的监督与审核，负责相关人选的公示和任命工作。

(3)负责指导现场管理机构根据工程建设特点，开展主题党建活动。

(4)负责对现场管理机构党建工作开展情况的督查和考核。

18.4.2　现场管理机构

(1)贯彻落实省交建局党委制订的党建目标和工作计划，明确相应措施，完成局党委部署的工作任务。

(2)组建现场管理机构党委，负责高速公路项目党建工作制度、阶段目标及计划的制定工作。

(3)负责与施工、监理单位上级党组织的协调工作，落实党员委托管理的相关工作，指导督查项目党支部的组建、党员发展、组织活动等工作。

(4)负责建立高速公路项目党委整体工作体系，组织项目党支部开展党建活动。

(5)负责对项目党支部党建工作的督查和考核工作。

18.4.3　监理、施工单位

(1)协调现场管理机构与监理、施工单位上级党组织之间的关系。

(2)完善党员基础资料，按照现场管理机构的要求办理委托管理相关手续。

(3)按照现场党建统管要求，组建项目党支部，建立项目党支部党建工作体系，明确相关责任人。

(4)按照项目党委的工作部署，开展党组织活动、党员管理等党务工作，完备党建资料。

18.5 管理程序

18.5.1 组织建设

(1)建立高速公路现场管理机构党委、项目党支部。现场管理机构党委负责高速公路建设过程中总体党建事务,由高速公路各参建单位全体党员组成。

现场管理机构党委下设项目党支部,由各施工、监理单位根据党员组成情况,自主组建。凡有3名(含)以上党员的项目部,原则上建立党支部;不足3名党员的项目部,由现场管理机构党委统筹安排相关党员,至其他项目党支部管理。

(2)设立党组织负责人。现场管理机构党委设立党委书记1名、党委委员若干,由全体党员民主选举产生。

项目党支部设立书记1名、党务人员1名以上,由支部党员民主选举产生;党员人数较多的,可设立支部委员会。

(3)开展常态化的"双找"活动。如有新增施工人员进场,应开展"双找"活动,确保没有口袋党员。

(4)建立党员与入党积极分子结对工作网络,开展"一帮一对红"活动,做好组织发展工作。

18.5.2 场所建设

(1)现场管理机构党委和项目党支部书记室配置。

①面积不小于8平方米。

②门前有"书记室"标牌,大小、颜色符合驻地标准化要求。

③办公桌上近门、前侧方,放置V字斜插的"党旗、国旗"各一面,做到大小、样式的统一。

④悬挂"党委(党支部)工作职责""党委(党支部)书记工作职责""安全管理职责"等职责公示牌,大小、颜色符合驻地标准化要求,内容由党委及各党支部根据要求确定。

(2)活动室配置。

①党委活动室面积不小于30平方米,党支部活动室面积不小于10平方米。

②有超过党员人数20%以上的桌椅座位。

③有统一格式的报刊阅览架,放置各类报纸杂志书籍,党报党刊不少于3种;廉政报纸杂志不少于2种。

④门前有"活动室"标牌,大小、颜色符合驻地标准化要求。

⑤墙上有"党建园地"(党建园地,应有通栏标题、党旗、入党誓词、党员权利、党员义务、公示栏等内容)、"纪检园地"(纪检园地,应通栏标题、廉政规定、廉政文化、公示栏等内容),应有高速公路项目特色,大小、颜色纳入驻地标准化范畴。

(3)会议室配置。应配备可容纳党委(党支部)全体党员的大会议室(可与现场管理机构或项目部大会议室共用),配备音响系统、电教或投影设施,可播放宣传片、警示教育片、资料片等。

18.5.3 文化建设

(1)宣传板。在现场管理机构办公场所、项目部驻地,如活动室及走廊等处,放置至少五面党建工作宣传板,大小、颜色、布置位置符合驻地标准化要求(其他宣传板内容可根据自身情况定)。

(2)宣传栏。在现场管理机构办公场所、项目部驻地,设置党建(纪检)宣传专区或橱窗。

(3)标语。在现场管理机构办公场所、项目部驻地,悬挂不少于一条、与项目党建有关的宣传标语或横幅。

(4)旗帜。

①党旗:党委、各党支部室内(用五号旗,96厘米×64厘米)党旗、室外(用四号旗,144厘米×96厘米)党旗各一面,室外党旗用旗杆长度为3.5米。

②队旗:各党支部根据组建情况,制作相应数量的"党员突击队""青年突击队"等旗,用四号旗、红旗黄字,旗杆长度为3.5米。

③彩旗:各党支部印制一定数量、印有项目党建内容的宣传彩旗,在项目部驻地显目位置或在工地放

置(与本单位彩旗大小一致,色彩协调)。

(5)公示牌。在现场管理机构办公场所、项目部驻地,悬挂“党员安全责任区”“创先争优承诺”等公示牌,大小、颜色参照标准化标志标牌。

(6)桌牌。党员办公桌上,应放置“党员示范岗”桌牌,大小、颜色、放置位置符合驻地标准化要求。

(7)文化活动。围绕项目党建特点,在完成上级党组织部署的创建活动的基础上,每年度开展2次以上征文、演讲、党建知识测试、技能竞赛等自选创建活动。

(8)工作简报。现场管理机构和各参建单位应定期编印工作简报,工作简报应开辟项目党建专栏,宣传党建工作动态。

(9)宣传折页。在年度宣传折页中应有项目党建工作内容,并制作项目党建工作专项宣传折页。

(10)工作手册。印刷高速公路项目党建工作手册,并发放至每位党员,确保人手一本。

18.5.4　制度建设

现场管理机构党委、项目党支部应按照党章规定和党建有关要求,紧扣实际工作,制定科学完善的党建工作制度。

(1)党政联席会制度。制定党政联席会议制度,科学、民主地议定项目建设、党建等重要事项,形成会议记录并归档备查。

(2)“三会一课”制度。制定“三会一课”制度,定期召开党委(党支部)委员会、党小组会、党员大会、按时上好党课,规范开展组织生活,形成会议记录并归档备查。

(3)党员民主评议制度。制定党员民主评议制度,加强对党员经常性教育、管理和监督,形成会议记录并归档备查。

(4)党员结对帮扶制度。制定党员结对帮扶制度,加强对党员结对帮扶工作的经常性指导、检查和督促,适时总结帮扶工作的成功经验,形成帮扶工作资料并归档备查。

(5)党员谈心制度。制定党员谈心制度,加强对党员经常性教育与引导,提升党员先进性教育成效,落实专人整理党员提出的合理性建议。

(6)党员教育培训制度。制定党员教育培训制度,组织党员开展经常性的思想政治、业务管理、党纪党风等学习活动,形成学习情况记录并归档备查。

(7)党员组织关系及党费管理制度。制定党员组织关系及党费管理制度,规范党员组织关系接转、党费缴纳工作,形成完善的党务资料并归档备查。

(8)党建联建工作制度。制定党建联建工作制度,科学界定项目参建各方职能,构建横向到边、纵向到底、各司其职、全面覆盖的党建工作体系,形成纵深推进党的先进性建设、提升高速公路建设队伍整体规范化水平的重要平台。

18.5.5　载体建设

紧扣高速公路工程建设中心任务,按照省交建局党委的统一部署,开展主题突出的党建活动,并结合项目建设特点,开展特色党建活动。

(1)学习教育活动。组织开展经常性的专题党员教育活动。

(2)创先争优活动。开展创先争优示范点、党员示范岗创建活动,以及党员安全责任区、科技攻关等创建活动。

(3)劳动竞赛活动。开展现场管理机构组织的,或各参建单位组织的各类劳动竞赛活动。

(4)党建联建活动。开展项目现场管理机构与参建单位上级党组织共同参与的党建联建活动。

(5)文明创建活动。按照厅文明创建总体规划和省交建局文明创建实施意见,分解落实文明创建标准,开展系统的文明创建活动。

18.5.6　台账建设

(1)上级文件:上级党组织下发的各类文件。

(2)党员资料:党员名册、党员评议、党建论文、学习心得、党费缴纳、党员承诺等。

(3)组织发展:党员入党申请书、思想汇报,发展报告等。

(4)活动记录:使用统一的党组织活动记录本。

(5)计划总结:党建工作年度计划及实施方案、年度总结、阶段总结、汇报材料、先进典型材料。

(6)制度建设:上级下发的制度规定及党委、党支部的各类制度文本。

(7)文化建设:文化建设的照片、简报、折页和媒体宣传等

(8)教育培训:上级发放的会议(学习)材料、领导讲话;党委、党支部组织的学习材料;培训通知、签到、活动照片;学习心得。

(9)载体建设:按照组织活动的主题和形式,分类记录党组织活动开展情况并归档。

(10)其他资料:未归纳到以上台账类的少数资料。如某一类资料较多,可单独建立台账。

18.6 规章制度

《中国共产党章程》。

第19章　纪检监察工作

19.1　目的

统一和规范高速公路建设项目派驻纪检监察工作,实现对高速公路建设项目派驻纪检监察工作管理的规范化、程序化、制度化。

19.2　范围

适用于高速公路建设项目派驻纪检监察工作,包括廉政教育、廉政谈话、廉政合同管理、关键环节监督、廉政风险防控手册应用、纪检监察信访等工作。

19.3　定义

19.3.1　派驻纪检监察机构

派驻纪检监察机构是省交通重点工程纪检监察领导小组的派出机构,在驻省交通运输厅纪检组、监察室的指导下以及驻省交建局纪检监察办公室的直接领导下行使职能。

19.4　职责

19.4.1　驻局纪检监察机构

(1)负责协助局党委制定党风廉政建设责任制,落实党风廉政建设责任和有关规定。

(2)负责做好局全体人员的法纪法规教育、职业道德教育、家庭美德教育和廉政思想教育。

(3)制定各级各类参建人员的廉政行为准则和职业道德规范。

(4)对局招标投标工作、物资资格审查管理等工作进行监督。

(5)处理纪检监察信访,按照分级归口管理原则抓好信访件的承办、转办和督办,及时做好结果反馈工作。

(6)负责会同局有关部门处理工程建设中的违纪违规问题。

(7)负责对派驻人员进行日常管理,配合上级派出机构做好新项目派驻机构的设置和派驻人员的选配等工作。

(8)负责指导派驻纪检监察机构做好工程项目的招投标、征地拆迁基金、质量管理、物资采供、资金使用、设计变更和工程分包等关键环节的监督检查。

(9)负责指导派驻纪检监察机构做好工程项目中纪检监察日常工作。

(10)完成上级纪检监察机关和局党委交办的其他工作。

19.4.2　驻项目纪检监察机构

(1)协助现场建设管理机构制定党风廉政建设制度,落实党风廉政建设责任和有关规定。

(2)指导并协助工程参建单位加强对参建人员的法纪法规教育、职业道德教育、家庭美德教育和廉政思想教育,制定各级各类参建人员的廉政行为准则和职业道德规范。

(3)督促工程参建单位及时签订廉政合同。

(4)加强对工程项目的征地拆迁专项资金、招投标、工程质量管理、物资采供、资金使用、设计变更和工程分包等关键环节的监督检查。

(5)处理来信来访,会同、协助有关部门调查处理工程项目建设中的违纪违规问题。

19.5 业务流程

19.5.1 纪检监察信访业务流程

纪检监察信访业务流程,如图 19-1 所示。

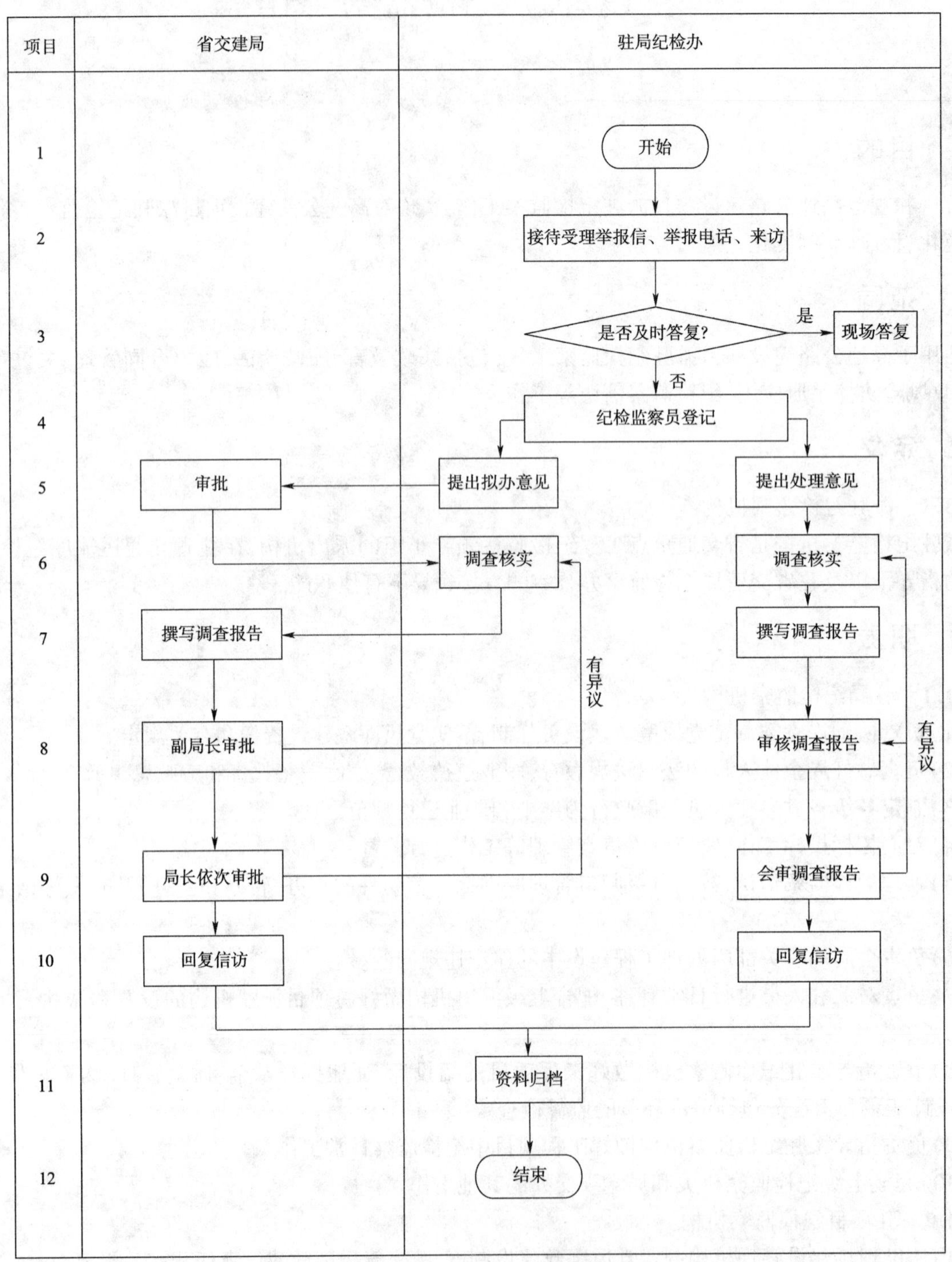

图 19-1 纪检监察信访业务流程图

流程说明:

驻局纪检办接待受理纪检监察信访,若可即时答复则现场答复,若不可以则纪检监察员登记。如果是重大信访,则纪检办主任提出拟办意见,局长审批,分管副局长审批,纪检办会有关职能部门调查核实,主管部门撰写调查报告,之后分管副局长审示,局长审批。在审示审批过程中若有异议,则让纪检办会同有关职能部门重新调查核实,若无异议主管部门进行信访回复,资料交纪检办归档。如果是一般信访,则纪检办主任提出处理意见,纪检办牵头组织调查核实,调查组撰写调查报告,纪检办主任审核调查报告,职能部门负责人会审调查报告,在审核和会审过程中若有异议,则让纪检办牵头组织重新调查核实,若无异议,纪检监察员回复信访,资料归档。

19.6　管理程序

19.6.1　廉政教育

(1)廉政教育是指指导、协助工程参建单位对参建人员广泛开展廉政教育活动。

(2)工作内容。

①协助现场管理机构建立健全廉政教育制度、制订并落实廉政教育计划。

②指导项目经理部、监理单位、中心试验室对现场参建人员进行法纪法规教育、职业道德教育、家庭美德教育和廉政思想教育等。

③指导、协助工程参建单位制定各级各类参建人员廉政行为准则和职业道德规范。

(3)工作方式。

①邀请有关领导和专家学者讲授廉政教育课。

②组织观看反腐倡廉电教片和廉政文化建设图片展等。

③印发廉政教育材料,张挂廉政标语,通过网络平台开辟廉政专栏等。

④在端午、中秋、国庆、春节等重大节假日前夕下发廉政通知,发送廉政短信等。

⑤开展警示教育,举办廉政书画展览,组织参观廉政教育基地等。

19.6.2　廉政谈话

(1)廉政谈话由派驻纪检监察机构单独或与现场管理机构党组织共同实施。

(2)工作内容。

①廉政告知谈话。主要是强化廉政责任意识,明确廉政建设要求,告知工程建设管理过程中易于引发不廉洁行为的重点环节。廉政告知谈话一般在下列情况下进行:现场管理机构相关工作人员职务或内部岗位变动时;现场管理机构新进人员时;施工、监理、试验单位进场、撤场时段等;在端午、中秋、国庆、春节等重大节假日期间。

②廉政提醒谈话。主要是针对在廉政建设上需要提醒的问题,对当事人指出潜在的问题及其危害性,有针对性地提出廉政要求。廉政提醒谈话一般在下列情况下进行:有利用职权、职务和工作之便谋取不正当利益苗头的;有违反党风廉政建设规定和廉政合同条款的;在生活作风上,有不健康追求和不检点行为迹象的;信访举报中反映的问题,经调查核实,有必要进行提醒谈话的等。

(3)工作要求。

①认真准备。拟定谈话内容、时间和地点等。

②注意保密。不得向谈话对象泄露信访举报人的单位、姓名及其他应该保密的内容,不得将信访举报件或谈话对象不宜阅看的材料给谈话对象阅看。

③规范操作。廉政谈话须由两人或两人以上组织实施,分谈话人和记录人。可找谈话对象一人单独谈话,也可找谈话对象多人集体谈话。

19.6.3　廉政合同管理

(1)廉政合同管理是对参建单位廉政合同的签订、履约等实施监督管理。

(2)工作内容。

①督促工程参建单位及时签订廉政合同。

②督促工程参建单位认真履行廉政合同条款。

③发现并纠正廉政合同执行过程中的苗头性问题。

(3)工作方式。

①不定期采用廉政问卷调查或廉政测评等方式对参建单位和参建人员履行廉政合同以及廉政制度执行等情况进行信息采集。

②定期对廉政合同履约情况进行检查和考核,全线通报检查考核结果。

③建议有关部门对违反廉政合同条款的行为进行处罚。

④及时向行政监督部门反馈施工企业违反廉政合同条款情况,便于其在信用等级评定时,按交通运输部《公路企业信用等级评价规则》(交公路发〔2009〕733 号)相关评定标准扣分。

19.6.4 廉政建设责任公示

(1)廉政建设责任公示是对施工单位廉政建设责任公示情况实施监督。

(2)工作内容。

①督促主体工程施工单位于进场后 1 个月内,在施工现场醒目位置设立廉政建设责任公示牌。

②向主体工程施工单位提供廉政建设责任公示牌“范本”。

③对廉政建设责任公示牌的内容进行审查。

(3)工作方式。

①下达设立廉政建设责任公示牌书面通知。

②实地验收廉政建设责任公示牌。

③明确施工单位对廉政责任公示牌的保护责任和设立期限。

19.6.5 廉政风险《防控手册》应用的监督

(1)廉政风险《防控手册》应用的监督是指督促、指导工程参建单位全面应用《江苏省交通工程建设局工程项目廉政风险防控手册》。

(2)工作内容。

①协助现场管理机构开展学习动员和宣贯工作。

②协助现场管理机构制定《防控手册》应用细化工作实施方案。

③指导现场管理机构、主体工程施工单位、监理单位、中心试验室梳理细化工作流程、排查廉政风险点,并制定相应的防控措施。

④敦促工程参建单位对照落实措施。

⑤指导、协助现场管理机构建立《防控手册》应用细化工作考核评价机制。

(3)工作方式。

①将细化完善后的分项流程图、廉政风险点及所涉对象、防控措施及其责任主体制成一览表,公布上墙。

②建立健全工程建设管理制度,改进工作方法,增强制度的执行力。对《防控手册》所列 90 项制度合理地借鉴吸收,不完善的予以修正,不适用的予以废弃,遗漏的予以新建。

③与惩防体系构建、治理商业贿赂、权力内控机制建设以及反腐倡廉宣传教育等工作相结合,统筹推进。

④加强调查研究,建立完善能控制的工作流程、可操作的工作方法和有实效的管理制度。

19.6.6 信访

(1)信访调查必须由两人或两人以上参加。

(2)信访谈话笔录要使用规定谈话笔录用纸、黑色墨水,且字迹清晰,问答分段。

(3)信访谈话笔录必须经谈话对象核对后,由谈话对象在最后一页页尾写上“本记录我已看过(或已给我念过),与我说的一样”和谈话对象的姓名、日期,并在其他各页页尾签名。

(4)谈话笔录修改处和谈话对象签名的地方均要由谈话对象加按红色指印。

(5)信访过程中取证文书应为原件(如为复印件须由提供人签字、单位盖章,并附有文字说明)。

(6)现场取证以照片、录像、录音等形式时,要加注日期、时间和现场人员名单。

(7)涉及重大问题的信访件,要及时向上级纪检监察部门做专题汇报。

19.7 规章制度

(1)《江苏省交通工程建设局工程项目廉政风险防控手册》(苏交建党〔2011〕17 号)。

(2)《江苏省交通工程建设局工程项目派驻纪检监察工作手册》(苏交建监察〔2012〕1 号)。

19.8　管理记录

(1)江苏省高速公路建设项目派驻纪检监察机构来访登记表(表 19-1)。

(2)江苏省高速公路建设项目派驻纪检监察机构信访办理单(表 19-2)。

(3)江苏省高速公路建设项目派驻纪检监察机构信访转办单(表 19-3)。

(4)谈话笔录(表 19-4)。

(5)江苏省高速公路建设项目派驻纪检监察机构举报电话记录(表 19-5)。

(6)江苏省高速公路建设项目派驻纪检监察机构现场督查登记表(表 19-6)。

(7)江苏省高速公路建设项目派驻纪检监察机构现场督查整改意见书(表 19-7)。

(8)江苏省高速公路建设项目派驻纪检监察机构上缴礼品礼金凭证(表 19-8)。

表 19-1　江苏省高速公路建设项目派驻纪检监察机构
来访登记表

省驻××项目纪检监察组　　　　　　来访日期：年　月　日

<table>
<tr><td>来访人姓名</td><td>性别</td><td>年龄</td><td>职业</td><td>单位或住址</td><td colspan="2">联系方式</td></tr>
<tr><td></td><td></td><td></td><td></td><td></td><td colspan="2"></td></tr>
<tr><td></td><td></td><td></td><td></td><td></td><td colspan="2"></td></tr>
<tr><td>身份证号码</td><td colspan="2">政治面貌</td><td>人数</td><td>曾到何机关上访</td><td colspan="2">民族</td></tr>
<tr><td></td><td colspan="2"></td><td></td><td></td><td colspan="2"></td></tr>
<tr><td></td><td colspan="2"></td><td></td><td></td><td colspan="2"></td></tr>
<tr><td>被反映人</td><td colspan="2"></td><td>单位</td><td></td><td>民族</td><td></td></tr>
<tr><td colspan="7">主要内容：</td></tr>
<tr><td colspan="7">处理意见：</td></tr>
<tr><td colspan="7">备注：</td></tr>
</table>

表19-2　江苏省高速公路建设项目派驻纪检监察机构

信访办理单

苏驻××项目纪信字(　)第　　号

<table>
<tr><td>来信来访人姓名</td><td></td><td>性质</td><td>来信/来电/来访</td><td>时间</td><td></td></tr>
<tr><td>单位或住址</td><td colspan="5"></td></tr>
<tr><td>接待
(收信)人</td><td colspan="3"></td><td>时间</td><td></td></tr>
<tr><td>反映内容</td><td colspan="5"></td></tr>
<tr><td>拟办意见</td><td colspan="5"></td></tr>
<tr><td>领导批示</td><td colspan="5"></td></tr>
<tr><td>处理结果</td><td colspan="5"></td></tr>
</table>

表 19-3　江苏省高速公路建设项目派驻纪检监察机构

信访转办单

<table>
<tr><td rowspan="5">信访转办单</td><td>信 访 人</td><td></td><td>联系方式</td><td colspan="2"></td></tr>
<tr><td>被反映人</td><td></td><td>单位职务</td><td colspan="2"></td></tr>
<tr><td>主要问题</td><td colspan="4"></td></tr>
<tr><td>办理要求</td><td colspan="2">按转办单第　项办理,
年　月　日前报结果</td><td colspan="2">苏驻××项目
纪信字(　　)　号</td></tr>
<tr><td>承办单位</td><td></td><td>经办人</td><td></td><td>时间:　　　年　　月　　日</td></tr>
</table>

江苏省高速公路建设项目派驻纪检监察机构

信访转办单

苏驻××项目纪信字(　　)第　号

____________________:

现将________来信(来访、来电)________件转给你们,请按照下列第____项办法处理,并注意保密。

一、请调查处理,并尽快将处理结果一式____份于________年____月____日报送我们。

二、请调查处理,直接答复信访者,同时于________年____月____日前将处理情况告诉我们。

三、请研究处理,直接答复信访者。

……

年　　月　　日

严禁将群众来信转至涉及的单位或个人

如发现对信访人打击报复的,要追查处理

表19-4　谈话笔录

<table>
<tr><td>时间:________年____月____日</td><td>地点:______________________</td></tr>
<tr><td>谈话对象:___________ 性别:_____</td><td>年龄:______________________</td></tr>
<tr><td>工作单位:______________________</td><td>职务:______________________</td></tr>
<tr><td>政治面貌:______________________</td><td>民族:______________________</td></tr>
<tr><td colspan="2">谈话主题:
____
____</td></tr>
<tr><td colspan="2">谈话人:___________________　　　　记录人:___________________</td></tr>
<tr><td colspan="2">江苏省交通重点工程纪检监察领导小组
驻××高速公路工程项目纪检监察组

谈话对象(签名):　　　　第　　页　　　共　　页</td></tr>
</table>

表 19-5　江苏省高速公路建设项目派驻纪检监察机构举报电话记录

苏驻××项目纪信字(　)第　号

省驻××项目纪检监察组　　　　年　月　日　时　分

<table>
<tr><td>举报人姓名</td><td></td><td>性别</td><td></td><td>职务</td><td></td><td>电话</td><td></td></tr>
<tr><td>单位住址</td><td colspan="3"></td><td colspan="2">联系方式</td><td colspan="2"></td></tr>
<tr><td>被举报人姓名</td><td></td><td>职务</td><td></td><td colspan="2">纪检监察对象</td><td colspan="2"></td></tr>
<tr><td>单位</td><td colspan="7"></td></tr>
<tr><td colspan="8">内容摘要：</td></tr>
<tr><td colspan="8">拟办意见：</td></tr>
<tr><td colspan="8">领导批示：</td></tr>
</table>

记录人：

表 19-6　江苏省高速公路建设项目派驻纪检监察机构
现场督查登记表

省驻××项目纪检监察组

督察项目		标段	
被督察单位			
督察时间		督察地点	
督察部门			
督察人员			
总体情况及存在问题			
整改处理意见			
整改情况反馈			
被督察单位意见	现场负责人(签字)： 项目负责人(签字)(单位盖章)		
备注			

表 19-7　江苏省高速公路建设项目派驻纪检监察机构
现场督查整改意见书

省驻 × × 项目纪检监察组　　　　苏驻 × × 项目纪执字(　)第　　号

督察项目		标段	
被督察单位			
督察时间		督察地点	
督察部门			
督察人员			
总体情况及存在问题			
整改意见	(督察部门盖章) 年　月　日		
抄报			

表 19-8　江苏省高速公路建设项目派驻纪检监察机构
上缴礼品礼金凭证(存根)

省驻××项目纪检监察组　　　　苏驻××项目纪收(　)第　号

<table>
<tr><td>时间</td><td></td><td>地点</td><td colspan="3"></td></tr>
<tr><td>上缴物品
(礼金)</td><td colspan="5"></td></tr>
<tr><td>上缴人姓名</td><td></td><td>性别</td><td></td><td>职务</td><td></td></tr>
<tr><td>工作单位</td><td></td><td>联系地址</td><td colspan="3"></td></tr>
<tr><td>上缴人签名</td><td colspan="2"></td><td>经办人</td><td colspan="2"></td></tr>
</table>

江苏省高速公路建设项目派驻纪检监察机构
上缴礼品礼金凭证(回执)

省驻××项目纪检监察组　　　　苏驻××项目纪收(　)第　号

<table>
<tr><td>时间</td><td></td><td>地点</td><td colspan="3"></td></tr>
<tr><td>上缴物品
(礼金)</td><td colspan="5"></td></tr>
<tr><td>上缴人姓名</td><td></td><td>性别</td><td></td><td>职务</td><td></td></tr>
<tr><td>工作单位</td><td></td><td>联系地址</td><td colspan="3"></td></tr>
<tr><td>上缴人签名</td><td colspan="2"></td><td>经办人</td><td colspan="2"></td></tr>
</table>

第 20 章　党风廉政建设

20.1　目的

统一和规范党风廉政工作，加强省高速公路建设过程中的党风廉政建设，促进政府机构的规范化、制度化和科学化。

20.2　范围

适用于江苏省高速公路建设工程中相关的党风廉政管理工作。

20.3　定义

20.3.1　例行谈话

例行谈话指定期或不定期与全体领导干部特别是部门负责人就党风廉政建设和反腐败工作开展情况、廉洁自律情况进行交换意见、研究问题的建设性谈话。

20.3.2　任前谈话

任前谈话指根据干部管理权限，与新提拔、交流任职的科级干部就需要注意的廉政事项进行的要求性谈话。

20.3.3　诫勉谈话

诫勉谈话指与在党风廉政建设方面存在苗头性、倾向性问题或已出现轻微违纪行为，但尚不构成纪律处分的领导干部进行的警示性谈话。

20.4　职责

20.4.1　省交建局

(1)协助现场建设管理机构建立健全廉政教育制度、制订并落实廉政教育计划。

(2)指导项目经理部、总监办、中心试验室对现场参建人员进行法纪法规教育、职业道德教育、家庭美德教育和廉政思想教育等。

(3)指导、协助工程参建单位制定各级各类参建人员廉政行为准则和职业道德规范。

(4)对此信访信息进行处理。

(5)对信访事项与相关部门沟通合作。

20.5　管理程序

20.5.1　干部职工廉政档案管理规定

(1)廉政档案的存档范围包括干部职工廉洁从政情况登记表、落实党风廉政建设责任制暨述职述廉年度检查考核结果、廉政谈话记录、个人重大事项报告、执行廉洁自律各项规定年度自查情况表及有关专项说明材料、党风廉政建设方面受表彰情况、信访举报查处材料、受到党纪和政纪处分情况等。

(2)廉政档案的归档要求

①归档材料应真实可靠、完整齐全、文字清楚。需要组织审查盖章或本人签字的，必须盖章和签字后方可归入本人档案。

②廉政档案材料统一使用 A4 规格的办公用纸，填写使用黑色签字笔或黑色钢笔或打印。

③每一类材料要编制类别、件号、起止页码。卷内文件材料要按类别排序，固定每份材料的位置。新

增材料按类别入卷,续编卷号、起止页码。

④档案材料一经入档,工作人员不得擅自修改,不得伪造和泄露。

(3)廉政档案的管理与责任

①廉政档案由驻局纪检办负责管理,综合部门等部门负责提供相关材料。

②驻局纪检办指定专人负责干部职工廉政档案的管理,按照规定的程序进行归档、整理、查阅、借阅、保管等项工作。

③综合部门等部门形成的档案材料应于材料形成后的15天内移送驻局纪检办,并填写《干部职工廉政档案材料移交表》一式两份,收送部门各留一份备查。

④个人发生《干部职工廉洁从政情况登记表》中所列事项或个人认为应该向组织汇报的重大事项须在事发后15日内向驻局纪检办申请填报《省交通工程建设局个人重大事项报告表》。

⑤干部职工廉政档案作为工作档案,不存入组织人事档案。在档干部如调离我局,所建档案保留三年后销毁。

(4)廉政档案的查阅、借阅与保密制度

①凡因干部职工的考察、任免、调动、组织处理、案件调查等情况,组织、人事部门可以查阅和借阅干部职工廉政档案。

②上级党组织、纪检部门可以查阅、借阅我局干部职工廉政档案。

③局党委书记可以查阅、借阅所有干部职工廉政档案。

④局党委委员可以查阅、借阅所分管范围内各部门的干部职工廉政档案。

⑤综合部门因工作需要经驻局纪检办主任批准可以查阅、借阅干部职工廉政档案。

⑥部门负责人经驻局纪检办主任批准可以查阅、借阅本部门范围内干部职工廉政档案。

⑦在任何情况下,本人不能查阅自己和有亲属关系的干部职工的廉政档案。一般情况下,任何个人不能查阅、借阅同级干部职工廉政档案。

⑧确因工作需要查阅超出上述④~⑥项规定范围的干部职工廉政档案,必须经驻局纪检办主任批准。

⑨查阅干部职工廉政档案须填写《省交通工程建设局查阅、借阅干部职工廉政档案审批表》,并办理登记等相关手续。查阅档案只限于在驻局纪检办主任办公室。

⑩因特殊原因须借阅干部职工廉政档案的,须严格履行借阅审批、登记等相关手续,并保证按期交还。

⑪档案管理人员和查阅、借阅人员必须严格遵守保密制度,不得公开议论干部职工廉政档案的内容。借阅的档案须在保密的地方查阅,严禁携带到公共场所,以免泄露。未经批准,不得任意摘录、复制干部职工廉政档案内容。

(5)廉政档案的运用

①为考察、推荐、提拔、任用、调动、调整干部,提供拟任(调)干部廉政情况的书面意见。

②为对干部职工实施廉政谈话及采取组织措施等提供依据。

③为年度考核、业绩评定、评优评先、表彰奖励提供廉政情况。

④为干部职工廉政保证金考核、兑现提供依据。

⑤为参加和指导干部职工民主生活会、案件查处和责任追究提供情况。

⑥综合分析党风廉政建设苗头性、倾向性问题,为开展党风廉政建设专项治理和监督检查提供决策依据。

⑦为其他涉及党风廉政建设工作提供相关情况。

20.5.2　省交建局防止利益冲突十二项规定

为深入推进《中国共产党党员领导干部廉洁从政若干准则》贯彻执行,进一步规范我局干部职工特别是党员领导干部从业行为,防止利益冲突,根据交通运输部《交通运输行业防止利益冲突若干规定》,结合我局实际,制定如下规定:

(1)不准干预或插手工程项目的招标投标,为利益相关人中标提供便利。

(2)不准干预或插手工程项目征地拆迁,高估、虚报征地拆迁等级和数量。

(3)不准干预或插手工程项目的分包、劳务用工和材料采购,指定或介绍分包单位、建设工程材料及设备供应商。

(4)不准干预或插手工程项目的质量、安全监督检查和检测等,影响检查、检测结果的客观公正。

(5)不准干预或插手工程项目的设计变更、计量支付和资金拨付,违规审批和支付资金。

(6)不准干预或插手对工程项目质量和安全问题的调查处理,影响查处结果的客观公正。

(7)不准干预或插手对工程项目参建单位履约考核、劳动竞赛评比等,影响考核评比结果的客观公正。

(8)不准干预或插手工程项目的交竣工验收,降低标准通过验收。

(9)不准干预或插手工程项目的各类中介服务,违规指定相关代理、评估、咨询、审计等机构。

(10)不准允许、纵容配偶、子女及其配偶,在本人管辖的业务范围内,个人从事工程建设和物资设备经营活动。

(11)不准允许、纵容配偶、子女及其配偶,在本人管辖的业务范围内,个人从事工程咨询和招标投标的中介活动。

(12)不准允许、纵容配偶、子女及其配偶,个人从事其他可能与公共利益发生冲突的经商办企业活动。

20.5.3 廉政谈话制度实施办法

(1)谈话主体包括谈话人与被谈话人。谈话人指局党委委员、驻局纪检办主任和部门负责人。被谈话人指局全体干部职工。谈话类型包括例行谈话、任前谈话和诫勉谈话。

(2)例行谈话的内容包括被谈话人汇报本部门落实党风廉政建设责任制情况;自身廉洁自律情况;其他有关廉政工作情况;谈话人传达上级对党风廉政建设、反腐败工作及作风建设方面的意见和看法,提出工作要求。

(3)例行谈话的谈话人。

①与局党委委员的谈话,谈话人为局党委书记,驻局纪检办主任可列席;

②与部门负责人和处级领导干部的谈话,谈话人为负责纪检工作的局党委委员和驻局纪检办主任;

③与科级及科级以下干部的谈话,谈话人为部门负责人,可邀请驻局纪检办主任共同参与;必要时驻局纪检办主任可直接找其谈话。

(4)任前谈话的内容包括谈话人重申领导干部廉洁从政行为规范,要求被谈话人廉洁自律,严格执行有关廉政规定;勉励新提拔或交流任职的领导干部树立正确的权力观、地位观、利益观,廉洁奉公,勤政为民;按照"一岗双责"要求,明确被谈话人对所分管工作及其工作人员的党风廉政建设情况应承担的领导责任;被谈话人对廉政要求作出承诺。

(5)任前谈话的谈话人:与新提拔、交流任职的科级干部的谈话,谈话人为负责组织工作以及纪检工作的局党委委员和驻局纪检办主任。

(6)领导干部存在以下问题,必须进行诫勉谈话:在遵纪守法、廉洁自律和作风建设方面存在苗头性、倾向性问题;群众反映较多,虽不构成违纪,但已产生不良影响的问题;群众举报属实,但属于自查自纠范围的问题;需要提醒、告诫的其他问题。

(7)诫勉谈话的内容包括针对群众反映的问题或组织掌握的有关情况,谈话人指出被谈话人存在的问题,帮助分析问题的危害性;要求被谈话人对存在的问题作出实事求是的说明;根据党纪政纪条规和廉洁自律有关规定,对被谈话人进行告诫和警示,提出纠正和整改要求;被谈话人对有关问题进行解释和说明,对存在的问题提出整改措施,并作出改正承诺。

(8)诫勉谈话的谈话人:

①与局党委委员的谈话,谈话人为局党委书记,可邀请上级纪检监察部门负责人共同参与。

②与处级领导干部的谈话,谈话人为局党委书记、负责纪检工作的局党委委员和驻局纪检办主任。

③与科级及科级以下干部的谈话,谈话人为负责纪检工作的局党委委员和驻局纪检办主任。

20.5.4　信访工作制度

(1)局机关实行综合部门和驻局纪检办牵头协调机关的信访工作,各部门联动处理相关信访事项的信访工作机制。

(2)根据“属地管理、分级负责,谁主管、谁负责”的原则,按照我局的工作职责,对下列信访进行受理:

①省政府、省交通运输厅领导批示需办理的信访件。

②建设期工程沿线群众反映的有关征地拆迁、路线设计等涉及群众切身利益的信访件。

③与我局有业务关联的单位或个人反映的有关招投标、物资准入等问题的信访件。

④群众反映的涉及我局干部职工劳资、职级、福利待遇等方面问题的信访件。

(3)上级机关或者上级领导批转办理的信访事项,承办部门应当在规定的期限内以《办结报告》的形式反馈办理结果。

(4)信访事项涉及的部门负责该事项督办工作,信访事项涉及多个部门的由信访工作牵头部门督办,或由局领导指定部门督办。

(5)对借上访为名煽动、串联、胁迫、引诱、操纵他人在机关办公场所周围聚集,围堵、冲击机关,拦截公务车辆,侮辱、殴打、威胁机关工作人员或者非法限制他人人身自由,接待完毕在接待场所滞留、滋事,接待人员应当对其劝阻、批评和教育,无效的应及时提请公安机关采取必要的现场处置措施。

(6)综合部门、驻局纪检办应认真做好信访事项办理情况的统计和分析;对已办结的信访事项要及时归档,做到一件信访事项一卷,要素齐全,装订整齐,统一保管。

(7)对在信访工作中有下列行为的,视情节对部门负责人和其他直接责任人员给予批评教育或者党政纪律处分,并将此记入干部职工廉政档案。

20.6　规章制度

(1)《江苏省交通工程建设局干部职工廉政档案管理规定》(苏交建党〔2010〕10 号)。

(2)《江苏省交通工程建设局廉政谈话制度实施办法》(苏交建党〔2010〕11 号)。

(3)《江苏省交通工程建设信访工作制度》(苏交建综〔2010〕36 号)。

(4)《江苏省交通工程建设局防止利益冲突十二项规定》(苏交建党〔2012〕1 号)。

(5)《江苏省交通工程建设局干部职工报告个人有关事项的规定》(苏交建党〔2011〕15 号)。

20.7　管理记录

(1)江苏省高速公路建设项目派驻纪检监察机构来访登记表(表 20-1)。

(2)江苏省高速公路建设项目派驻纪检监察机构信访办理单(表 20-2)。

表 20-1　江苏省高速公路建设项目派驻纪检监察机构

来访登记表

省驻××项目纪检监察组　　　　来访日期：　　年　　月　　日

<table>
<tr><td>来访人姓名</td><td>性别</td><td>年龄</td><td>职业</td><td>单位或住址</td><td colspan="2">联系方式</td></tr>
<tr><td></td><td></td><td></td><td></td><td></td><td colspan="2"></td></tr>
<tr><td></td><td></td><td></td><td></td><td></td><td colspan="2"></td></tr>
<tr><td>身份证号码</td><td colspan="2">政治面貌</td><td>人数</td><td>曾到何机关上访</td><td colspan="2">民族</td></tr>
<tr><td></td><td colspan="2"></td><td></td><td></td><td colspan="2"></td></tr>
<tr><td></td><td colspan="2"></td><td></td><td></td><td colspan="2"></td></tr>
<tr><td>被反映人</td><td colspan="2"></td><td>单位</td><td></td><td>民族</td><td></td></tr>
<tr><td colspan="7">主要内容：</td></tr>
<tr><td colspan="7">处理意见：</td></tr>
<tr><td colspan="7">备注：</td></tr>
</table>

表 20-2　江苏省高速公路建设项目派驻纪检监察机构信访办理单

苏驻××项目纪信字(　)第　号

<table>
<tr><td>来信来访人姓名</td><td></td><td>性质</td><td>来信/来电/来访</td><td>时间</td><td></td></tr>
<tr><td>单位或住址</td><td colspan="5"></td></tr>
<tr><td>接待
(收信)人</td><td colspan="3"></td><td>时间</td><td></td></tr>
<tr><td>反映内容</td><td colspan="5"></td></tr>
<tr><td>拟办意见</td><td colspan="5"></td></tr>
<tr><td>领导批示</td><td colspan="5"></td></tr>
<tr><td>处理结果</td><td colspan="5"></td></tr>
</table>

第 4 篇　项目人员管理

第 21 章　项目管理机构的项目人员管理

21.1　项目管理机构的组建和核备

21.1.1　项目管理机构依法实行项目法人责任制。项目可行性研究报告经批准或者依法核准后，项目法人（或者项目投资主体）应当成立或者明确项目建设单位。

21.1.2　项目法人（或者项目投资主体）具备条件的可以组建项目建设单位；也可以通过招标等竞争性方式选择或者直接委托具备条件的单位代建，并按照委托合同或者协议实施建设管理。

21.1.3　建设单位应当具备履行建设管理职责相应的管理能力，按照规定组建职能机构，建立健全工程管理规章制度，并按照精简高效原则，根据项目类别和建设规模确定单位总人数并配备具有相应资格的人员，设立固定办公地点。

21.1.4　省重点项目管理机构应当设立独立的综合（纪检）、计划（合同）、工程（技术质量安全）、财务等与工程管理相适应的职能部门。

21.1.5　省重点高速公路项目管理机构人员配备应当符合以下条件：其工程技术人员应当不少于总人数的 70%，其高、中级以上专业技术职称的人员应当占工程技术人员的 70% 以上，主要专业人员配备应当满足具体项目的要求。

21.1.6　省重点高速公路项目管理机构主要管理人员资格应当符合下列规定：

（1）单位负责人具有高级以上专业技术职称，具备 2 个以上高速公路项目的建设管理经历。

（2）技术负责人熟悉掌握公路工程技术标准、规范和规程，具有高级以上相关专业技术职称，具备 2 个以上高速公路建设项目的相应技术管理经历。

（3）财务负责人熟悉掌握财经法规和财务制度，具有中级以上相关专业职称，具备 1 个以上高速公路建设项目的财务管理经历。

（4）综合、计划、工程、财务等部门的主要管理人员应当具备相应岗位的专业技术和任职资格，分别具备 1 个以上高速公路建设项目的管理经历。

21.1.7　项目管理机构机构设置、管理人员及资格条件，依据国务院交通运输主管部门的规定实行核备制度。有关建设单位应当在组织完成初步设计前，将建设单位组建情况按照管理权限报有关交通运输主管部门核备。

21.1.8　省重点项目管理机构组建情况，应当向省交通运输主管部门报备，具体由省交通运输建设管理机构组织审核，但由设区的市负责实施的省高速公路工程项目，应当经设区的市交通运输主管部门签署意见后报省交通运输主管部门；其他建设单位组建情况，应当向项目所在地设区的市交通运输主管部门报备，具体由设区的市交通运输建设管理机构组织审核。

21.1.9　报备组建情况应当提交下列材料：

（1）建设单位基本情况表、主要建设管理人员基本情况表、建设单位组织机构和人员情况一览表。

（2）工程可行性研究报告的批复文件复印件。

（3）项目法人或者县级以上地方人民政府、交通运输主管部门组建建设单位的正式文件复印件；项目法人提交“事业单位法人证书”或者“企业法人营业执照”复印件；代建单位提交委托代建合同或者协议。

（4）法定代表人或者负责人的任职文件复印件。

（5）建设单位负责人、技术负责人的履历，以往工程项目管理业绩证明材料；主要建设管理人员的职称等证书复印件。

（6）建设项目资金落实材料。

(7)工程管理各项规章制度。

21.1.10 有关高速公路主管部门收到建设单位组建情况报备材料后,应当在20日内组织有关职能部门共同完成建设单位的审核工作,但不包括交通运输主管部门邀请专家或者委托中介机构进行评审所需的时间。审核工作最长不得超过60日。

21.1.11 建设单位组建情况审核合格的,交通运输主管部门应当出具书面审核意见。需要完善的,建设单位应当按照审核意见进行完善后履行项目管理职责。建设单位组建情况经审核不合格的,由交通运输主管部门责令建设单位的批准单位或者组建单位限期整改后重新上报;或者责令其按照规定委托具备相应管理能力的代建单位负责建设管理。

21.1.12 建设单位审核合格后,由省、设区的市交通运输主管部门在行业内公布。

21.1.13 项目管理机构的组织机构性质、负责人及其主要管理人员发生变更的,应当报原核备部门核备。

21.2 建设单位考核和信用评价

21.2.1 交通运输主管部门应当加强对项目管理机构在综合管理、合同管理、计划进度、投资控制、质量、安全、环保、廉政等方面履职和管理成效的监督考核,并将考核结果计入高速公路建设市场信用评价体系。

21.2.2 交通运输主管部门应当加强对项目管理机构的日常动态管理,发现存在问题和隐患的,应当及时发出书面整改通知,督促建设单位整改,并视情节轻重和整改情况进行通报。日常考核的情况由考核单位建档备查。

21.2.3 交通运输主管部门应当按照管理权限,对项目管理机构进行年度考核,年度考核根据项目进度,每年定期考核一次。

21.2.4 项目管理机构考核应当遵循公平、公正、客观、真实的原则。

21.2.5 考核工作从项目管理机构通过交通运输主管部门核备且初步设计批复后开始,至项目通过竣工验收年度止。

21.2.6 省重点高速公路工程项目以建设单位为被考核主体,一家建设单位同时承担多个项目的以项目管理机构为被考核主体,依据项目进行考核。

21.2.7 省交通运输建设管理机构牵头负责由省政府批准或者省有关投资主体组建、省交通运输主管部门组建的建设单位的考核工作,并负责全省项目管理机构考核的组织协调工作,统一公布考核结果、统一建立信用档案。

21.2.8 项目管理机构年度考核实行百分制,并依据工程项目实际进展情况进行考核。尚未进入应当实施阶段的考核项不扣分,已经进入实施阶段的考核项评分实行扣分制,直至各项指标标准分扣完为止。

21.2.9 考核结果按照综合评分分为"优、良、中、差"四个等级。考核评分在90分以上的为"优",在89至80分的为"良",在79至70分的为"中",低于70分的为"差"。被交通运输主管部门或者其职能部门责令停工的项目当年不得评为"良"以上等级,竣工验收质量鉴定得分在85分以下的不得评为"优"。有下列情形之一的建设单位,其考核结果一律为"差":

(1)发生重大质量责任事故、重(特)大安全生产责任事故、重大腐败案件、重大环保问题、集体上访等群体性事件造成较大社会影响或者危害,以及因廉政问题被省纪委、省监察厅通报批评的,对项目当年度及其后一年度进行考核的。

(2)交工验收工程质量等级评定为不合格的。

(3)竣工验收工程质量评定为不合格、项目综合评定为不合格的。

21.2.10 年度考核结果,由设区的市交通运输主管部门和省高速公路管理机构统一报省交通运输建设管理机构汇总并共同审定后确定,项目管理机构年度考核结果应当作为其信用等级评价的重要依据。

21.2.11 省交通运输主管部门负责全省项目管理机构信用评价工作。省高速公路管理机构以及设区的市交通运输主管部门具体负责所考核的建设单位的信用评价工作,按年度对建设单位进行信用评价。年度信用评价结果经省交通运输主管部门汇总审定后发布并报国务院交通运输主管部门。

21.2.12　信用等级分为 AA(好)级、A(较好)级、B(一般)级、C(较差)级和 D(差)级五个等级。

21.2.13　项目管理机构在评价期内信用好,管理行为规范,依法履行合同承诺,承担江苏高速公路项目有两年以上建设管理经历并且符合下列条件的,信用等级评为 AA(好)级:

(1)评价年度内,建设单位承担的江苏省高速公路工程所有项目考核等级全部为"优"。

(2)上一年度信用等级不低于 B(一般)级。

(3)无本办法第十九条所列的情形。

21.2.14　当年度新成立并通过核备且未发生考核内容的建设单位信用等级初定为 A(较好)级。其他建设单位在评价期内信用较好,管理行为规范,履行合同承诺,未达到 AA(好)级别评定要求,并且符合下列条件的,信用等级评为 A(较好)级:

(1)评价年度内,建设单位承担的江苏省高速公路所有项目考核等级全部不低于"良",且至少一个项目评为"优"。

(2)上一年度信用等级不低于 C(较差)级。

(3)无本办法第十九条所列的情形。

21.2.15　建设单位在评价期内信用一般,管理行为基本规范,履行合同承诺一般,未达到 A(较好)级别评定要求,并且符合下列条件的,信用等级评为 B(一般)级:

(1)评价年度内,建设单位承担的江苏省高速公路工程所有项目考核等级全部不低于"中",且至少一个项目评为"良"。

(2)无本办法第十九条所列的情形。

21.2.16　建设单位在评价期内信用较差,管理行为存在不规范,履行合同承诺较差,未达到 B(一般)级别评定要求,并且符合下列条件的,信用等级评为 C(较差)级:

(1)评价年度内,建设单位承担的江苏省高速公路工程所有项目考核等级至少有一个不低于"中",且至多有一个为"差"。

(2)无本办法第十九条所列的情形。

21.2.17　建设单位在评价期内信用差,管理过程中有违法行为,不履行合同承诺,未达到 C(较差)级别评定要求,并且满足下列条件之一的,信用等级评为 D(差)级:

(1)评价年度内,建设单位承担的江苏省高速公路工程所有项目考核全部低于"中"或者有两个以上评为"差"。

(2)存在本办法第十九条所列的情形之一的。

21.2.18　省交通运输主管部门应当每年将建设单位信用评价结果在省交通运输厅网站公示 5 天,公示无异议的,应当将最终结果在行业内定期公布。

21.2.19　两次信用等级评定期间建设单位基本情况发生重大变化或者出现信用等级达不到原评定级别的,除特殊情况需要及时调整外,应当在下一次评定时再进行调整。

21.2.20　交通运输主管部门应当定期对信用评价结果为 AA(好)级和 D(差)级的建设单位进行通报。信用评价结果为 D(差)级的在建项目的建设单位,省、设区的市交通运输主管部门可以要求其批准单位重组项目建设单位、撤换主要管理人员,或者依法采取其他相应管理措施。

21.2.21　项目竣工验收时,建设单位在本项目的历年信用评价结果应当作为重要参考依据供竣工验收委员会对建设单位进行评价(打分)使用。

21.3　管理记录

(1)建设单位基本情况表(表 21-1)。

(2)主要建设管理人员基本情况表(表 21-2)。

(3)建设单位组织机构设置和人员情况一览表(表 21-3)。

(4)建设单位考核评分表(表 21-4)。

表 21-1　建设单位基本情况表

<table>
<tr><td>建设单位全称</td><td colspan="3"></td><td>联系电话</td><td colspan="2"></td></tr>
<tr><td>办公(通信)地址</td><td colspan="3"></td><td>传真</td><td colspan="2"></td></tr>
<tr><td>邮编</td><td colspan="3"></td><td>办公面积</td><td colspan="2"></td></tr>
<tr><td>承建项目名称</td><td colspan="3"></td><td rowspan="2">项目建议书或
工程可行性批准文号</td><td rowspan="2" colspan="2"></td></tr>
<tr><td>涉及行政市、县</td><td colspan="3"></td></tr>
<tr><td>建设单位的批准单位</td><td colspan="3"></td><td>联系电话</td><td colspan="2"></td></tr>
<tr><td>工程简介
(规模、投资等)</td><td colspan="6"></td></tr>
<tr><td>单位总人数</td><td></td><td>工程技术
人员总数</td><td colspan="4"></td></tr>
<tr><td></td><td>姓名</td><td>职务/职称</td><td>专业</td><td>学历</td><td>性别</td><td>从业时间</td></tr>
<tr><td>单位负责人</td><td></td><td></td><td></td><td></td><td></td><td></td></tr>
<tr><td>技术负责人</td><td></td><td></td><td></td><td></td><td></td><td></td></tr>
<tr><td>综合主管</td><td></td><td></td><td></td><td></td><td></td><td></td></tr>
<tr><td>计划主管</td><td></td><td></td><td></td><td></td><td></td><td></td></tr>
<tr><td>工程主管</td><td></td><td></td><td></td><td></td><td></td><td></td></tr>
<tr><td>财务主管</td><td></td><td></td><td></td><td></td><td></td><td></td></tr>
<tr><td>质量主管</td><td></td><td></td><td></td><td></td><td></td><td></td></tr>
<tr><td>安全主管</td><td></td><td></td><td></td><td></td><td></td><td></td></tr>
</table>

注:项目负责人、技术负责人、综合、计划、工程、财务、质量、安全等主要人员等均填写主要建设管理人员基本情况表一份。

表 21-2　主要建设管理人员基本情况表

建设单位：

<table>
<tr><td>姓名</td><td></td><td>性别</td><td></td><td>出生年月</td><td></td><td rowspan="5">照片</td></tr>
<tr><td>民族</td><td></td><td>籍贯</td><td></td><td>参加工作时间</td><td></td></tr>
<tr><td>党派</td><td colspan="3"></td><td>入党时间</td><td></td></tr>
<tr><td>学历</td><td></td><td colspan="2">毕业院校</td><td colspan="2"></td></tr>
<tr><td>毕业时间</td><td></td><td colspan="2">专业名称</td><td colspan="2"></td></tr>
<tr><td>现从事专业</td><td></td><td colspan="2">身份证号码</td><td></td><td>专业技术职称</td><td></td></tr>
<tr><td colspan="3">现任职务</td><td colspan="4"></td></tr>
<tr><td>通信地址及电子邮箱</td><td colspan="4"></td><td>邮编</td><td></td></tr>
<tr><td>单位电话</td><td colspan="4"></td><td>手机</td><td></td></tr>
<tr><td>学习工作简历</td><td colspan="6"></td></tr>
<tr><td>从事类似工程业绩</td><td colspan="6"></td></tr>
<tr><td colspan="7">个人签名：
年　　月　　日
单位盖章：</td></tr>
</table>

注：附相关证明材料（身份证、学历证书、职称证书、岗位证书复印件及工作经历证明）。

表 21-3 建设单位组织机构设置和人员情况一览表

部 门	人数	姓 名	职 务	职 称	专 业	学历	性 别	从业时间	联系电话	备 注
…	…									

表 21-4　建设单位考核评分表

工程项目名称：　　　　被考评单位：

得分：　　　　考核单位：(盖章)　　　　年度考核时间：

序号	考核项目	考核内容		标准分(100 分)	考核标准	考核分	备注
一	综合管理(15 分)	1. 项目实施阶段执行国家基本建设程序	严格执行基本建设程序，依法组织办理(或督促办理)设计施工监理招投标、建设用地手续、施工图审查报批、申请质量监督、施工许可(开工备案)、交竣工验收等各项程序；按照批复的规模标准组织建设	5 分	到期有基本建设程序尚未办理，每例扣 1 分；交工验收时尚有土地等重要基建程序未办完，扣 4 分；交工验收提出的遗留问题没有处理完毕，每例扣 1 分；自行提高或降低标准，增加或减少规模，扣 1～4 分；有其他未执行相关法律法规情况的，每例扣 1 分		
		2. 目标管理与责任	制度健全，细化目标管理及保证措施；健全岗位责任，各单项、各环节、各部位都有技术要求、管理措施和人员责任	2 分	制度不健全，目标管理及保证措施不明确，扣 1 分；岗位责任不健全，扣 1 分		
		3. 信息化管理	建立或应用合适的项目建设管理信息系统；将工程质量、安全、进度、投资以及设计变更和试验检测等管理内容纳入系统，实行动态管理	2 分	未应用项目建设管理信息系统的，扣 2 分；信息系统未得到充分应用，扣 1 分；信息系统功能不全，扣 1 分		
		4. 公共利益维护	维护农民工合法权益，督促施工单位按时发放农民工工资；积极主动协调处理好与相关单位及沿线群众关系，树立建设单位良好社会形象	2 分	协调不力影响建设的，每起扣 1 分；引发农民工讨薪、上访等事件，造成不良社会影响的，扣 2 分		
		5. 资料档案	各项资料齐全、准确、真实，上报及时；档案管理规范，交竣工资料满足档案专项验收要求	2 分	资料不齐全、档案管理不规范，扣 1 分；上报不及时，扣 1 分；未通过交竣工档案专项验收，扣 2 分		
		6. 其他管理	建立现代工程管理运行机制，按有关要求落实施工标准化等现代工程管理以及开展质量创优、平安工地建设等活动	2 分	未按要求落实施工标准化，扣 1 分；未按要求开展其他各项活动，扣 1～2 分		

续上表

序号	考核项目	考核内容		标准分（100分）	考核标准	考核分	备注
二	合同管理（10分）	1. 合同执行	严格按照合同管理，确保勘察设计深度，确保按设计施工、按规程和合同要求施工；依法依合同加强分包管理	3分	对勘察设计管理不到位，造成设计不能满足施工要求，未按合同处理变更与索赔，被查实有违法转包违规分包的，以及其他未按合同履行义务情况，每例扣1分		
		2. 设计变更	制定设计变更管理制度	3分	未制定设计变更管理制度，扣1分；肢解变更规避审批，每例扣1分；未按变更等级履行报批，每例扣1～2分；审批设计变更不合理、不规范，每例扣1分；未按规定建立设计变更台账或不完整，扣1～3分		
		3. 从业单位管理	对施工、监理等定期检查、奖优罚劣；从业单位履约考核按要求进行	4分	没有定期检查、奖优罚劣，扣1～2分；履约考核未按要求进行，扣2分；未按规定办理施工、监理主要人员变更，每例扣1分；主要人员变更超过50%，扣3分		
三	计划进度（10分）	1. 进度计划	制订项目总体计划和年度计划；建立健全年度检查、控制措施及办法	3分	无总体、年度计划，扣1～3分；年度检查、控制措施不健全，扣1～3分		
		2. 进度完成情况	按合同约定期限开工；按进度计划完成阶段目标；保障合理工期；按时完成交工验收	7分	由于自身原因未按合同约定期限开工、无形象进度，扣2分；未完成年度工作量目标，每少10%扣3分；由于自身原因未能按期交工验收，总合同工期每拖延一个月扣1分，随意提前每一年扣5分		
四	投资控制（14分）	1. 资金计划	按照国家有关规定落实资金来源，根据工程实际和投资计划制订资金使用计划；按照进度保证或督促资金及时到位	2分	资金来源不符合国家有关规定，未根据工程实际和投资计划制订资金使用计划，扣2分；由于自身原因造成未按照工程进度保证资金及时到位，扣2分		
		2. 财务工作	健全规范各项原始记录、台账、资金账户、凭证账册、会计核算、财务报告、内部控制制度等基础工作；及时编制竣工财务决算，配合做好项目决算审计、后评价和财产移交工作	2分	基础工作不健全不规范，每项扣1分；未及时编制竣工财务决算，配合做好决算审计等工作，扣2分；项目到竣工验收时间，由于自身原因造成竣工决算审计未完成，扣2分		
		3. 资金使用	制定资金监管和概预算执行管理措施；严格按批复的概预算控制使用各项建设资金；建设资金专户存储、专项核算、专款专用	4分	资金监管和概预算执行管理措施不健全，扣1～4分；存在挪用、截留、侵占工程建设资金行为，扣3分		

续上表

序号	考核项目	考核内容		标准分（100分）	考核标准	考核分	备注
四	投资控制（14分）	4. 计量与支付	制定工程计量与工程款支付的相关程序；认真执行工程款支付程序；确保工程款按时支付（投资主体资金不能及时到账的除外）	3分	未制定计量与工程款支付相关程序，扣2分；计量后未按时支付，扣1～2分；拖欠应付款（含农民工工资），按合同每拖欠一个单位一期计量工程款，扣1分		
		5. 投资节约率	投资节约率=1－（某项目竣工决算总额/该项目概算总额）×100%	3分	投资节约率＞－0.1，不扣分；＞－0.2且≤－0.1，扣1分；＞－0.3且≤－0.2，扣2分；≤－0.3，扣3分		
五	质量管理（20分）	1. 制度和质保体系	明确工程管理中的质量目标和标准；建立健全质量管理制度和质量保证体系	4分	未明确质量目标标准，扣2分；制度体系不健全的，扣1～3分；质量责任人等质保体系资料不规范不及时建档的，扣2分		
		2. 制度落实执行情况	落实质量责任制度，责任明确，分工到位，落实到人和工作环节；及时督促相关单位处理质量缺陷；创优目标明确，措施有效；严格执行建设强制性标准	6分	质量责任制度落实不到位，每项扣1分，最多扣4分；未及时敦促相关单位处理质量缺陷，每起扣1分，最多扣5分；创优落实不力或未落实，扣1～3分；未执行建设强制性标准，一项扣3分		
		3. 质量问题和质量事故	及时上报处理工程质量事故，杜绝发生重大质量事故，有效防止发生一般质量问题和事故；基本消除质量通病；缺陷责任期质量问题及时组织并督促整改到位	7分	未制定质量通病防治措施，扣2分；发生一般质量问题和质量通病，一个扣1分；发生一般质量事故，一次扣5分；未及时上报质量事故，扣3分；未按质监部门要求及时整改处理质量问题和质量缺陷，一个扣3分		
		4. 考核期内实体检查	一次抽检合格率达到要求（以质量监督部门出具的质量检查检测报告为依据）	3分	单位工程（指标合计）一次抽检合格率≥95%且＜98%，扣1分；＜95%，扣3分；其中有抽检项目指标合格率不能满足质监部门指标要求的，有1项扣1分		

续上表

序号	考核项目	考核内容		标准分（100分）	考核标准	考核分	备注
六	安全管理（15分）	1. 安全制度与管理体系	标书中明确施工、监理单位安全管理要求，与中标单位签订安全生产合同；建立健全安全生产制度和管理体系；落实安全管理人员，单列安全生产费用；制定安全应急预案并定期演练；执行部桥梁和隧道工程施工安全风险评估制度	5分	未签安全生产合同，扣4分；制度体系不健全，扣1～3分；未按标书落实安全管理人员，每少一人扣3分；未落实或未按要求落实安全生产费用，扣4分；未制定安全应急预案并定期演练，扣1～3分；未按规定实行施工安全风险评估制度，扣4分		
		2. 制度落实执行情况	认真落实安全生产责任制，责任明确，分工到位，落实到人和工作环节；定期进行安全检查、隐患排查；及时督促相关单位处理安全缺陷；按规定支付安全生产专项经费	4分	安全生产责任制落实不到位的，扣1～3分；未定期进行安全检查、隐患排查，或记录缺失，一次扣1分；未及时敦促相关单位处理安全缺陷，一次扣1分，最多扣3分；未按规定支付安全生产专项经费，扣2分		
		3. 安全事故	及时上报处理工程安全事故，杜绝发生重（特）大生产安全责任事故，有效防止发生一般生产安全责任事故	6分	发生一般生产安全责任事故，一次扣2分；发生较大生产安全责任事故，一次扣6分；未及时上报处理生产安全事故，一次扣4分		
七	生态环保（8分）	1. 环保制度和投入	明确环保和水保措施；执行有关环保费用投入的规定	2分	未制定环保和水保措施，或措施不完善，扣1～2分；没有按规定投入环保费用，扣1分		
		2. 执行情况	严格执行环保和水保规定；依法妥善整治、恢复工程临时用地；结合当地居民生产生活的需要，合理设置桥涵通道和排水、排污设施，及时恢复水系、道路；按规定环保专项验收通过	6分	施工现场无防尘降噪措施，有毒和废弃物堆放、施工废液污水排放不符合环保要求，每处扣1分；临时用地撤场后不及时复耕，每处扣1分，最多扣4分（地方不同意复耕的除外）；水系、道路恢复不及时，桥涵通道和排水排污设施设置不合理，影响居民生产生活，每处扣1分，最多扣4分；交竣工环保专项保验收未通过，扣6分		
八	廉政建设（8分）	1. 廉政制度	建立健全廉政建设规章制度；与从业单位签订廉政合同	2分	未建立制度，或制度不完善，扣1～2分；未与从业单位签订廉政合同，每缺一份扣1分		
		2. 执行情况	严格执行廉政建设规章制度和《廉政合同》条款	6分	有违反《廉政合同》条款和有关廉政规定的，发现一起，扣1分，最多扣5分；有工作人员被给予党纪、政纪处分的，扣6分		

注：考核评分实行扣分制，直至该项指标分扣完为止，每项最低为0分。

第 5 篇　管理标准化的考核与改进

第 22 章　管理标准化的考核管理

22.1　目的

为规范江苏省高速公路管理标准化,提升江苏省高速公路管理标准化水平,提高工程质量,实现对工程建设管理的标准化。

22.2　范围

适用于江苏省高速公路建设项目的管理标准化的考核管理。

22.3　定义

22.3.1　管理标准化

以获得最佳秩序和社会效益为根本目的,以管理领域中的重复性事物为对象而开展的有组织的制定、发布和实施标准的活动。

22.4　职责

22.4.1　省交建局

(1)组织对工程建设现场的项目管理管理活动开展考核。

(2)每年底对各项目标准化活动开展情况进行综合评选,依据考核结果评选管理标准化“先进单位”。

22.4.2　现场管理机构

(1)负责编制管理标准化考核计划。

(2)负责组织、配合管理标准化的考核,并将管理标准化考核结果上报省交建局。

22.4.3　监理单位

(1)负责对施工单位管理标准化的考核检查工作,并提出整改要求。

(2)负责将考核结果上报现场管理机构,并配合现场管理机构的管理标准化考核工作。

22.4.4　施工单位

(1)负责对管理标准化的自评工作,配合监理单位的监督检查工作。

(2)负责将自评结果上报监理单位,按照监理单位的整改要求进行整改。

22.5　业务流程

22.5.1　管理标准化考核管理业务流程

管理标准化考核管理业务流程,如图 22-1 所示。

流程说明:

考核小组由省交建局组建,负责管理标准化的考核管理工作。考核小组主要负责对考核进行指导、监督和抽查工作;由现场管理机构负责考核计划的编制,监理单位根据考核计划下达考核要求;施工单位首先对管理标准化进行自评,并将自评结果上报给监理单位;监理单位对施工单位进行考核检查;现场管理机构负责组织对监理单位和施工单位的考核,对出现的问题提出改进要求;监理单位和施工单位负责组织整改工作。整改完成后,施工单位和监理单位分别出具整改报告,再由现场管理机构统一提交整改情况专题报告。

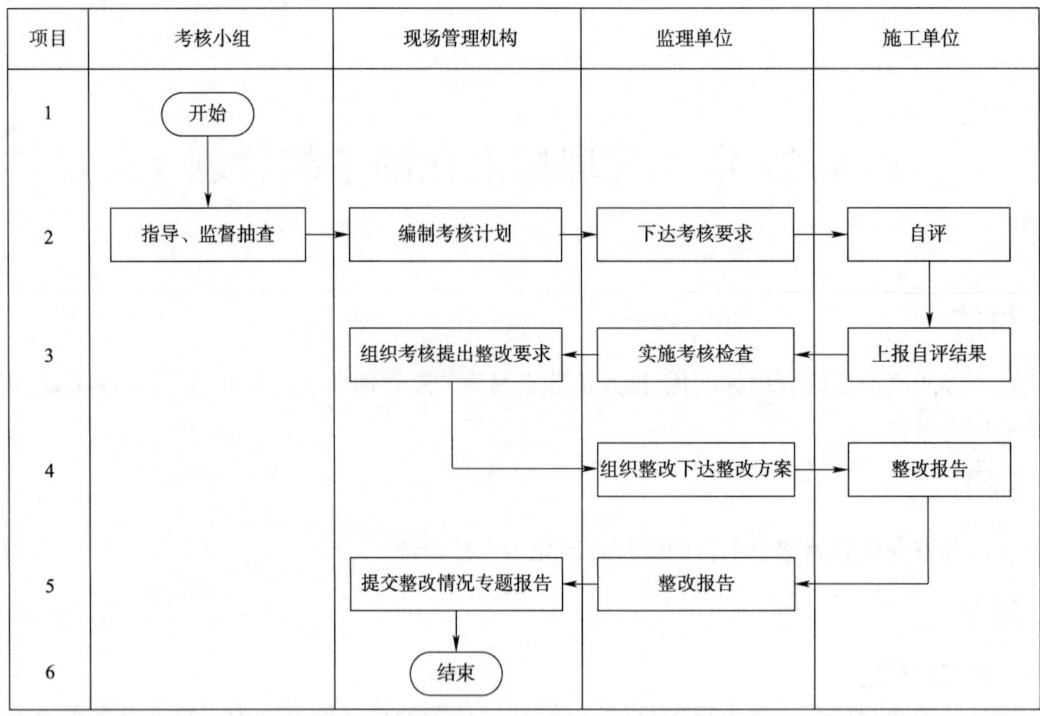

图 22-1　管理标准化考核管理业务流程图

22.6　管理程序

22.6.1　考核工作的组织

(1)省交通运输厅下设考核工作办公室,具体负责江苏省高速公路管理标准化考核工作。

(2)江苏省高速公路管理标准化考核主要分三个部分进行:

①各项目建设单位分季度考核在建高速公路建设项目现场建设管理机构、现场项目经理部、现场监理机构。

②省交通运输厅考核工作办公室每半年度组织对工程建设管理标准化开展情况及参建的现场建设管理机构、现场项目经理部、现场监理机构考核结果进行抽查、核实。

③省交通运输厅考核工作办公室分年度组织进行“江苏省高速公路管理化达标项目”和“江苏省高速公路管理标准化活动先进单位”评选。

(3)考核工作按定量评分、定性评价相结合的原则集中进行。

22.6.2　检查方式

(1)检查主要分为实地检查、催办查检和跟踪检查。检查工作开展前,检查工作小组要组织检查人员进行统一培训,确定工作方法和打分标准。

(2)对重要的检查事项,由检查工作小组进行实地检查落实,实地检查原则上每年开展两次。

(3)实地检查,要以看现场、做检测、查台账、员工调查等为主要工作方式,做到实事求是、客观公正、公开公平。

(4)实地检查要在工作完成后 5 日内形成报告,并及时呈送分管领导审阅签字。

(5)对规定需要落实的事项,采取发检查通知单、电话催办等多种形式,督促有关单位按时反馈、上报落实情况。

(6)对上级单位会议确定的重大事项,在阶段性检查基础上进行持续性动态跟踪检查,掌握工作全过程的进展情况。

(7)催办检查和跟踪检查可采取快速有效的形式开展工作,根据领导指示和安排办理,要保存好检查记录。

(8)机关各职能部门要建立相关台账,做好检查工作资料的收集、整理和归档工作。

22.6.3 信息反馈与整改

(1)对领导的指示要迅速落实,受检项目部认真整改。

(2)检查督办中,发现违纪、违法现象,须移送纪检监察部门处理。

(3)对发现的正面典型应及时报告,总结经验,树立典型。对存在的问题,要认真分析原因,提出整改要求并督促实施。

(4)督促接受检查的项目及时提交整改情况专题报告,如有必要,向相关单位和部门通报情况。

22.6.4 考核标准

(1)检查工作组根据检查类别,对照《现场建设管理机构标准化考核表》进行综合评分,按得分排出先后顺序,报省交建局审核、认定。

(2)检查考核采用100分制,按现场建设管理机构标准化7个方面进行考核,由检查组成员进行打分。

(3)管理机构标准化检查评定等级。满分为100分,90分以上为优秀,80以上为良好,70分以上为达标,70分(不含)以下为不达标。

(4)出现下列条件之一的管理机构标准化检查评定不达标:

①标准化建设组织机构不健全、公司主管领导、项目经理不重视。

②检查制度不落实、自查或检查资料弄虚作假。

③现场管理混乱,被业主、监理或地方政府来函通报。

④发生安全责任事故。

(5)"先进单位"评选标准:

①认真开展管理标准化的宣传教育,形成浓厚的管理标准化活动氛围,贯彻落实交通运输部、省交通运输厅有关管理标准化活动的精神,积极开展管理标准化活动,推行现代工程管理理念。

②管理标准化活动的开展有领导、有计划、有内容、有成效。成立有管理标准化活动领导小组和具体办事机构,并正常有效运转,制定了管理标准化活动的实施方案及分年度实施细则,在活动开展和各个阶段采取有力措施认真贯彻省交通运输厅提出的指导性意见,取得突出成效。

③建设单位:同一现场建设管理机构半年考核等级连续为优或两个(含)以上不同现场建设管理机构半年度考核等级为优,且现场建设管理机构半年度考核等级无中或差。

④施工、监理单位:同一现场项目经理部或现场监理机构半年度考核连续为优或两个(含)以上不同现场项目经理部或现场监理机构半年度考核等级为优,且现场项目经理部或现场监理机构半年度考核等级无中或差。

22.7 规章制度

(1)《关于开展调整公路施工标准化活动的通知》(交公路发〔2011〕70号)。

(2)关于印发《江苏省高速公路施工标准化考核办法(试行)》的通知(苏交质〔2011〕39号)。

22.8 管理记录

现场建设管理机构标准化考核表(表22-1)。

现场建设管理机构管理标准化考核表

现场建设管理机构名称：　　表 22-1

序号		考核内容	分	值	考核扣分	备注
1	计财管理	1. 建立健全计划管理、财务管理制度，包括实施细则、规定等	10	1		
		2. 计划、财务管理人员落实到位，职责明确		1		
		3. 计划管理、财务管理流程清晰，并执行到位		1		
		4. 及时分解、下发和报备总体、年度、季度计划		0.5		
		5. 各类计划落实、改进和督促措施到位		1		
		6. 及时统计分析总体和阶段计划完成情况		1		
		7. 项目建设资金申请与支付系统完善		1		
		8. 工程资金监督管理制度完善，做到专款专用		0.5		
		9. 根据内部审计办法，认真接受、配合审计监督		1		
		10. 及时跟踪建设资金使用情况		0.5		
		11. 认真执行各类物资管理办法		0.5		
		12. 财务档案管理达到要求		1		
2	合同履约管理	1. 建立健全合同管理制度，包括实施细则、规定等	15	2		
		2. 合同管理人员落实到位，职责明确		2		
		3. 合同管理流程清晰，并执行到位		2		
		4. 合同日常管理规范		2		
		5. 合同履约考核指标设计科学和现场考核及时，考核情况上报及时		2		
		6. 认真按照国家有关规定实行分包管理		1.5		
		7. 合同台账的完整、准确		2		
		8. 合同纠纷处置及时有效		1.5		
3	计量管理	1. 建立健全计量管理制度，包括实施细则、规定等	15	2		
		2. 计量管理人员落实到位，职责明确		2		
		3. 计量管理流程清晰，并执行到位		1.5		
		4. 及时上报资金使用情况和用款计划		2		
		5. 计量汇总上报及时、准确		2		
		6. 及时发现、纠正不规范的计量行为		1.5		
		7. 计量支付台账记录完备合规		2		
		8. 使用计量支付网络管理系统		2		
4	材差调整	1. 建立健全材差调整制度	10	1.5		
		2. 材差调整人员落实到位，职责明确		2		
		3. 材差调整流程清晰，并执行到位		1.5		
		4. 审核、测算的材差调整金额及时、准确		2		
		5. 及时跟踪材差调整款使用情况		1.5		
		6. 材差调整管理台账清晰完备		1.5		
5	质量考核	1. 建立健全质量管理制度，包括实施细则、规定等	25	5		
		2. 质量管理人员落实到位，职责明确		4		
		3. 建立健全现场质量管理体系，并执行到位		4		
		4. 组织对工程项目质保体系运转情况进行检查，并监督落实、整改		4		
		5. 定期、不定期组织质量巡查，并监督落实、整改		4		
		6. 积极配合各类专项质量检查，督促现场整改并反馈情况		4		
6	安全生产监管	详见《现场管理机构标准化考核表》(安全监管部分)	15	15		
7	档案管理	1. 建立健全档案管理制度，包括实施细则、规定等	10	2		
		2. 档案管理人员落实到位，职责明确		1.5		
		3. 建立健全现场安全管理体系，并执行到位		1.5		
		4. 将项目档案纳入项目建设管理，并与项目建设同步进行		1.5		
		5. 采取有利措施加强档案安全保护工作		1.5		
		6. 积极运用现代技术，推进档案信息化建设		2		
合计			100			
总得分						

考核人：　　考核日期：

第 23 章　管理标准化指南的持续改进

23.1　持续改进

23.1.1　持续改进是项目管理的一项基本原则,江苏省高速公路建设单位应策划、实施下面所需的监视、分析和改进过程:

(1)确定工程建设过程及管理过程的合法性、合规性和程序性。

(2)确保高速公路项目管理标准化指南体系的完整性和有效性。

(3)持续改进高速公路项目管理标准化指南的机制的长效性。

23.1.2　江苏省高速公路建设单位应利用方针、目标、审核结果、纠正和预防措施、管理评审等多种方式持续改进项目管理标准化指南体系的有效性,包括:

(1)寻找持续改进的机会。

(2)制定持续改进的措施或方案。

(3)实施持续改进进程。

23.1.3　为了更好地实施持续改进,建设单位应制定相应的激励机制。

23.2　纠正措施

23.2.1　工程项目建设单位应编制纠正措施控制程序,采取措施以消除不符合要求的原因,防止不符合要求的再发生。纠正措施应适宜、可行。

23.2.2　建设单位应在程序中规定:

(1)对不符合要求进行评审。

(2)确定不符合要求的原因。

(3)评价确保不符合不再发生的措施的需求。

(4)记录所采取措施的结果(管理记录)。

(5)必要时,对措施执行情况和有效性进行监视。

(6)评审所采取的纠正措施的有效性。

23.2.3　工程项目建设单位实施并记录因纠正措施而引起的对形成文件的程序的任何更改(如,对作业指导书的修订、对管理制度的修改等)。